Der Blick der Eltern auf das deutsche Schulsystem

Dagmar Killus, Klaus-Jürgen Tillmann (Hrsg.)
in Kooperation mit TNS Emnid

Der Blick der Eltern auf das deutsche Schulsystem

Die 1. JAKO-O Bildungsstudie

Waxmann 2011
Münster / New York / München / Berlin

Bibliografische Informationen der Deutschen Nationalbibliothek
Die Deutsche Nationalbibliothek verzeichnet diese Publikation in
der Deutschen Nationalbibliografie; detaillierte bibliografische
Daten sind im Internet über http://dnb.d-nb.de abrufbar.

ISBN 978-3-8309-2525-5

© Waxmann Verlag GmbH, 2011
Postfach 8603, 48046 Münster

www.waxmann.com
info@waxmann.com

Umschlaggestaltung: Christian Averbeck, Münster
Umschlagfoto: © Monkey Business – Fotolia.com
Satz: Stoddart Satz- und Layoutservice, Münster
Druck: Hubert & Co., Göttingen

Gedruckt auf alterungsbeständigem Papier,
säurefrei gemäß ISO 9706

Inhalt

Bildungspolitische Perspektive

Anhang

Bettina Peetz

1 Mit Perspektive: die 1. JAKO-O Bildungsstudie Geleitwort von JAKO-O

Noch eine Bildungsstudie? Muss das sein? Wir bei JAKO-O meinen: ja! Denn das deutsche Bildungssystem steht in der Diskussion wie nie zuvor. Repräsentative und auf unabhängigen wissenschaftlichen Fundamenten stehende Untersuchungen wie die vorliegende leisten dabei einen wichtigen Beitrag. Sie helfen, die politische Diskussion zu versachlichen, indem sie fachlich fundierte Argumente liefern. So trägt die 1. JAKO-O Bildungsstudie hoffentlich dazu bei, dass sich Bildungspolitiker in Bund, Ländern und Gemeinden über Parteigrenzen hinweg für Lösungen einsetzen, welche die Betroffenen – die Schüler und Schülerinnen und ihre Familien – im Blick behalten.

Die vorliegende 1. JAKO-O Bildungsstudie ist daher nicht einfach nur eine weitere Untersuchung der Stärken und Schwächen unseres Bildungssystems. Sie bewertet die Leistungen von Schule, Kindergarten und des gesamten deutschen Bildungssystems aus einer bisher ignorierten Perspektive – aus Sicht der Eltern, und nicht aus dem Blickwinkel von Pädagogen oder Politikern. Wir bei JAKO-O finden: Eltern sind die wahren Experten für dieses Thema. Sie erleben Tag für Tag mit, was in Kitas oder Schulen klappt und was schiefläuft. Von ihnen wollten wir daher beispielsweise wissen, wie zufrieden sie mit der Schule ihrer Kinder sind. Oder auch: Was würden Mütter und Väter schulpflichtiger Kinder ändern, hätten sie die Macht dazu? Und wie wirkt sich Schule auf das Familienleben aus?

Aus der Vielzahl unserer Fragen haben Klaus-Peter Schöppner und seine Mitarbeiter beim Sozialforschungsinstitut TNS Emnid im Frühjahr 2010 eine bundesweit repräsentative Studie konzipiert. Im Sommer 2010 wurden dann in ganz Deutschland insgesamt 3.000 Mütter und Väter von Schul- oder Kindergartenkindern befragt. Die Ergebnisse dieser 1. JAKO-O Bildungsstudie liegen seit rund einem Jahr vor. Wir wissen seitdem, wo Eltern Probleme sehen und wo die Institution Schule aus Sicht der Eltern selbst Nachhilfe braucht. Es besteht zum Beispiel eine große Differenz zwischen dem, was Eltern von Schule erwarten, und dem, was dort tatsächlich passiert. Mama oder Papa als Nachhilfelehrer, das ist eher die Regel als die Ausnahme in deutschen Familien. Fast alle Eltern fühlen sich verpflichtet, sich intensiv um die schulischen Leistungen ihrer Kinder zu kümmern. Doch dieses Engagement geht auf Kosten des Familienlebens. Und das ärgert viele Eltern. Zwei von drei haben deshalb das Gefühl, vieles von dem zu leisten, was eigentlich Aufgabe der Schule ist.

Weil wir erreichen wollen, dass über Bildung nicht nur diskutiert wird, sondern dass sich in Deutschlands Kitas und Schulen wirklich etwas bewegt, wollten wir nicht nur den Finger in die Wunde legen und es bei einer „einfachen" Umfrage belassen. Damit die Studie tatsächlich die laufende Bildungsdiskussion voranbringen – und hoffentlich zu Verbesserungen im Schulalltag unserer Kinder führen – kann, ist es unerlässlich, die Ergebnisse mit Fachverstand einzuordnen und daraus wissenschaftlich begründete Handlungsempfehlungen abzuleiten.

Wir freuen uns daher sehr, dass wir angesehene Bildungsforscher für diese Aufgabe gewinnen konnten. Prof. Dr. Dagmar Killus von der Universität Hamburg und Prof. em. Dr. Klaus-Jürgen Tillmann, Universität Bielefeld, stehen als Herausgeber dem Autorenteam vor. An ihrer Seite haben sich Prof. Dr. Angelika Paseka, Universität Hamburg, Prof. em. Dr. Marianne Horstkemper, Universität Potsdam, Renate Hendricks, frühere langjährige Vorsitzende des Bundeselternrats, sowie Jörg Nicht, Freie Universität Berlin, den unzähligen Tabellen, Abbildungen und Statistiken der Studie angenommen. Ihnen allen gilt unser besonderer Dank.

Mit dieser einen JAKO-O Bildungsstudie soll es nicht getan sein: JAKO-O und auch die Autoren der vorliegenden Studie werden am Ball bleiben. Alle zwei Jahre werden wir eine Bildungsstudie in Auftrag geben – die 2. JAKO-O Bildungsstudie wird bereits 2012 erscheinen. So können wir positive wie negative Entwicklungen aufzeigen und konkrete Handlungsempfehlungen aus den Ergebnissen ableiten. Die JAKO-O Bildungsstudie ist also ein Projekt mit Perspektive. Hoffen wir, dass sie eine Erfolgsgeschichte des deutschen Bildungssystems beschreibt und die „Bildungsrepublik Deutschland" besser und gleichzeitig familienfreundlicher wird!

Bettina Peetz
Geschäftsleitung JAKO-O

Dagmar Killus/Klaus-Jürgen Tillmann

2 Elternbefragungen wozu?
– eine Einführung

Die 1. JAKO-O Bildungsstudie, deren Ergebnisse wir hier präsentieren, gibt Auskunft über die Einstellungen und Sichtweisen von Eltern zu zentralen Aspekten des Bildungssystems. Es handelt sich um eine repräsentative Befragungsstudie, die von dem Bielefelder Meinungsforschungsinstitut TNS EMNID durchgeführt wurde. Auf der Basis einer relativ großen Stichprobe von 3.000 Befragten erlaubt die Studie verlässliche Aussagen über die Einstellungen und Sichtweisen von Eltern in Deutschland, die Kinder im Alter von 3 bis 16 Jahren haben. Die Inhalte der Studie sprechen pädagogisch und bildungspolitisch bedeutsame Aspekte an: von der Bewertung der Lehrerarbeit und Lernsituation ihrer eigenen Kinder über Bildungspolitik bis hin zur Einschätzung der eigenen Erziehungsleistungen. Dabei nimmt diese Studie zum einen die bisherigen erziehungswissenschaftlichen Linien in der Elternforschung auf, indem sie z.B. nach Nachhilfe und Hausaufgabenbelastung fragt. Zum anderen setzt sie aber auch neue Akzente – so etwa bei der differenzierten Bewertung unterschiedlicher Reformvorschläge.

Die telefonische Befragung der Eltern fand im Juni 2010 statt, die Hauptergebnisse wurden in einer Pressekonferenz im September 2010 der Öffentlichkeit vorgestellt. Weil bei einer solchen Präsentation aber nur sehr wenige Ergebnisse relativ knapp dargestellt werden können, folgt mit diesem Buch eine ausführliche und differenzierte Darstellung der Befunde, die sich an wissenschaftlichen Kriterien orientiert. Sie wurde erstellt von (weiblichen wie männlichen) Bildungsforschern der Universitäten Berlin (FU), Bielefeld, Hamburg und Potsdam – koordiniert von den beiden Herausgebern dieses Bandes.

Wir finden es sehr erfreulich, dass ein privates Unternehmen – die Firma JAKO-O – eine solche Bildungsstudie in Auftrag gibt. Sie leistet damit einen wichtigen Beitrag sowohl zur erziehungswissenschaftlichen Forschung als auch zur pädagogischen Diskussion in unserem Land. JAKO-O reiht sich damit in die wachsende Zahl der Sponsoren ein, die seriöse Projekte der Bildungsforschung auf den Weg bringen und finanzieren. Als „Klassiker" dieser Forschungsfinanzierung ist auf die renommierte Shell-Jugendstudie zu verweisen, die es seit den 1950er-Jahren gibt (vgl. zuletzt Albert et al. 2010). In jüngerer Zeit treten vermehrt Firmenstiftungen, so Bosch und Bertelsmann, aber auch Gewerkschaften und Unternehmerverbände, als Initiatoren und Finanziers der Bildungsforschung auf (vgl. z.B. Hurrelmann/Karch 2010). Als Bildungsforscher freuen wir uns über jede Studie, die auf diese Weise ermöglicht wird. Dabei ist es allerdings wichtig, dass eine solche Untersuchung in wissenschaftlicher Unabhängigkeit fachlich kompetent durchgeführt werden kann. Wir denken, dass spätestens mit dem vorliegenden Buch für die JAKO-O Bildungsstudie dieser Beweis angetreten wird.

In diesem Buch werden die Ergebnisse der 1. JAKO-O Bildungsstudie dargestellt und differenziert interpretiert. An dieser Stelle führen wir nicht nur in das Konzept dieser Studie ein, sondern wir fragen auch etwas grundlegender: Welche Bedeutung haben Elternmeinungen für die Schulentwicklung – und welche Rollen können dabei Elternbefragungen spielen? Nachdem wir diese Frage beantwortet haben, gehen wir auf unsere Studie ein und beschreiben die Besonderheiten, aber auch die Grenzen einer solchen Repräsentativbefragung. Schließlich skizzieren wir, wie es mit der JAKO-O Bildungsstudie (die als Langfristunternehmen angelegt ist) weitergehen soll.

2.1 Eltern als Beteiligte im Bildungssystem

In der JAKO-O Bildungsstudie (und damit auch in diesem Buch) geht es um Eltern, deren Kinder einen Kindergarten und/oder eine Schule besuchen. Wir interessieren uns also für Sichtweisen, Meinungen und Interessen einer bestimmten Gruppe. Bevor wir dazu Ergebnisse präsentieren, soll etwas grundsätzlicher geklärt werden: Welche Bedeutung haben denn eigentlich die Eltern für das, was in den Einrichtungen des Bildungssystems passiert?

2.1.1 Unterschiedliche Rollen von Eltern

Hierzu muss man mindestens zwei Rollen von Eltern unterscheiden: Zunächst einmal sind Eltern für die Versorgung und Erziehung ihrer eigenen Kinder zuständig: Eltern prägen die Familie, in der diese Kinder groß werden und in der sie Fürsorge und Schutz, Liebe und Unterstützungen erfahren (sollen). Die erziehungswissenschaftliche Forschung hat immer wieder aufgezeigt, wie wichtig nicht nur in den ersten Lebensjahren die Kommunikationsformen, Anregungen und Ermunterungen sind, die die Kinder in der Familie erhalten (Schneewind 2008). Eltern haben hier die Aufgabe, ihre eigenen Kinder zu stützen und zu fördern. Dazu gehört es auch, auf die Schulerfahrungen der eigenen Kinder zu achten und gegebenenfalls deren Interessen auch gegenüber Schule und Lehrern zu vertreten. So gesehen sind Eltern immer auch „parteiisch", weil sie das Wohl ihres eigenen Kindes im Blick haben.

Davon zu unterscheiden ist die Rolle, die die Eltern (als Gruppe) spielen, wenn es um die Gestaltung des Bildungswesens geht. In welchem Ausmaß können und wollen Eltern Einfluss nehmen, wenn es um organisatorische und pädagogische Veränderungen geht: z. B. den Ausbau von Ganztagsschulen, die Einführung neuer Lernmethoden oder die Einführung zentraler Prüfungen. Hier geht es nicht primär um die Situation des eigenen Kindes, sondern um übergreifende Elterninteressen. Im Bildungssystem sind zwar Gremien und Positionen vorgesehen, die eine entsprechende Vertretung von Elterninteressen möglich machen sollen – von der Elternvertretung in der Einzelschule bis hin zum Bundeselternrat. Doch ob auf diese Weise die Sichtweisen von Eltern wirklich erkennbar in den Diskussionsprozess einfließen, muss man sehr in Zweifel stellen. Diese Zweifel sollen begründet werden, indem wir im Folgenden darstellen, in welcher Weise diese bildungspolitischen Diskussionen von „Experten" beherrscht werden.

2.1.2 Die Dominanz der Experten

Über Schule, über Kindergarten, über Bildungspolitik wird in Deutschland intensiv öffentlich diskutiert, diese Diskussion wird vor allem von Experten bestritten. Als „Experten" gelten Menschen, die sich hauptberuflich mit unserem Bildungs- und Erziehungssystem befassen; entweder sind sie selber in diesem System tätig (so als Schulleiter/in, als Erzieher/in) oder aber sie analysieren, planen, entscheiden über dieses System (so als Schulminister/in, als Erziehungswissenschaftler/in). Eltern gelten nur dann als Experten, wenn sie in Elternvertretungen oder Politik herausragende Positionen erreicht haben (so etwa Renate Hendricks, die Kap. 9 verfasst hat). „Normale" Eltern sind somit keine Experten, sie sind folglich auch an den nachfolgend skizzierten drei Diskussionskreisen der Experten kaum beteiligt:

– Im Diskussionskreis der *Praktiker* artikulieren sich vor allem Lehrer/innen und Erzieher/innen, Schulleiter/innen und Schulräte, manchmal auch Schulinspektor/inn/en und Fortbildner/innen. Ihre bevorzugten Diskussionsorte sind Lehrerkonferenzen und Fortbildungstage, aber auch Verbandsorgane und praxisorientierte Zeitschriften. In diesem Diskurs geht es im Kern um die Aufbereitung und kritische Verarbeitung der Erfahrungen aus der (eigenen) pädagogischen Berufspraxis.

– Im Diskussionskreis der *Wissenschaft* artikulieren sich vor allem Erziehungswissenschaftler/innen aus Universitäten und Forschungsinstituten, manchmal auch Schulplaner/innen aus Ministerien und Landesinstituten. Ihre bevorzugten Diskussionsorte sind Fachkongresse, Expertenkommissionen und Hearings; ihre Erkenntnisse präsentieren und diskutieren sie in Büchern und Fachzeitschriften. Dabei geht es im Kern um die Ergebnisse, die sie mit wissenschaftlichen Methoden über den Zustand des Bildungssystems erarbeitet haben – und um deren wissenschaftliche wie praktische Relevanz.

– Im Diskussionskreis der *Bildungspolitik* treten vor allem Abgeordnete und Minister/innen, leitende Ministerialbeamte und Verbandsvertreter/innen, gelegentlich auch Ministerpräsidenten auf. Ihre Diskussionsorte sind Pressekonferenzen, Parteitage, Landesparlamente und nicht zuletzt TV-Sendungen. Dabei geht es im Kern um die Frage, mit welcher Zielsetzung, mit welcher Finanzausstattung, mit welchen Konzepten im Bildungssystem die Rahmenbedingungen für Lernen und Erziehung verbessert werden sollen.

Auch wenn in diesen drei Diskussionskreisen sehr unterschiedliche Akteure mit unterschiedlichem professionellen Selbstverständnis und unterschiedlichem „Zugriff" auf die Probleme des Bildungssystems vertreten sind, so findet sich aber doch eine bemerkenswerte Gemeinsamkeit: Sämtliche Mitglieder in diesen drei – sich überlappenden – Diskussionskreisen sind „Professionelle". Aufgrund von (akademischer) Ausbildung und einer entsprechenden Berufslaufbahn agieren sie nun als kompetente Akteure, die auf die Schulentwicklung, auf die bildungspolitische Debatte entscheidenden Einfluss nehmen. Der Austausch und die Verflechtung zwischen diesen drei Expertenkreisen bestimmt in ganz erheblichem Maße, welche Entwicklungen im Bildungssystem angestoßen, unterstützt oder gebremst werden.

Hierzu ein (fiktives) Beispiel: Auf mehreren Schulleiter-Dienstversammlungen werden Probleme angesprochen, die bei der Durchführung von Lernstandserhebungen in der Grundschule aufgetreten sind. Dies wird „nach oben" weitergegeben und produziert im Schulministerium einen Handlungsruck. Das Ministerium bittet zwei Professor/inn/en der Erziehungswissenschaft um eine Einschätzung und um Verbesserungsvorschläge. Zwei Landtagsabgeordnete reichen zeitgleich zu diesem Problem im Landtag eine „kleine Anfrage" ein. Das Ministerium antwortet, indem es die Probleme als bekannt bezeichnet und anstehende Änderungen (die von den Professor/inn/en empfohlen wurden) ankündigt. Das Beispiel verdeutlicht, wie in einem solchen System Probleme bearbeitet werden, indem verschiedene Expertenkreise wechselseitig auf ihre Expertisen zurückgreifen. Deutlich wird aber auch, dass Diskussionen und Entscheidungen in aller Regel im Kreis der „Experten" verbleiben. Und das bedeutet zugleich, dass die Nutzer des Bildungssystems (die „Betroffenen") an diesen Diskursen gar nicht oder bestenfalls am Rande beteiligt sind: und das sind die Schülerinnen und Schüler und ihre Eltern.

Zu konstatieren ist damit ein strukturelles Defizit, das sich auf die Wahrnehmung und Berücksichtigung von Elternpositionen bezieht: Eltern mögen engagiert sein, wenn es um das eigene Kind, seine Probleme, seine Interessen geht. Doch sobald es darum geht, ihre Sichtweisen in übergreifende Diskurse (Schulentwicklung, Bildungspolitik) einzubringen, befinden sich Eltern in einer benachteiligten Position: Denn sie nehmen am Diskurs der Experten in aller Regel nicht teil und können ihn deshalb auch nicht beeinflussen. Das liegt zum einen daran, dass sie (etwa bei den Wissenschaftlern) als Laien gelten und deshalb erst gar nicht zugelassen sind; zum anderen können sie aber auch die entsprechende Zeit und Kraft, die die Experten einsetzen (etwa im bildungspolitischen Diskurs), in aller Regel nicht aufbringen.

Wenn die soeben vorgenommene Analyse in ihren Grundzügen richtig ist, gäbe es hinreichend Anlass, über grundsätzlich veränderte Formen der Elternmitwirkung im Bildungssystem nachzudenken. Modelle hierfür findet man z.B. in der kommunalen Bürgerbeteiligung, die für Teile des Schweizer Schulsystems typisch ist (vgl. Gretler 2002, S. 476). Doch weil dies für das deutsche Bildungssystem eher als „Zukunftsmusik" angesehen werden muss, wollen wir hier eine andere Perspektive eröffnen: Können Elternbefragungen dazu beitragen, dieses strukturelle Defizit zumindest zum Teil zu kompensieren, indem sie die Sichtweisen und Erfahrungen von Eltern zum Thema machen und in die Diskussion – auch in die Diskussion der „Experten" – einbringen?

2.2 Elternbefragungen als wissenschaftliches und als politisches Instrument

Wenn Erziehungswissenschaftler, Soziologen und Psychologen sich mit dem Aufwachsen von Kindern, aber auch mit den Lernprozessen in der Schule befassen, dann stehen die Eltern oft im Blickpunkt ihrer Forschung. Dabei interessieren Eltern vor allem in der weiter vorn beschriebenen Rolle als Betreuer, Erzieher und Förderer – kurz: als Bezugsperson ihrer Kinder. In vielen Untersuchungen werden (mündliche oder schriftliche) Elternbefragungen eingesetzt, um bestimmte Aspekte des familiären Erziehungsprozesses aufzuklären. Dies gilt für das Leben in Stieffamilien (Friedl/Maier-Aichen 1991) genauso wie für den Übergang vom „Kleinkind zum

Schulkind" (Fölling-Albers/Hopf 1995). Und auch in der PISA-Studie 2000 wurde ein Elternfragebogen eingesetzt, um den familiären Hintergrund der Kinder (z. B. häusliche Lernunterstützung) zu ermitteln (vgl. Baumert et al. 2001, S. 45f.). Fortgesetzt wird dieser Ansatz mit dem „Nationalen Bildungspanel", bei dem in fünf verschiedenen Alterskohorten viele Tausend Heranwachsende über etwa zehn Jahre im Längsschnitt untersucht werden sollen (NEPS 2011). Dabei werden umfangreiche Elternbefragungen eingesetzt, um den familiären Hintergrund der Kinder (und seine Veränderungen) angemessen abbilden zu können.

Diese Form der erziehungswissenschaftlichen Forschung, die Eltern als Befragte einbezieht, um kindliche und jugendliche Entwicklungsprozesse aufzuklären, steht nicht im Zentrum unserer Betrachtung. Wir interessieren uns vielmehr für solche Forschungen, die die Eltern als Träger bestimmter pädagogischer Meinungen und bildungspolitischer Positionen ansehen. Solche Forschung ist darauf ausgerichtet, Sichtweisen von Eltern für die öffentliche Diskussion aufzubereiten, um dort Elternpositionen zu Gehör zu bringen. Typisch für solche Studien ist, dass sie oft im Grenzbereich zwischen Meinungsforschung und universitärer Forschung angesiedelt sind, dass sie häufig von wissenschafts-externen Sponsoren finanziert werden und dass sie ihre Ergebnisse einer breiten Öffentlichkeit präsentieren. Die JAKO-O Bildungsstudie ist genau hier anzusiedeln, aber sie steht dort nicht allein. Es hat in den letzten zehn Jahren etliche andere Elternbefragungen gegeben, die im Folgenden kurz vorgestellt werden – um daran anschließend die besonderen Merkmale der JAKO-O Bildungsstudie herauszuarbeiten.

2.2.1 Bisherige Elternbefragungen

Elternbefragungen zu pädagogischen und bildungspolitischen Problemen sind nicht neu. Besonders bekannt geworden ist hier die Repräsentativumfrage des Instituts für Schulentwicklungsforschung (IFS) der Universität Dortmund, die über einen Zeitraum von 25 Jahren (1979-2004) mit dem Ziel durchgeführt wurde, die öffentliche Meinung der Bevölkerung zu Fragen des Bildungswesens zu ermitteln. Konstante inhaltliche Schwerpunkte waren z. B. die Bildungsaspiration der Schülereltern, die Verwertbarkeit schulischer Bildungsabschlüsse, die Zufriedenheit mit der Schule oder die Durchlässigkeit und Chancengleichheit. Dieser Fragenbestand wurde jeweils ergänzt durch Fragen zu aktuellen Themen der Schul- und Bildungspolitik wie Schulautonomie oder Ganztagsschulentwicklung. Die IFS-Umfragen stützten sich jeweils auf repräsentative Stichproben, die neben einer Schülerelternstichprobe auch eine Vergleichsstichprobe umfasste, in die Personen ohne Schulkinder eingingen. Die IFS-Studie hat in systematischer Weise schulbezogene Erwartungen und Einstellungen von Eltern untersucht und auch entsprechende Trendentwicklungen über die Jahre analysiert. Diese Studie wurde überwiegend von zwei gewerkschaftlichen Stiftungen (Hans Böckler Stiftung, Max-Traeger-Stiftung) finanziert und im Jahr 2004 zum letzten Mal durchgeführt (vgl. IFS 2004). Seitdem existiert keine Studie mehr, die in kontinuierlichen Abständen ein Meinungs- und Stimmungsbild der Eltern ermittelt.

Allerdings hat es in den letzten Jahren immer wieder einzelne Studien gegeben, die hier angeknüpft haben. Zu nennen ist in diesem Zusammenhang eine Umfrage des Instituts für Demoskopie Allensbach zu aktuellen Fragen der Schul-

und Bildungspolitik und zum Bild der Lehrer in Deutschland (Institut für Demoskopie 2010). In Auftrag gegeben wurde diese Umfrage von der Vodafone Stiftung Deutschland in Zusammenarbeit mit dem Deutschen Philologenverband. Die Stichprobe ist repräsentativ für die bundesdeutsche Bevölkerung, woraus folgt, dass es sich nur bei einem Teil der Befragten um Eltern schulpflichtiger Kinder handelt. Die Studie wurde in zwei aufeinander folgenden Jahren durchgeführt (2009, 2010) – ob sie fortgesetzt wird, ist uns nicht bekannt.

Schul- und bildungspolitische Fragen standen auch im Mittelpunkt der Bürgerbefragung „Zukunft durch Bildung – Deutschland will's wissen", zu der unter anderem die BILD-Zeitung und Hürriyet, die größte türkischsprachige Tageszeitung in Europa, Anfang 2011 aufgerufen haben. Inhaltlich federführend war dabei die Bertelsmann-Stiftung. Die Studie wurde im Unterschied zu den anderen Umfragen nicht über Interviews durchgeführt, sondern als Online-Befragung konzipiert. Die Fragen im Fragebogen decken viele Facetten des Bildungssystems ab – und zwar vom Kindergarten bis zur Weiterbildung. Beteiligt haben sich an dieser Befragung etwa 500.000 Menschen. Dabei handelt es sich nicht um eine repräsentative Stichprobe, aber über die größte bisher durchgeführte Befragung zu Bildungsthemen (Projektbüro bildung2011.de 2011, BILD vom 14.4.2011). Auffällig sind an einigen Stellen die Übereinstimmungen mit den Ergebnissen der JAKO-O Bildungsstudie – so vor allem bei der Forderung der Eltern nach mehr Ganztagsschulen und nach einem späteren Übergang in die Sekundarstufe I (vgl. den Beitrag von Tillmann, Kap. 4).

Die genannten Umfragen liefern Ergebnisse zur Lage des Schulsystems und leisten somit einen wichtigen Beitrag zur bildungspolitischen und zur pädagogischen Diskussion in Deutschland. Die Zielsetzung der von TNS Infratest eigenfinanzierten Umfrage „Schule aus Sicht von Eltern" geht darüber teilweise hinaus (von Rosenbladt/Thebis 2003). Neben Erkenntnissen zur Lage des Schulsystems sollen konkrete Bewertungen von Eltern über die Schule des eigenen Kindes bzw. der eigenen Kinder erfasst werden. Dadurch sollen Eltern, die eine wichtige Bezugsgruppe im Sozialsystem Schule darstellen, systematisch in einen Kommunikationsprozess über die Qualität von Schule eingebunden werden. Die Eltern wurden sowohl um allgemeine Bewertungen (z. B. zur Zufriedenheit mit der Schule) als auch um Bewertungen zu einer Reihe konkreter Einzelaspekte gebeten. Diese lassen sich drei Hauptbereichen zuordnen: Wissens- und Wertevermittlung, Schulklima und Elternbeteiligung, Schulorganisation und Rahmenbedingungen. Diese Studie schließt somit – stärker als die anderen Umfragen – an Fragen an, die im Rahmen der Schulqualitätsforschung behandelt werden.

Einen Bezug zum aktuellen Stand der Schulforschung, aber auch der Unterrichtsforschung weist schließlich die von Ulber und Lenzen (2004) durchgeführte Elternbefragung auf. Im Rahmen der Studie, die in Zusammenarbeit mit einer Berliner Tageszeitung (Berliner Morgenpost) durchgeführt wurde, wurden Eltern danach gefragt, welche Vorstellungen zu Schul- und Unterrichtsqualität sie haben und welche Schwerpunkte sie bei der Entwicklung von Schule setzen würden. Die Stichprobe ist nicht repräsentativ und lässt folglich keine Generalisierungen auf eine Grundgesamtheit zu.

Als Zwischenergebnis lässt sich festhalten, dass Bevölkerungs- bzw. Elternumfragen zu Fragen der Schule und der Bildungspolitik immer wieder durchgeführt werden. Diese Studien werden meist so angelegt, dass sie eine möglichst breite öffentliche Resonanz erzielen sollen. Dafür spricht z. B. die enge Kooperation mit Tageszeitungen, von BILD über Hürriyet bis zur Berliner Morgenpost. Zugleich ist festzustellen, dass eine wissenschaftlich-solide Dauerbeobachtung, wie sie von der IFS-Studie geleistet wurde, inzwischen nicht mehr existiert.

2.2.2 Ansprüche und Grenzen der JAKO-O Bildungsstudie

Im Jahr 2010 ist nun als weitere Befragung, die sich mit der Elternsicht auf Schule und Bildung befasst, die JAKO-O Bildungsstudie hinzugetreten. Sie ist repräsentativ angelegt und soll – das wird weiter unten ausgeführt – künftig alle zwei Jahre durchgeführt werden. Worin liegen ihre Besonderheiten?

Ansprüche
Die JAKO-O Bildungsstudie ist eine repräsentative Befragung von Eltern zu bildungspolitischen und pädagogischen Aspekten des Bildungssystems einschließlich der Unterstützungsleistungen der Eltern. Dabei wird die Erhebung und Auswertung der Daten von einem kompetenten Meinungsforschungsinstitut (TNS Emnid) durchgeführt. Die wiederholte Befragung im Abstand von zwei Jahren erlaubt es, Trendaussagen zu machen und damit in gewisser Weise die Aufgabe der „Dauerbeobachtung" zu übernehmen. Die relativ große Stichprobe von 3.000 Eltern macht es möglich, differenzierte Subgruppen-Vergleiche vorzunehmen. Das inhaltliche Konzept der Studie wird in enger Kooperation mit einer Gruppe von empirisch ausgerichteten Erziehungswissenschaftlern (Killus, Tillmann u. a.) gestaltet. Dabei wacht ein prominent besetzter wissenschaftlicher Beirat über die Solidität von Erhebung und Auswertung. Die Ergebnisse sind darauf ausgerichtet, in der öffentlichen Debatte die Elternpositionen verstärkt zum Tragen zu bringen. Dem diente z. B. die Pressekonferenz, mit der im September 2010 die Ergebnisse der 1. JAKO-O Bildungsstudie bekannt gemacht wurden. Zugleich ist es aber ausdrücklich beabsichtigt, die Ergebnisse auch so aufzubereiten, dass sie im Fachdiskurs von Praktikern, Wissenschaftlern und Bildungspolitikern zur Kenntnis genommen werden. Dieses Buch ist aus unserer Sicht das angemessene Medium, um diese Fachdiskurse zu bereichern.

Was dies konkret bedeutet, lässt sich beispielhaft verdeutlichen. So sollten Lehrer/innen und Schulentwickler/innen kritisch das Ergebnis verarbeiten, dass fast die Hälfte der Eltern eine zu geringere Förderung der schwächeren Schüler/innen beklagt. (vgl. Beitrag von Killus, Kap. 5.5). Und für den erziehungswissenschaftlichen Diskurs zur Migrantenförderung dürfte der Befund, dass sich 65 % der türkischen Eltern von den schulischen Anforderungen überfordert fühlen, von erheblicher Bedeutung sein (vgl. den Beitrag von Horstkemper, Kap. 8.3). Schließlich sollte es Bildungspolitiker/innen zum Nachdenken bringen, dass 72 % der Eltern die Aufteilung der Kinder nach der 4. Klasse für zu früh halten (vgl. den Beitrag von Tillmann, Kap. 4.3). Wenn diese und andere Ergebnisse nicht nur über Pressemeldungen in die öffentliche Diskussion gelangen, sondern auch durch entsprechende Publikationen die Fachdiskurse erreichen, steigen die Chancen, dass die Meinungen der Eltern in den Prozess der Schulentwicklung und Bildungspolitik stärker als bisher einfließen. Kurz: Wir verbinden mit der Arbeit an der JAKO-O Bildungsstudie die Hoffnung, dass das zuvor beschriebene strukturelle Defizit bei der Einbringung von Elternpositionen zumindest zum Teil ausgeglichen werden kann.

Aussagemöglichkeiten und -grenzen: ein Beispiel
Einen ersten Einblick in den Ansatz, die Ergebnisse und die Auswertungsmöglichkeiten der JAKO-O Bildungsstudie möchten wir anhand eines Beispiels geben. Dabei soll nicht verschwiegen werden, dass einer solchen repräsentativen Elternbefragung auch Grenzen gesetzt sind. Hierauf ebenso wie auf die Konsequenzen, die wir daraus für die künftigen Befragungen ziehen, wird im Weiteren noch eingegangen. Zunächst zum Beispiel: Es geht hierbei um eine Frage, die für Eltern von hoher Relevanz ist: „Ist Deutschland für Sie eher ein kinderfreundliches oder kinderfeindliches Land?" Eltern, die tagtäglich ihre Kinder versorgen und es dabei mit Verwandten und Nachbarn, mit Behörden und Bildungseinrichtungen, aber auch mit Verkäufern, Busfahrern und Bademeistern zu tun haben, können auf diese Frage sicher eine kompetente und erfahrungsgesättigte Antwort geben (siehe Abbildung 2.1).

Das Ergebnis dabei ist erstaunlich gespalten: 49 % der Eltern halten Deutschland eher für kinderfreundlich, 45 % eher für kinderfeindlich. Die Anlage der Studie erlaubt es nun, nach Faktoren zu suchen, die ein solches Urteil in die eine oder andere Richtung befördern. Nachvollziehbar ist zunächst, dass die Zahl der Kinder hier eine Rolle spielt: Eltern mit drei und vier Kindern sind wesentlich seltener als Eltern von ein bis zwei Kindern der Meinung, dass wir in einem „kinderfreundlichen" Land leben. Damit zeigt sich wohl, dass bei einer größeren Zahl von Kindern die Eltern deutlich häufiger Kinderfeindlichkeit in ihrer Umwelt erleben. In gewissem Kontrast dazu stehen die Aussagen der Eltern mit türkischer Staatsangehörigkeit: 68 % von ihnen halten Deutschland für ein kinderfreundliches Land. Sie urteilen somit wesentlich positiver als die deutschen Eltern (47 %). Über die Ursachen dieses Urteils können wir nur spekulieren – doch es steht nicht allein: Im weiteren Verlauf werden wir noch mehrfach auf den Sachverhalt stoßen, dass türkische Eltern die Situation im deutschen Bildungssystem – neben mancher Kritik (siehe weiter unten) – überwiegend doch recht positiv bewerten (vgl. z. B. den Beitrag von Paseka, Kap. 7.1.2, oder den Beitrag von Killus, Kap. 5.4 und Kap. 5.8).

Und schließlich wird deutlich, dass wohl nicht nur die tatsächlichen Erfahrungen der Eltern, sondern auch ihre generellen Einstellungen zum Bildungssystem (eher akzeptierend oder eher kritisch) die Antworten stark beeinflussen: Wer in unserer Gesellschaft die Bildungschancen für gerecht hält, sieht auch die Gesellschaft eher als „kinderfreundlich" an (61 %). Wer hingegen der Meinung ist, die Bildungschancen seien ungerecht verteilt, tendiert eher weniger dazu, die Gesellschaft als „kinderfreundlich" zu bezeichnen (33 %). Wer es bei der Aufteilung der Grundschüler nach der 4. Klasse belassen will, hält die Gesellschaft eher für „kinderfreundlich" (57 %). Wer hingegen für ein Gesamtschulsystem plädiert (Aufteilung nach der 9. Klasse), sieht dies eher nicht so (34 %).

Anhand dieses Beispiels wird das Grundmuster dieser Umfrageforschung deutlich: Präsentiert werden deskriptive Ergebnisse, die aus einer repräsentativen Querschnitterhebung stammen. Sie erlauben gesicherte Aussagen darüber, wie bestimmte Sichtweisen, Einschätzungen und Meinungen in der Grundgesamtheit (alle Eltern 3- bis 16-jähriger Kinder in Deutschland) verteilt sind. Darüber hinaus lässt sich aufzeigen, wie stark solche Sichtweisen in unterschiedlichen soziodemographi-

Abb. 2.1   Deutschland – ein kinderfreundliches Land? (nach Anzahl der Kinder)

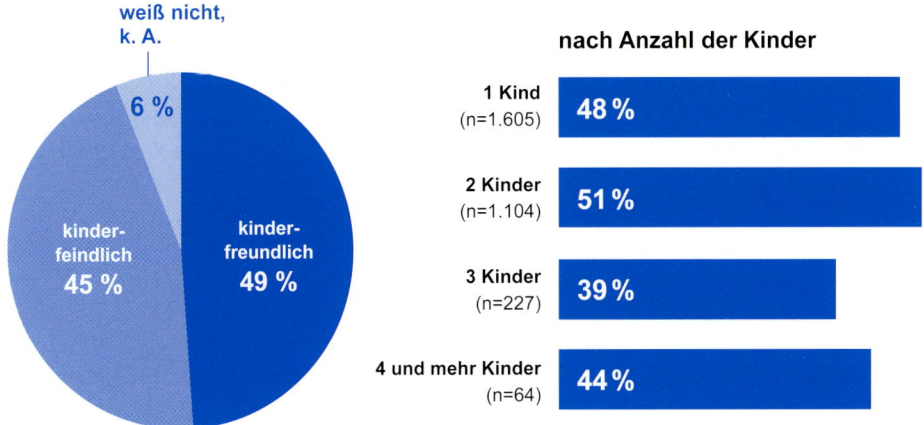

Frage: Ist Deutschland für Sie eher ein kinderfreundliches oder kinderfeindliches Land?
N=3.000 Befragte

schen Gruppen (z. B. Eltern mit und ohne Abitur) auftreten. Schließlich ist es möglich, die Einstellung zu dem einen Sachverhalt (z. B. Kinderfreundlichkeit) mit der zu einem anderen Sachverhalt (z. B. Gerechtigkeit von Bildungschancen) in Verbindung zu bringen, um bestimmten Einstellungs- und Meinungskonstellationen auf die Spur zu kommen. Die gesellschaftlichen Ursachen für die gefundenen Unterschiede, für die entdeckten Zusammenhänge ergeben sich in aller Regel nicht aus den Daten selbst, sondern bedürfen der Interpretation. Dabei ist auf die vorliegende Forschung zu Schulentwicklung und Schulqualität, zu Bildungs- und Sozialisationsprozessen, zu Elterneinfluss und Lehrerhandeln Bezug zu nehmen. Genau dies geschieht in den nachfolgenden Ergebniskapiteln 4 bis 8.

Dieses Beispiel macht aber auch deutlich, welche methodischen Grenzen mit einer solchen Form der Umfrageforschung verbunden sind: Weil es sich um eine einmalige Befragung („Querschnitterhebung") handelt, lassen sich – streng genommen – *Ursachen* für bestimmte Meinungen und Meinungsunterschiede nicht identifizieren. Dafür wäre ein längsschnittliches Design erforderlich, das die Abbildung von Zuwächsen zwischen mindestens zwei Zeitpunkten erlaubt. Die JAKO-O Bildungsstudie beschränkt sich deshalb darauf, zunächst offen zu legen, wie sich bestimmte Vorstellungen, Erwartungen und Erfahrungen der Eltern hinsichtlich des Bildungssystems darstellen und welche Konstellationen sich hieraus ergeben. Daraus ließen sich Anhaltspunkte für präzise Hypothesen ableiten, deren Überprüfung Gegenstand weiterer empirischer Forschung sein könnte.

Die Ergebnisdarstellung in diesem ersten Band stützt sich dabei auf Methoden deskriptiver Statistik. Die Ergebnisse wurden folglich mit Hilfe von Tabellen und Abbildungen geordnet und übersichtlich dargestellt, wobei einzelne Sachverhalte sowohl für sich als auch im Zusammenhang mit weiteren Sachverhalten analysiert wurden. Auf die statistische Prüfung von Verteilungsunterschieden, die sich bei einem Vergleich von Subgruppen zeigen, wurde verzichtet. Der Nachweis eines „statistisch signifikanten" Ergebnisses ist angesichts großer Stichproben nur wenig sinnvoll, weil bei genügend großen Stichproben praktisch jeder Unterschied signifikant ist. Stattdessen haben wir die Ergebnisse und hierbei insbesondere Verteilungsunterschiede zwischen Subgruppen vor dem Hintergrund wissenschaftlicher Theorien, Konzepte und bereits vorliegender empirischer Befunde interpretiert und im Hinblick auf Plausibilität bewertet. Besonders zurückhaltend waren wir mit unseren Interpretationen, wenn eine der in die Analyse einbezogenen Subgruppen nur sehr klein war. Das trifft in unserer Stichprobe vor allem auf Eltern mit türkischer Staatsangehörigkeit (n=81) oder auf Eltern mit mehr als vier Kindern zu (n=64).

Perspektiven für die weiteren Befragungen
In Zukunft sollen Elternbefragungen im Rahmen der JAKO-O Bildungsstudie im Abstand von zwei Jahren durchgeführt werden. Im Fokus werden dabei ausschließlich Eltern schulpflichtiger Kinder stehen. Damit verbindet sich die Absicht, für das Handlungsfeld Schule ein noch differenzierteres Bild zu entwickeln. Die Ergebnisse der nächsten (also zweiten) Umfrage sollen im Sommer 2012 einer interessierten Öffentlichkeit präsentiert werden. Für diesen Zeitpunkt sind das Erscheinen des zweiten Ergebnisbandes sowie eine Pressekonferenz geplant. Die zweite JAKO-O Bildungsstudie nimmt dabei die Linien der ersten Studie auf und versucht gleichzeitig neue Akzente zu setzen: Weil der Vergleich von deutschen und türkischen Eltern schon bei der ersten JAKO-O Bildungsstudie an vielen Stellen bedeutsame Unterschiede aufwies, soll hierauf ein besonderes Augenmerk gelegt werden. Dafür soll, über die Staatsangehörigkeit hinaus, der Migrationshintergrund der Eltern und der Kinder differenzierter erfasst werden. Erwartet wird, dass sich dadurch die Unterschiede, die jetzt schon festzustellen waren, noch deutlicher herauspräparieren lassen. Die Gruppe der Eltern nicht-deutscher Herkunft soll dabei in der Stichprobe gezielt übervertreten sein. Ein solches ,oversampling' ist sinnvoll, wenn neben einem repräsentativen Querschnitt zahlenmäßig schwach vertretene Gruppen speziell analysiert werden sollen. Was die inhaltliche Ausrichtung der Studie angeht, so soll ein Kernbestand von Fragen ergänzt werden durch Fragen zu aktuellen pädagogischen und bildungspolitischen Themen im Hinblick auf Schule. Dadurch werden sowohl Trendaussagen als auch ein aktuelles Stimmungsbild zu wichtigen Aspekten ermöglicht. Darüber hinaus sollen eher allgemeine Fragen (z. B. „Wie gerne geht ihr Kind zu Schule?") mit sehr konkreten Fragen z. B. zur Realisierung bestimmter bildungspolitischer Ziele, zu den Lehr-, Lern- und Erziehungsvoraussetzungen an der Schule sowie zur Bewältigung schulischer Anforderungen innerhalb der Familie kombiniert werden. Auf diese Weise kann ein differenziertes Bild der Elternsicht auf Schule entwickelt und in die Qualitätsdebatte eingebracht werden. Darüber hinaus eröffnen sich hier Chancen, bestimmte Konstellationen von Vorstellungen, Erwartungen und Erfahrungen auszuloten. Bei der Auswertung sollen dafür auch differenzierte multivariate Analyseverfahren eingesetzt werden.

2.3   Zum vorliegenden Band

Im Folgenden soll der Aufbau des vorliegenden Bandes in knapper Form skizziert werden: Das folgende *dritte Kapitel* (Klaus-Peter Schöppner) informiert zunächst über die methodische Anlage der Untersuchung und fasst sodann zentrale Ergebnisse der Untersuchung zusammen. Meinungen, Einstellungen und Erwartungen der Eltern gegenüber zentralen Problemen der Bildungspolitik bilden den Schwerpunkt des *vierten Kapitels* (Klaus-Jürgen Tillmann). Das *fünfte Kapitel* (Dagmar Killus) greift die Frage auf, wie sich die Qualität von Schule und Unterricht aus Sicht der Eltern darstellt. Hier gehen – über generelle Einstellungen und Erwartungen hinaus – auch konkrete Bewertungen von Eltern hinsichtlich der Schule des eigenen Kindes mit ein. Wie Schule aus Sicht der Eltern ihren Aufgaben nachkommt und welche Aufgaben dabei an Eltern delegiert werden, ist Gegenstand des *sechsten Kapitels* (Angelika Paseka). Von hoher bildungspolitischer Brisanz ist das *siebte Kapitel* (Jörg Nicht). Darin wird der Frage nachgegangen, welche Bedingungen den Schulerfolg aus Sicht der Eltern beeinflussen. Vor dem Hintergrund dieser Ergebnisse wird sodann die Frage behandelt, inwieweit Eltern die Bildungschancen von Kindern als gerecht wahrnehmen. Das *achte Kapitel* (Marianne Horstkemper) knüpft unmittelbar an das sechste Kapitel an. Ausgehend von den konkreten Betreuungsaktivitäten, die Eltern übernehmen, wenn Kindergarten und Schule schließen, geht es hier vor allem um das Spannungsverhältnis von (wahrgenommener) Herausforderung und Überforderung. Während die bislang genannten Kapitel empirische Ergebnisse zu jeweils spezifischen Fragestellungen darstellen und differenziert interpretieren, fokussiert das abschließende *neunte Kapitel* (Renate Hendricks, frühere Vorsitzende des Bundeselternrats) auf bildungspolitische Handlungsempfehlungen aus Elternsicht.

Danksagung
Die JAKO-O Bildungsstudie ist ein Gemeinschaftswerk, an dem viele Menschen mitarbeiten. In den acht Monaten, die wir – die Herausgeber dieses Bandes – an diesem Projekt beteiligt sind, sind wir bei allen Akteuren auf ein beeindruckendes Maß an Professionalität, Verlässlichkeit, Freundlichkeit und Kooperationsbereitschaft gestoßen. Dafür bedanken wir uns ganz herzlich vor allem bei Bettina Peetz (JAKO-O), Volker Clément (MasterMedia), Klaus-Peter Schöppner (TNS Emnid), bei den Autorinnen und Autoren dieses Bandes, bei den Mitgliedern des Wissenschaftlichen Beirats und bei Franziska Carl, die mit großer Sorgfalt die Endredaktion des vorliegenden Bandes durchgeführt hat. Wir sind sicher, dass mit dieser Kooperation zur 1. JAKO-O Bildungsstudie eine sehr gute Basis gelegt wurde, um auch die weiteren Befragungen erfolgreich zu gestalten.

Literatur

Albert, M./Hurrelmann, K./Quenzel, G./Gensicke, T./Leven, I./Picot, S./Schneekloth, U./Willert, M. (2010): Jugend 2010. Eine pragmatische Generation behauptet sich. 16. Shell-Jugendstudie (in Arbeitsgemeinschaft mit Infratest Sozialforschung). Frankfurt a.M.: Fischer

Baumert, J./Klieme, E./Neubrand, M./Prenzel, M./Schiefele, U./Schneider, W./Stanat, P./Tillmann, K.-J./Weiß, M. (Hrsg.) (2001): PISA 2000. Basiskompetenzen von Schülerinnen und Schülern im internationalen Vergleich. Opladen: Leske und Budrich

BILD-Zeitung (2011): Schlechte Noten für Bildung in Deutschland, Ausgabe v. 14.4.2011, S. 9

Fölling-Albers, M./Hopf, A. (1995): Auf dem Weg vom Kleinkind zum Schulkind. Opladen: Leske und Budrich

Friedl, I./Maier-Aichen, R. (1991): Leben in Stieffamilien. Weinheim: Juventa

Gretler, A. (2002): Schweiz. In: Döbert, H./Hörner,W./v. Kopp, B./Mitter, W. (Hrsg.): Die Schulsysteme Europas. Baltmannsweiler: Schneider, S. 470–485

Hurrelmann, K./Karch, H. (Hrsg.) (2010): Jugend, Vorsorge, Finanzen. Herausforderung oder Überforderung? Frankfurt/M.: Campus

IFS-Umfrage (2004): IFS-Umfrage: Die Schule im Spiegel der öffentlichen Meinung. Ergebnisse der 13. IFS-Repräsentativbefragung der bundesdeutschen Bevölkerung. In: Holtappels, H.G./Klemm, K./Pfeiffer, H./Rolff, H.G./Schulz-Zander, R. (Hrsg.): Jahrbuch der Schulentwicklung, Daten, Beispiele und Perspektiven. Band 13. Weinheim: Juventa, S. 13–50

Institut für Demoskopie Allensbach (2010): Aktuelle Fragen der Schulpolitik und das Bild der Lehrer in Deutschland. Eine Studie des Instituts für Demoskopie Allensbach im Auftrag der Vodafone Stiftung Deutschland. www.ifd-allensbach.de (Zugriff am 10.6.2011)

NEPS (2011): Das Nationale Bildungspanel. Notwendigkeit, Grundzüge und Analysepotential. Bamberg: Otto-Friedrich-Universität. www.uni-bamberg.de/neps/forschungdaten (Zugriff 10.6.2011)

Projektbüro bildung2011.de (2011): „Zukunft durch Bildung – Deutschland will's wissen". Ergebnisse der Online-Bürgerbefragung. Eine Initiative von Roland Berger Strategy Consults, der Bertelsmann Stiftung, BILD und Hürriyet. www.bildung2011.de (Zugriff am 10.6.2011)

von Rosenbladt, B./Thebis, F. (2003): Schule aus der Sicht von Eltern. Das Eltern-Forum als neues Instrument der Schulforschung und mögliche Form der Elternmitwirkung. München: TNS Infratest Sozialforschung. http://www.tns-infratest-sozialforschung.com/ downloads/ schule-eltern.pdf (Zugriff: 17.6.2011)

Schneewind, K.A. (2008): Sozialisation in der Familie. In: Hurrelmann, K./Grundmann, M./ Walper, S. (Hrsg.): Handbuch Sozialisationsforschung, 7. Aufl., Weinheim: Beltz. S. 256–273

Ulber, D./Lenzen, D. (2004): Schulqualität aus Elternsicht – Ergebnisse einer Befragung Berliner Eltern. In: Pädagogische Rundschau 58, H. 2, S. 197–205

Klaus-Peter Schöppner

3   Die 1. JAKO-O Bildungsstudie: methodische Anlage und Zusammenfassung zentraler Ergebnisse

Der folgende Beitrag gliedert sich in zwei Teile: Im ersten Teil wird zunächst die methodische Anlage der Untersuchung dargelegt. In diesem Zusammenhang wird insbesondere auf die Grundgesamtheit, die Auswahl der Befragten sowie die Durchführung der Untersuchung eingegangen. Vor diesem Hintergrund wird sodann die realisierte Stichprobe entlang soziodemographischer Merkmale der befragten Elternteile beschrieben. Hier fließen auch Angaben über die Einrichtungen bzw. Schulen mit ein, die von den Kindern besucht werden. Im zweiten Teil werden dann zentrale Ergebnisse der Untersuchung in knapper Form dargestellt.

3.1   Methodische Anlage der Untersuchung

Grundgesamtheit
Die Grundgesamtheit besteht aus Eltern von Kindern im Alter zwischen 3 und 16 Jahren in Privathaushalten in der Bundesrepublik Deutschland. Auswahlgesamtheit sind jene Privathaushalte in der Bundesrepublik mit mindestens einem Festnetzanschluss.

Stichprobe
Für diese Untersuchung wurden insgesamt 3.000 Interviews durchgeführt.

Auswahlverfahren
Die Telefonnummern wurden per „Random Last Two Digits – RL(2)D-Verfahren" in Anlehnung an das sogenannte Gabler/Häder-Verfahren generiert.

Dazu werden im ersten Schritt aus den verfügbaren Telefonnummern durch „Abschneiden" der letzten beiden Stellen Nummernstämme gebildet. Im zweiten Schritt wird das Universum der möglichen Telefonnummern für diese Stämme generiert, indem jeder vorkommende Nummernstamm mit allen Ziffernkombinationen ergänzt wird. Aus diesem Universum wird im dritten Schritt eine Zufallsstichprobe proportional zur Haushaltsverteilung nach Regierungsbezirken und Gemeindegrößen gezogen. Die Auswahlgrundlage bildet das ADM-Master-Sample für generierte Telefonnummern.

Innerhalb der Haushalte wurde jeweils ein Elternteil befragt (Eltern mit einem Kind bzw. mehreren Kindern zwischen 3 und 16 Jahren).

Durchführung der Untersuchung
Die Telefonbefragung wurde zentral von Emnitel, Bielefeld, aus durchgeführt. Es handelt sich dabei um computergestützte Telefoninterviews (CATI). Die allgemeinen Arbeitsanweisungen, nach denen alle Interviewer von Emnitel verfahren, regelten die

einheitliche Durchführung der Interviews. Deren Kontrolle erfolgte direkt durch den Einsatzleiter im Telefonstudio. Der Fragebogen war als Protokollgrundlage in Bezug auf Reihenfolge und Wortlaut der Fragen für die Interviewer verbindlich.

Befragungszeitraum
11.06. bis 01.07.2010

Gewichtung
Die Stichprobe wurde auf Grundlage verfügbarer Bevölkerungsstatistiken hinsichtlich der Merkmale *Bundesland, Schulbildung* und *Berufstätigkeit* des Befragten, *Alleinerziehung* sowie *Anzahl* und *Alter der Kinder* gewichtet.

Die Gewichtung stellt sicher, dass die der Auswertung zugrunde liegende Stichprobe in ihrer Zusammensetzung der Struktur der Grundgesamtheit entspricht. Damit sind die Untersuchungsergebnisse repräsentativ und können im Rahmen der statistischen Fehlertoleranzen auf die Grundgesamtheit verallgemeinert werden.

Bei einer Stichprobe von 3.000 Befragten und einer Sicherheitswahrscheinlichkeit von 95 % betragen die statistischen Fehlertoleranzen zwischen 1,1 und 2,5 %.

Struktur der Stichprobe
Im Sinne einer Stichprobenbeschreibung wird im Folgenden auf soziodemographische Merkmale der befragten Elternteile eingegangen, aber auch darauf, welche Einrichtungen bzw. Schulen deren Kinder besuchen. Es handelt sich hierbei um die Merkmale, die in den folgenden Beiträgen für die weitere Ausdifferenzierung der Daten herangezogen wurden. Wie setzt sich die realisierte Stichprobe nun zusammen? Wie Tabelle 3.1 zu entnehmen ist, befindet sich die Hälfte der befragten Eltern – mit 35 bis 44 Jahren – im mittleren Lebensalter. Ein Drittel ist älter als 45 Jahre, wogegen jüngere Eltern, also Personen bis 34 Jahre, eher schwach vertreten sind. Deutlich in der Überzahl sind, wenn man die Verteilung des Geschlechts betrachtet, die Mütter. Sie gehen mit 70 % in die Stichprobe ein, Väter mit nur 30 %. Hier spiegelt sich wider, dass Mütter den größten Teil der häuslichen Betreuungsarbeit leisten und folglich dort auch eher anzutreffen bzw. telefonisch zu erreichen sind. Diese Thematik wird in dem Beitrag von Horstkemper ausführlich behandelt (vgl. Kap. 8). Mütter bilden auch die Mehrheit unter den in die Stichprobe eingehenden Alleinerziehenden: 544 der Befragten sind Alleinerziehende, was einem Prozentanteil von 18 % an allen befragten Elternteilen entspricht. Von diesen 544 Befragten sind 91 % weiblich und 9 % männlich (ohne Tabelle).

Die befragten Eltern lassen sich weiterhin hinsichtlich ihrer sozialen Lage unterscheiden. Hierfür steht der Bildungsabschluss, der bedeutsam ist für den Zugang zu beruflichen Positionen und – damit einhergehend – für das Einkommen und der darüber hinaus als Indikator für „kulturelles Kapital" betrachtet werden kann. In der realisierten Stichprobe sind die Eltern mit einem mittleren Bildungsabschluss am stärksten vertreten. Auf sie entfallen insgesamt 48 %. Dagegen hat ein Drittel höchstens einen Volks- bzw. Hauptschulabschluss und gut ein Fünftel Abitur oder einen Hochschulabschluss. Betrachtet man als Nächstes das Haushaltsnettoeinkommen, so zeigt sich, dass sich die ökonomische Situation in den Familien zum Teil unterschiedlich darstellt. An der Untergrenze liegen, mit einem Haushaltsnettoeinkommen von bis zu 1.000 Euro, 11 % der Familien. Stärker repräsentiert sind die drei übri-

Tab. 3.1   **Soziodemographische Merkmale der befragten Elternteile und Angaben zur Einrichtung bzw. Schulform, die das Kind besucht**

Merkmale	absolut	Prozent [a]
Alter	N=3.000	=100 %
bis 34 Jahre	474	15,8
35 bis 44 Jahre	1.550	51,7
mehr als 45 Jahre	976	32,5
Geschlecht	N=3.000	=100 %
weiblich	2.095	69,8
männlich	905	30,2
Bildungsabschluss	N=3.000	=100 %
Volks-/Hauptschule	893	29,7
mittlerer Bildungsabschluss	1.432	47,7
Abi, Uni	633	21,1
keine Angaben	42	1,4
Alleinerziehung	N=3.000	=100 %
ja	544	18,1
nein	2.449	81,6
keine Angaben	7	0,2
Berufstätigkeit	N=3.000	=100 %
Vollzeit	1.182	39,4
Teilzeit	1.183	39,4
nicht berufstätig	628	20,9
keine Angaben	7	0,2
Berufstätigkeit (Ehe-)Partner	n=2.456 [b]	=100 %
Vollzeit	1.680	68,4
Teilzeit	509	20,7
nicht berufstätig	266	10,8
keine Angaben	1	0,04
Haushaltsnettoeinkommen	N=3.000	=100 %
bis 1.000 Euro	320	10,7
1.000 bis 2.000 Euro	775	25,8
2.000 bis 3.000 Euro	989	33,0
mehr als 3.000 Euro	696	23,2
keine Angaben	220	7,3
Staatsangehörigkeit	N=3.000	=100 %
deutsch	2.744	91,5
türkisch	81	2,7
andere [c]	164	5,5
keine Angaben	11	0,4

Fortsetzung Tab. 3.1

Merkmale	absolut	Prozent [a]
Bundesland/Region	N=3.000	=100 %
West	2.560	85,3
Ost	440	14,7
Bundesland [d]	N=3.000	=100 %
Bayern	486	16,2
Baden-Württemberg	437	14,6
Rheinland-Pfalz/Saarland	208	6,9
Hessen	201	6,7
Nordrhein-Westfalen	672	22,4
Nordwesten	491	16,4
Nordosten	218	7,3
Südosten	200	6,7
Berlin	87	2,9
Anzahl Kinder im Alter von 3 bis 16 Jahren	N=3.000	=100 %
1 Kind	1.605	53,5
2 Kinder	1.104	36,8
3 Kinder	227	7,6
4 Kinder	41	1,4
5 und mehr Kinder	23	0,8
Kinder im Haushalt	n=2.936 [e]	=100 %
nur Vorschule/Kindergarten	440	15,0
nur Schüler	2.063	70,3
beides	433	14,7
Einrichtung bzw. Schulform, die von mindestens einem Kind besucht wird	siehe Fußnote [f]	100 % (N=3.000)
Vorschule/Kindergarten	897	29,9
Grundschule	1.156	38,5
weiterführende Schule	1.663	55,4

a) Aufgrund von Rundungsfehlern sind Abweichungen von 100 % möglich. Weil in der Tabelle „fehlende Angaben" aufgeführt werden, die teilweise nur für sehr wenige Befragte stehen, werden die Prozentwerte mit einer Dezimalstelle ausgewiesen. Die im Text berichteten Prozentwerte werden ab- bzw. aufgerundet.

b) Alleinerziehende Elternteile (n=544) gehen nicht ein.

c) Die Kategorie „andere" setzt sich aus jeweils verschiedenen Staatsangehörigkeiten zusammen: russisch (n=12), italienisch (n=32), österreichisch (n=15), ehemals jugoslawisch (n=34), polnisch (n=6). Weitere Staatsangehörigkeiten, die noch seltener als die zuvor genannten vorkommen, werden noch einmal unter „sonstige" zusammengefasst (n=65).

d) „Nordwesten" steht für Bremen, Hamburg, Schleswig-Holstein und Niedersachsen. „Nordosten" steht für Mecklenburg-Vorpommern, Sachsen-Anhalt und Brandenburg. „Südosten" steht für Thüringen und Sachsen.

e) Nicht berücksichtigt werden hier Haushalte mit Kindern, die keine Einrichtung besuchen (z. B. Betreuung zu Hause oder durch Tagesmutter).

f) Zwischen den drei Kategorien gibt es Überschneidungen: z. B. können Eltern ein Kind in der Grundschule und in der weiterführenden Schule haben. Die Summe aus den Werten für die drei Kategorien ist folglich größer als N=3.000.

gen Einkommensklassen. Der höchste Prozentanteil entfällt dabei mit 33 % auf die Einkommensklasse mit einem Haushaltsnettoeinkommen zwischen 2.000 und 3.000 Euro. Das Haushaltsnettoeinkommen ist nicht unabhängig vom Umfang der Berufstätigkeit. Von den befragten Elternteilen geben jeweils 39 % an, Vollzeit oder Teilzeit beschäftigt zu sein. Verhältnismäßig klein ist mit 21 % die Gruppe der Befragten, die angeben, nicht berufstätig zu sein. Die Ergebnisse fallen anders aus, wenn der Umfang der Berufstätigkeit der (Ehe-)Partner betrachtet wird. Unter diesen ist der Anteil derjenigen, die Vollzeit beschäftigt sind, deutlich höher. Umgekehrt ist der Anteil derjenigen, die Teilzeit beschäftigt oder nicht berufstätig sind, deutlich geringer. Auch in diesen Ergebnissen spiegelt sich wiederum die große Anzahl der Mütter in der Stichprobe.

Die Befragten waren des Weiteren gebeten worden, Angaben zu ihrer Staatsangehörigkeit zu machen. Der ganz überwiegende Teil der Befragten besitzt die deutsche Staatsangehörigkeit: insgesamt sind das 92 %. Die übrigen Befragten bilden gemessen an der Staatsangehörigkeit eine sehr heterogene Gruppe (Details können der Fußnote zur Tabelle entnommen werden). Einigermaßen ins Gewicht fallen hierbei nur die Befragten mit türkischer Staatsangehörigkeit. Hierbei muss jedoch in Rechnung gestellt werden, dass sich unter den Befragten mit deutscher Staatsangehörigkeit auch Personen mit einer Migrationsgeschichte befinden. Sie haben in Deutschland ihre Heimat gefunden, können aber durch ihr Herkunftsland und den entsprechenden kulturellen Kontext mehr oder weniger stark geprägt sein. Das findet unter anderem Ausdruck in der Sprache, die in der Familie gesprochen wird. Deshalb ist es sinnvoll, in der nächsten JAKO-O Bildungsstudie auch den Migrationshintergrund der Familien differenziert zu erfassen (z. B. Sprachgebrauch innerhalb der Familie oder Geburtsland der Eltern sowie der Kinder). Soweit das Bundesland betroffen ist, in dem die Befragten leben, so entsprechen die Verteilungen den Verhältnissen in der Grundgesamtheit.

Die realisierte Stichprobe lässt sich schließlich danach beschreiben, wie viele Kinder im Haushalt leben und welche Einrichtung bzw. Schule diese besuchen. Danach handelt es sich bei 54 % der Haushalte um „Ein-Kind-Familien" und bei 37 % der Haushalte um „Zwei-Kind-Familien". Einigermaßen ins Gewicht fallen noch Haushalte mit drei Kindern, wogegen Haushalte mit vier und mehr Kindern eher selten sind. Dabei sind die Kinder überwiegend schulpflichtig: In 70 % der Haushalte leben nur schulpflichtige Kinder und in 15 % der Haushalte leben neben schulpflichtigen Kindern auch Kinder, die eine Vorschule oder einen Kindergarten besuchen. Haushalte mit ausschließlich Vorschul- oder Kindergartenkindern gehen mit 15 % eher weniger stark in die Stichprobe ein. Zusammengenommen haben 2.523 der befragten Eltern mindestens ein schulpflichtiges Kind (ohne Tabelle). Das entspricht 84 % aller 3.000 Befragten. Daraus folgt, dass die in die Stichprobe eingehenden Eltern Einblick in Schule haben und über entsprechende Erfahrungen verfügen, die sie in ihre Antworten und Bewertungen einfließen lassen können. Beides konzentriert sich nicht auf eine bestimmte Stufe, sondern deckt vielmehr den Bereich der Grundschule und den der weiterführenden Schule ab: 39 % der Eltern haben mindestens ein Kind in der Grundschule und 55 % der Eltern haben mindestens ein Kind in der weiterführenden Schule.

3.2 Zusammenfassung zentraler Ergebnisse

Im Folgenden werden zentrale Ergebnisse der JAKO-O Bildungsstudie dargestellt. Die hier behandelten Aspekte werden in den weiteren Kapiteln wieder aufgegriffen und vertieft. Dabei werden – im Interesse der Leserfreundlichkeit – die meisten Abbildungen erneut präsentiert:

Bildung ist für Eltern das A und O

– Eltern messen dem Thema Bildung eine unglaublich große Bedeutung zu – was kaum verwundert, schließlich geht es um die Zukunft ihrer Kinder. Beinahe alle befragten Eltern (99 %) sind der Ansicht, dass eine gute Schulbildung wichtig für den späteren Lebenserfolg der Kinder ist – 85 % halten Bildung sogar für sehr wichtig.

– Werden Eltern genauer danach gefragt, für wie wichtig sie einzelne Ziele der Bildungspolitik halten, wird eine durchgehende Einstellung deutlich: Gleichheit geht vor Elitedenken. Während 87 % der Befragten gleiche Bildungschancen für alle Kinder als sehr wichtig ansehen, tut dies nicht einmal ein Drittel, wenn es darum geht, dass Leistung im Vordergrund stehen soll (siehe Abbildung 3.1). Zwar befürwortet eine Mehrheit der Elternschaft (52 %) eine besondere Förderung hoch begabter Schüler; ein deutlich größerer Anteil (81 %) ist jedoch der Meinung, dass vor allem lernschwache Schüler gefördert werden sollten, damit jene nicht abgehängt werden.

– Dass Schulen eine umfassende Allgemeinbildung vermitteln sollten, halten acht von zehn Eltern (82 %) für sehr wichtig. Ein stärker an Anforderungen des Arbeitsmarktes ausgerichtetes Curriculum fordert hingegen nicht einmal jeder zweite Elternteil (48 %).

Abb. 3.1   Wichtigkeit verschiedener Ziele der Bildungspolitik

Anteile „sehr wichtig"

dass alle die gleichen Bildungschancen haben	87 %
dass umfassende Allgemeinbildung vermittelt wird	82 %
dass lernschwache Schüler besser gefördert werden	81 %
dass in allen Bundesländern die gleichen Bedingungen herrschen	74 %
dass besonders Begabte besonders gefördert werden	52 %
dass die Schule berufsbezogen ausbildet	48 %
dass Leistung im Vordergrund steht	32 %

Frage: Sagen Sie mir bitte, für wie wichtig Sie die folgenden Ziele der Bildungspolitik halten. n=2.523 Eltern eines schulpflichtigen Kindes

Schlechte Noten für das deutsche Bildungssystem

–   Das Bildungssystem in Deutschland kommt bei den befragten Eltern nicht gut weg. Überhaupt scheint Deutschland nach Meinung der Elternschaft nicht gerade ein Paradies für Kinder zu sein: Lediglich 49 % sind der Ansicht, dass Deutschland ein kinderfreundliches Land ist.

–   Werden Eltern danach gefragt, wie es um die Verwirklichung bestimmter Ziele der Bildungspolitik in Deutschland bestellt ist, dann ergibt sich ein extrem skeptisches Bild: Am ehesten ist nach Ansicht der Befragten das Leistungsprinzip umgesetzt – 25 % halten es für „sehr stark" verwirklicht. Egalitäre Prinzipien spielen in der Einschätzung der Eltern als bildungspolitisches Ziel hingegen kaum eine Rolle. Nur jeweils 7 % halten gleiche Bildungschancen für alle und eine Förderung lernschwacher Schüler für „sehr stark" verwirklicht.

–   Werden Wichtigkeit und Verwirklichungsgrad der bildungspolitischen Ziele miteinander verglichen, fallen einige Bereiche dadurch auf, dass sie trotz immenser Wichtigkeit für die Elternschaft nur unzureichend durch die Politik umgesetzt werden. Es sind vor allem die Bereiche „gleiche Bildungschancen", „Vermittlung einer umfassenden Allgemeinbildung" sowie die „Förderung schwacher Schüler", die von Eltern kritisch gesehen werden (siehe Abbildung 3.2).

Abb. 3.2   Handlungsrelevanz-Matrix

Wichtigkeit und Verwirklichung verschiedener Ziele der Bildungspolitik in Deutschland

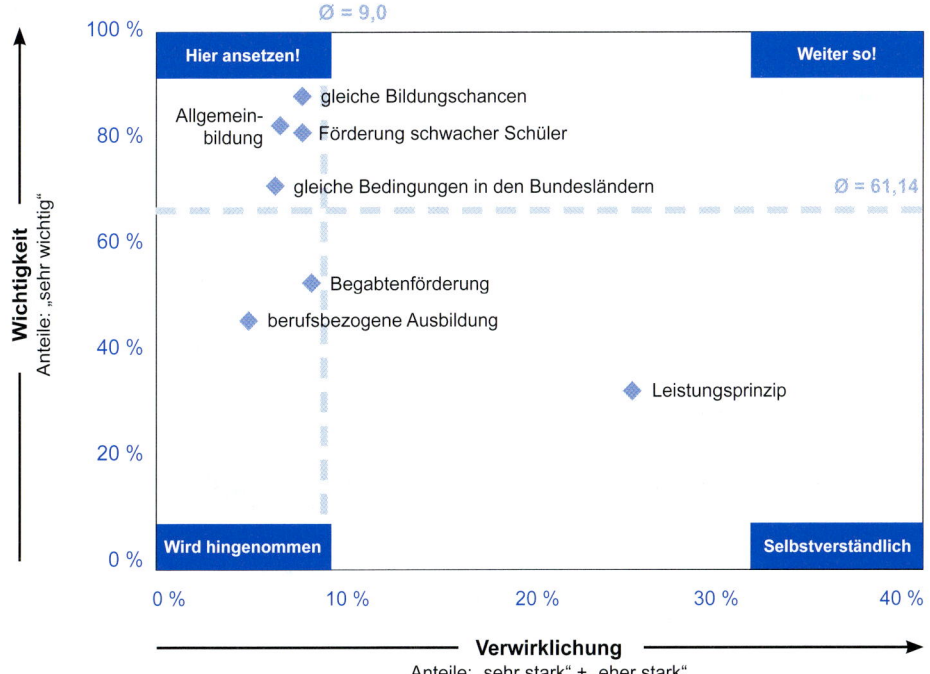

– Darüber hinaus wird die Vielstaaterei der für Bildungsfragen zuständigen Bundesländer kritisiert: Während drei Viertel der Befragten (74 %) gleiche Bedingungen in allen Bundesländern für „sehr wichtig" halten, sehen dies nur 5 % für „sehr stark" verwirklicht.

– Das deutsche Bildungssystem wird häufig als ungerecht empfunden. Nur jeder zweite Elternteil (50 %) empfindet die Bildungschancen für Kinder in Deutschland als gerecht, 48 % dagegen beurteilen sie als ungerecht (siehe Abbildung 3.3). Besonders häufig äußern sich Eltern kinderreicher Familien kritisch. So halten lediglich 39 % der Eltern von vier Kindern und mehr die Bildungschancen in Deutschland für gerecht. Einen großen Einfluss üben in dieser Frage natürlich auch die Schulen aus. Halten Eltern die Qualität der schulischen Ausbildung ihrer Kinder für gut, empfinden sie die Bildungschancen in Deutschland zu zwei Dritteln (65 %) als gerecht. Ist die Ausbildungsqualität nach Ansicht der Eltern dagegen schlecht, sind es nur 39 %.

– Die Qualität der Schule ist auch noch in einem anderen Kontext wichtig. Es ist von großer Bedeutung, festzuhalten, dass die befragten Eltern eindeutig die Ausgestaltung des Schulsystems kritisieren, nicht jedoch die Fähigkeiten und den Einsatz der Lehrer/innen. So sind drei Viertel der Befragten (75 %) der Ansicht, dass die Lehrer/innen ihres Kindes Schulkinder im Grunde gerecht behandeln, sieben von zehn (71 %) halten die Lehrer/innen für engagiert. Mehr als jeder Zweite ist darüber hinaus überzeugt, dass die Lehrer/innen neue Unterrichtsformen einsetzen, die Stärken ihrer Kinder fördern (je 60 %) und alles tun, damit auch die weniger starken Kinder mitkommen (56 %).

Abb. 3.3   Bildungschancen der Kinder (nach Anzahl der Kinder)

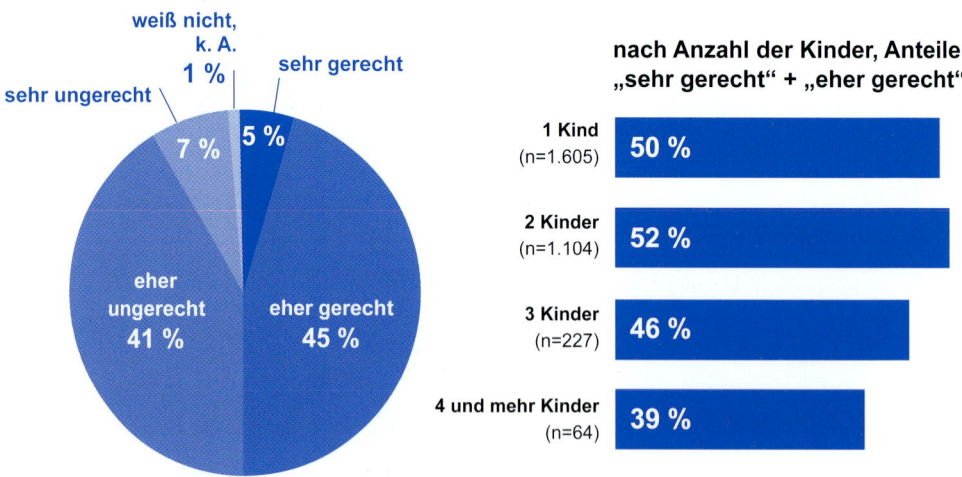

Frage: Für wie gerecht halten Sie alles in allem die Bildungschancen für die Kinder in Deutschland?
N=3.000 Befragte

Eltern bestimmen durch ihr Engagement den Schulerfolg der Kinder mit

– Das Elternhaus ist von immenser Bedeutung für das schulische Abschneiden der Kinder. Einflussfaktoren sind zum einen Ressourcenausstattung und Lebenssituation der Eltern: Beinahe alle befragten Eltern (94 %) sind der Ansicht, dass sich eine geordnete Familiensituation positiv auf den Schulerfolg der Kinder auswirkt (siehe Abbildung 3.4). Darüber hinaus halten 85 % die Bildung der Eltern für wichtig, jeweils über sieben von zehn betonen die Bedeutung der finanziellen Situation (78 %) und der Wohngegend der Familie (74 %). Für ähnlich viele Befragte spielt die Nationalität der Eltern eine Rolle (68 %). Neben diesen strukturellen Einflussfaktoren ist jedoch auch das Engagement der Eltern entscheidend: Neun von zehn Befragten (90 %) sind der Ansicht, dass Schulerfolg von der Unterstützung der Eltern bei Schularbeiten abhängt. Die Teilnahme an Sprechtagen, Schulveranstaltungen oder ein Engagement als Elternvertretung halten zwei Drittel (66 %) der Elternschaft für wichtig.

– Eltern sehen sich einem beträchtlichen Druck ausgesetzt, ihren Kindern die bestmöglichen Lernvoraussetzungen zu schaffen: 94 % von ihnen fühlen sich verpflichtet, sich um die schulischen Leistungen ihrer Kinder zu kümmern, acht von zehn (78 %) geben an, sich sehr oder eher intensiv mit der Schule und den Schularbeiten ihrer Kinder zu beschäftigen.

Abb. 3.4   Aspekte, von denen Schulerfolg abhängt

Anteile „sehr stark" + „eher stark"

von einer geordneten Familiensituation	94 %
von der Qualität der Schule	91 %
von der Unterstützung der Eltern bei Schularbeiten	90 %
von der Begabung des Kindes	89 %
von der Bildung der Eltern	85 %
von der finanziellen Situation	78 %
von der Wohngegend der Familie	74 %
von den Freunden des Kindes	72 %
von der Nationalität der Eltern	68 %
von der elterlichen Teilnahme an Sprechtagen, Elternvertretung, Schulveranstaltungen	66 %

Frage: Wovon hängt in Deutschland der Schulerfolg der Kinder ab?
n=2.523 Eltern eines schulpflichtigen Kindes

– Die häufigsten Unterstützungsleistungen, die durch Eltern erbracht werden, sind gezielte Hilfsangebote vor Klassenarbeiten und Referaten sowie die laufende Erarbeitung bzw. Kontrolle von Schulaufgaben – jeweils drei Viertel der Eltern (74 %) geben an, ihre Kinder auf diese Weise zu unterstützen (siehe Abbildung 3.5). Zudem ist oft mindestens ein Elternteil zu Hause, wenn das Kind von der Schule kommt (71 %). Fahrdienste gehören ebenfalls häufig zum Repertoire der elterlichen Unterstützungsleistungen (60 %).

– Oft müssen im Rahmen der Kindererziehung Einschränkungen und Nachteile in Kauf genommen werden: Über häufigen Zeitdruck klagt beispielsweise mehr als die Hälfte der befragten Eltern (55 %). Ähnlich viele gestehen ein, dass die Erziehung der Kinder mit erheblichen finanziellen Belastungen einhergeht (51 %). Für über die Hälfte der Mütter (57 %) bedeutet die Entscheidung für Kinder darüber hinaus häufig den Verzicht auf berufliche Karrierechancen – bei Männern ist dies nur vergleichsweise selten der Fall (18 %).

– Bedenklich: Für ein Fünftel der Eltern (20 %) gehen die Belastungen so weit, dass sie zugeben müssen, sich oft überfordert zu fühlen. 12 % haben gar das Gefühl, in der Erziehung zu versagen. Genauso viele Eltern (12 %) beklagen, dass sie ihre Kinder nicht mehr erreichen, weil sie nicht gegen den starken Einfluss von Jugendgruppen, der Medien und des Internets ankommen.

Abb. 3.5 Unterstützungsleistungen der Eltern mit schulpflichtigen Kindern

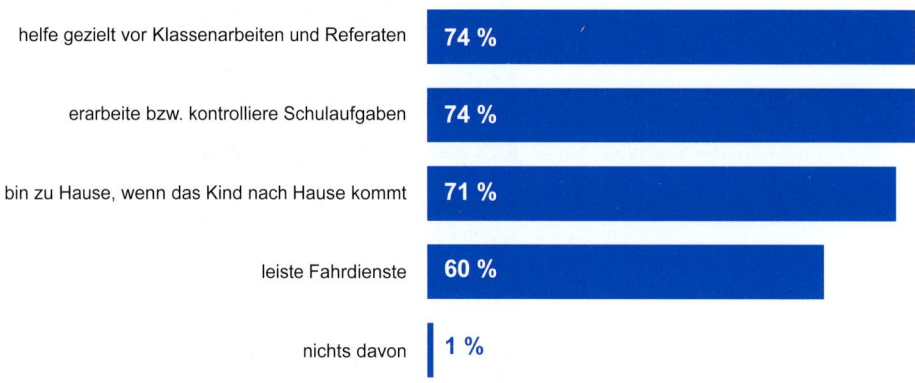

Frage: Was von dem Folgenden tun Sie im Zusammenhang mit dem Schulbesuch Ihres Kindes?
n=2.523 Eltern eines schulpflichtigen Kindes

Eltern fordern grundlegende Änderungen im Schulsystem

– Die schulische Ausbildungsqualität ist generell von entscheidender Bedeutung für das Abschneiden der Schulkinder – darin sind sich fast alle Eltern einig (91 %). Die Belastungssituation heutiger Eltern mit Schulkindern wird daher nicht zuletzt dadurch verschärft, dass die Schulen offenbar ihren Aufgaben häufig nicht hinreichend nachkommen: Zwei Drittel der Befragten (67 %) stimmen der Aussage zu, dass Eltern vieles von dem leisten müssen, was eigentlich Aufgabe der Schule ist. Nach Ansicht der Eltern besteht hier also einiger Handlungsbedarf.

– Die Vorschläge zur Verbesserung der Schule sind vielfältig (siehe Abbildung 3.6): Mehr als acht von zehn Eltern wünschen sich eine stärkere individuelle Förderung der Schüler (97 %), die Schaffung neuer Lehrerstellen (95 %), die Verbesserung der Lehrerausbildung (90 %), modernere Unterrichtsmethoden (89 %)und neue Investitionen in die Ausstattung der Schulen (86 %). Wenig halten Eltern hingegen davon, in der Grundschule keine Noten mehr zu erteilen oder Hausaufgaben abzuschaffen – beide Vorschläge werden nur von einer kleinen Minderheit befürwortet (23 bzw. 15 %).

– Von einer frühen Aufteilung der Schüler auf die verschiedenen weiterführenden Schulformen halten die befragten Eltern wenig: Nur 26 % befürworten eine Tren-

Abb. 3.6   Vorschläge zur Verbesserung der Schule

Schüler stärker individuell fördern	97 %
mehr Lehrer einstellen	95 %
Lehrer besser ausbilden	90 %
moderne Unterrichtsmethoden anwenden	89 %
mehr in die Ausstattung der Schule investieren	86 %
Deutsch, Mathe, Fremdsprachen größere Bedeutung geben	79 %
landesweiter Schülertest zur Überprüfung der Bildungsqualität	66 %
bereits im Kindergarten Deutschkurse einführen	63 %
mehr Ganztagsschulen einführen	61 %
Lehrer besser bezahlen	53 %
den Unterricht stärker an Leistung orientieren	51 %
Noten in der Grundschule abschaffen	23 %
keine Hausaufgaben mehr stellen	15 %

Frage: Ich lese Ihnen jetzt einige Empfehlungen vor, wie man die Schule verbessern könnte. Was würden Sie durchsetzen, wenn Sie Schul- bzw. Kultusminister in Ihrem Bundesland wären?
N=3.000 Befragte

nung nach der 4. Klasse. Die Mehrheit der Eltern hingegen spricht sich für eine Aufteilung nach der 6. Klasse aus. Dieses Ergebnis zieht sich durch nahezu alle Bundesländer – lediglich im Südosten der Republik (Thüringen, Sachsen) findet sich keine eindeutige Mehrheit für dieses Modell (48 %). Den stärksten Zuspruch erfährt die Trennung nach der 6. Klasse interessanterweise in Bayern (67 %). Eine späte Aufteilung nach der 9. Klasse wird wiederum insgesamt nur von einer Minderheit favorisiert (15 %) – in den neuen Bundesländern sind es mit 29 % allerdings deutlich mehr.

– Ein häufig angebrachter Reformvorschlag ist der Ausbau von Ganztagsschulen. Von den befragten Eltern wird dieses Vorhaben mehrheitlich unterstützt: 59 % würden ihr eigenes Kind auf eine solche Schule schicken. Im Osten der Republik ist der Zuspruch allgemein höher (66 %), von den Berliner Eltern würden sogar 73 % ihr Kind eine Ganztagsschule besuchen lassen. Von allen Bundesländern ist Bayern das einzige, in dem sich eine Mehrheit gegen Ganztagsschulen ausspricht (44 % dafür, 54 % dagegen).

– Auch die Unterrichtsgestaltung selbst muss nach Ansicht der Eltern dringend reformiert werden. Fast alle Befragten würden es befürworten, wenn Schulunterricht durch Ausflüge oder die Einladung von Fachleuten praxisnäher organisiert würde (96 %). Fast ebenso viele wünschen sich interdisziplinären Projektunterricht (94 %) und eine stärkere Einbeziehung neuer Medien im Unterricht (87 %). Die Neudefinition der Lehrerrolle als Coach, der Schüler anleitet, statt einfach „nur" zu unterrichten, unterstützen 84 % der Befragten. Immerhin jeweils über zwei Drittel befürworten flexiblere Unterrichtszeitmodelle (72 %) und die Einteilung der Schüler in Leistungs- statt Altersgruppen (68 %).

Lernsituation von Kindern

– Auf den ersten Blick scheint es auch heute schon häufig ein positives Lernumfeld für Schüler zu geben. Jedoch zeigt sich auch, dass viele Schulkinder zusätzliche Unterstützung benötigen, um den Anforderungen in der Schule gerecht zu werden.

– Acht von zehn Kindern (80 %) gehen nach Aussage ihrer Eltern gern in die Schule.

– Das Anforderungsniveau in den Schulen entspricht in den meisten Fällen den Fähigkeiten der Kinder: 73 % der befragten Eltern halten ihr Schulkind für „gerade richtig gefordert". Lediglich 10 % geben an, dass die Schule ihr Kind überfordert; für weitere 15 % ist das Leistungsniveau der Schule eher noch zu gering.

– Ohne zusätzliche Unterstützungsleistungen kommen nur überraschend wenige Kinder in der Schule zurecht (siehe Abbildung 3.7). Lediglich 54 % der befragten Eltern geben an, dass ihr Kind den Anforderungen allein gerecht werden kann. Bei einem Drittel (34 %) müssen Eltern und Geschwister dem Kind unter die Arme greifen; weitere 11 % der Befragten sagen aus, dass ihre Kinder den schulischen Anforderungen nur durch zusätzlichen Nachhilfeunterricht gerecht werden können.

– Lediglich zwei Drittel (66 %) der Eltern geben an, dass ihre Kinder nie Nachhilfe benötigen. 26 % hingegen schicken ihren Nachwuchs zumindest hin und wieder zu einem Nachhilfelehrer.

**Abb. 3.7   Notwendigkeit häuslicher Unterstützung beim Lernen
(nach Einrichtung bzw. Schulform)**

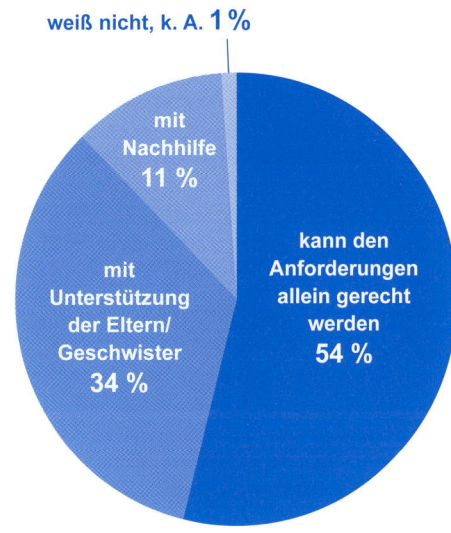

Eltern mit mindestens einem Kind in …

Frage: Kann Ihr Kind den Anforderungen der Schule ohne elterliche Unterstützung
gerecht werden oder benötigt das Kind die regelmäßige Unterstützung von
Eltern bzw. Geschwistern oder Nachhilfe?
n=2.523 Eltern eines schulpflichtigen Kindes

Klaus-Jürgen Tillmann

4 Kritisch und aufgeschlossen – der Blick der Eltern auf die Bildungspolitik

In diesem Beitrag geht es um die Meinungen, Einstellungen und Erwartungen, die Eltern gegenüber zentralen Problemen der Bildungspolitik einnehmen. Wir ordnen zunächst ein, welche Bedeutungen repräsentative Elternbefragungen für den bildungspolitischen Prozess erlangen können, um dann auf einige zentrale Ergebnisse der JAKO-O Bildungsstudie einzugehen.

4.1 Der bildungspolitische Stellenwert von Elternbefragungen

Politik – so das Staatslexikon – ist die Regelung öffentlicher Angelegenheiten auf der Basis von Machtbesitz (Maier/Vogel 1988, S. 435). Geht man davon aus, dann kann man Bildungspolitik als die Summe all der Diskussionen und Aktivitäten ansehen, die darauf ausgerichtet sind, die öffentlichen Bildungseinrichtungen – insbesondere Kindergärten, Schulen und Hochschulen – durch staatliches Handeln zu gestalten. Was hier eher abstrakt klingt, wird in öffentlichen Debatten sehr konkret. Dann geht es z. B. um den Ausbau der Kindergartenplätze, um die Vorverlagerung des Schuleintritts, um die Verbeamtung von Lehrern oder auch um die Abschaffung der Studiengebühren. An diesen oft kontroversen Diskussionen beteiligen sich nicht nur Parteipolitiker, sondern z. B. auch Verbands- und Gewerkschaftsfunktionäre, Bürgermeister und Schulleiter, Kirchenräte und Universitätsrektoren, Elternsprecher und Schülervertreter. Und in den Medien wird über diese bildungspolitischen Debatten umso intensiver berichtet, je strittiger sie verlaufen. Dabei zielen die Debattenbeiträge in aller Regel darauf, politische Entscheidungen zu beeinflussen: Studiengebühren durchsetzen oder verhindern, die Hauptschule beibehalten oder abschaffen, die Kindergartenpflicht für 5-Jährige einführen oder nicht. Entschieden werden solche (und andere) Fragen dann letztlich von Fraktionen und Landesparlamenten, von Regierungen und Ministerien, manchmal auch von der Kultusministerkonferenz. Die Bildungspolitiker/innen, die solche Entscheidungen treffen, sind in einer demokratischen Gesellschaft darauf angewiesen, dass sie für ihre Politik Akzeptanz in der Bevölkerung finden: Sie wollen das Bildungswesen gestalten, und sie wollen (und müssen) dabei aber zugleich auch die Erwartungen ihrer Wählerschaft erfüllen. Insofern ist es wichtig, dass die politischen Akteure die Sichtweisen und Hoffnungen der Bürger/innen kennen: Was wollen diese erhalten und verbessert sehen? Und wo wird ein dringender Veränderungsbedarf angemeldet? Es ist zu vermuten, dass bei bildungspolitischen Themen vor allem diejenigen besonders engagiert und besonders urteilsfähig sind, die als Eltern alltäglich Erfahrungen mit Kindergärten und Schulen machen; denn sie sind in besonderem Maße davon abhängig, dass diese Einrichtungen „funktionieren". Das beginnt bei den Öffnungszeiten der Kindergärten und hört bei der Lehrerversorgung in der gymnasialen Oberstufe noch lange nicht auf.

Man kann davon ausgehen, dass etwa 35 % der Wohnbevölkerung (über 18 Jahren) zu den Schülereltern gehören (IFS 2004, S. 50). Eltern bilden somit in der Wählerschaft zwar keine Mehrheit, aber sie sind ein bedeutender Teil, der von den je aktuellen bildungspolitischen Maßnahmen stets besonders stark betroffen ist. Zu beobachten ist, dass sich Eltern in den letzten Jahren zunehmend artikulieren und auch organisieren (vgl. z.B. Hendricks 2006), dass es allerdings längst nicht in allen Punkten so etwas wie eine übereinstimmende bildungspolitische Position von Eltern gibt; denn zu vielen Fragen sind die Meinungen innerhalb der Elternschaft genauso vielfältig wie in der Bevölkerung insgesamt.

Repräsentative Untersuchungen wie die JAKO-O Bildungsstudie sind nun in der Lage nachzuzeichnen: Welche bildungspolitischen Positionen werden in der Elternschaft mehrheitlich vertreten, welche befinden sich in der Minderheit? Welche Forderungen werden von dem größten Teil der Eltern unterstützt, welche werden eher weniger artikuliert? Gibt es dabei Unterschiede zwischen verschiedenen Elterngruppen? So angelegte Repräsentativstudien können Bildungspolitikern Hinweise darauf geben, welche Meinungen die unmittelbar betroffenen Eltern vertreten und was sie von der Bildungspolitik erwarten. Damit zeigen solche Studien auch an, bei welchen Schritten Bildungspolitiker öffentliche Unterstützung erwarten können, bei welchen sie aber auch mit Widerstand rechnen müssen. Dabei sichert die Repräsentativität der JAKO-O Bildungsstudie, dass die ganze Breite der Elternmeinungen abgebildet wird: Hauptschuleltern sind in dieser Stichprobe genauso in angemessenen Anteilen vertreten wie Gymnasialeltern, Migranten wie „Einheimische", Ostdeutsche wie Westdeutsche (vgl. den Beitrag von Schöppner, Kap. 3). Damit kann eine solche Repräsentativstudie auch ein Korrektiv sein gegenüber medienkompetenten Minderheiten in der Elternschaft, die ihre speziellen Anliegen oft mir großer Öffentlichkeitswirksamkeit vertreten und dabei nicht selten den Eindruck erwecken, sie würden für die gesamte Elternschaft sprechen (vgl. z.B. Menke 2008). Konkret formuliert: Was die Mehrheit der Eltern über die Übergangsauslese nach der 4. Klasse denkt, kann man nicht aus Presseerklärungen einzelner Elternverbände, sehr wohl aber aus den Ergebnissen der JAKO-O Bildungsstudie entnehmen.

Diese Studie hat die Einstellung der Eltern zu drei zentralen und zugleich aktuellen Feldern der Bildungspolitik ermittelt. Dabei bezieht sich ein *erster Fragenkomplex* in eher allgemeiner Weise auf die Zielsetzungen der Bildungspolitik: Welche Ziele (z.B. „berufsbezogen ausbilden") sind aus der Sicht der Eltern besonders erstrebenswert – und in welchem Maße werden diese Ziele in unserem Bildungssystem verwirklicht? Eine solche vergleichende Perspektive führt zwangsläufig zur Feststellung von Defizitbereichen – und damit zu der Frage, mit welchen konkreten Maßnahmen man denn das Bildungssystem verbessern solle.

Ein *zweiter Fragenkomplex* bezieht sich auf den Übergang von der Grundschule in die Schulformen der Sekundarstufe I: Sind die Eltern mit der Regelung einverstanden, dass dieser Übergang bereits im 10. Lebensjahr (also nach der 4. Klasse) stattfindet? Oder sprechen sie sich für einen späteren Übergang aus? In diesem Zusammenhang interessiert auch, in welchem Umfang denn (nach Ansicht der Eltern) die Lehrkräfte auf den Bildungsweg ihrer Kinder Einfluss nehmen sollten.

Ein *dritter Fragenkomplex* befasst sich mit einer konkreten Maßnahme der Schulentwicklung – mit der Ausweitung des Ganztagsschulbereichs. Welche Eltern befürworten die Ganztagsschule und möchten ihr eigenes Kind in eine solche Schule schicken? Wie verhält sich dies zu dem realen Platzangebot im Ganztagsbereich?

Wir werden im Folgenden die Einstellungen der Eltern zu diesen drei Komplexen präsentieren und dabei auch fragen, ob es innerhalb der Elternschaft typische Meinungsunterschiede (z. B. nach der Schulform des Kindes) gibt. Und wir werden jeweils einschätzen, welche bildungspolitische Relevanz wir den Ergebnissen zusprechen.

4.2 Ziele der Bildungspolitik

An welchen Zielen soll sich die Bildungspolitik ausrichten? Und wie sieht es mit der Realisierung dieser Ziele aus? Diese Fragen lassen sich beispielhaft konkretisieren:

- Wie stark soll bei den bildungspolitischen Bemühungen die Schaffung gleicher Bildungschancen im Vordergrund stehen, wie stark soll die Förderung „besonders begabter" Kinder forciert werden?
- Soll die Schule vor allem den Erwerb einer „umfassenden Allgemeinbildung" anzielen, oder geht es eher um eine Vermittlung berufsbezogener Qualifikationen?
- Und schließlich: Wo gibt es die größten Defizite bei der Realisierung der angestrebten Ziele?

Hierzu wurden in der JAKO-O Bildungsstudie den Eltern drei komplexe Fragebatterien präsentiert, deren Ergebnisse jetzt berichtet werden.

4.2.1 Welche bildungspolitischen Ziele sind wichtig?

Zunächst wurde den Eltern ein Katalog von sieben bildungspolitischen Zielen vorgelegt. Die Befragten wurden aufgefordert, auf einer Viererskala („sehr wichtig", „wichtig", „weniger wichtig", „unwichtig") anzugeben, für wie wichtig sie das jeweilige Ziel halten. Abbildung 4.1 zeigt, wie hoch der Anteil der Eltern ist, die das jeweilige Ziel als „sehr wichtig" bezeichnen.

Dabei erreicht das Ziel „dass alle die gleichen Bildungschancen haben" mit 87 % die deutlich besten Werte, gefolgt von der Forderung nach „umfassender Allgemeinbildung" (82 %) und der „Förderung lernschwacher Schüler" (81 %). Deutlich geringere Zustimmungswerte erhalten Ziele wie „Förderung besonderer Begabungen" (52 %), „berufsbezogen ausbilden" (48 %) und „Leistung in den Vordergrund stellen" (32 %). Auch die Forderung nach „gleichen Bedingungen" in allen Bundesländern liegt mit 74 % auf einem vorderen Platz.

Damit zeigt sich überraschend klar, dass eine große Mehrheit der Eltern eine egalitäre Orientierung der Bildungspolitik einfordert: „Umfassende Bildung für alle" – so könnte man die Erwartungen der Eltern an die Bildungspolitik in einem Satz beschreiben.

Abb. 4.1   Wichtigkeit verschiedener Ziele der Bildungspolitik

Anteile „sehr wichtig"

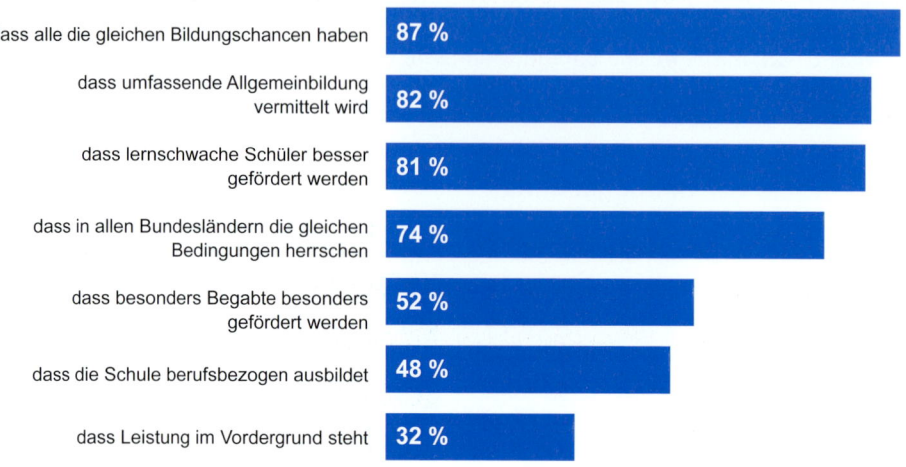

dass alle die gleichen Bildungschancen haben	87 %
dass umfassende Allgemeinbildung vermittelt wird	82 %
dass lernschwache Schüler besser gefördert werden	81 %
dass in allen Bundesländern die gleichen Bedingungen herrschen	74 %
dass besonders Begabte besonders gefördert werden	52 %
dass die Schule berufsbezogen ausbildet	48 %
dass Leistung im Vordergrund steht	32 %

**Frage: Sagen Sie mir bitte, für wie wichtig Sie die folgenden Ziele der Bildungspolitik halten.
n=2.523 Eltern eines schulpflichtigen Kindes**

Dabei ist auffällig, dass die meisten dieser Zielsetzungen von unterschiedlichen Gruppen in der Elternschaft weitgehend übereinstimmend vertreten werden: Ob Hauptschul- oder Gymnasialeltern, ob Ost- oder Westdeutsche, ob Migranten oder „Einheimische" – in der hohen Befürwortung von „gleichen Bildungschancen", „umfassender Allgemeinbildung" und „Förderung lernschwacher Schüler" sind sie sich weitgehend einig.

Ost-West-Unterschiede finden sich nur bei einer Zielsetzung: „Gleiche Bedingungen in allen Bundesländern" werden von den ostdeutschen Eltern (84 %) deutlich stärker eingefordert als von den westdeutschen (74 %). Darüber hinaus fallen unterschiedliche Prioritäten unterschiedlicher Elterngruppen auf, wenn es um die Zielsetzung „Leistung im Vordergrund" geht. Dass diese Zielsetzung von allen sieben die geringsten Zustimmungswerte (32 %) erhält, liegt vor allem an der kritisch-zurückhaltenden Bewertung der Eltern mit hohem „Bildungskapital": Nur 21 % der Eltern mit Abitur halten dieses Ziel für „besonders wichtig" – bei den Eltern mit Hauptschulabschluss sind es 43 %. Und von den Eltern türkischer Herkunft halten sogar 80 % diese Zielsetzung für „sehr wichtig" – im Unterschied zu 29 % bei den deutschen Eltern. Ähnliche, aber nicht ganz so deutliche Unterschiede finden sich bei der Zielsetzung, die Schule solle „berufsbezogen ausbilden". Nur 36 % der Eltern mit Abitur halten dies für „sehr wichtig" – bei den Eltern mit Hauptschulabschluss sind es 57 % (vgl. den Beitrag von Paseka, Kap. 7). Damit entsteht insgesamt der Eindruck, dass Eltern aus einfacheren sozialen Verhältnissen stärker die unmittelbare Verwertung des Lernens (leistungs- und berufsbezogen) betonen, während Eltern mit gymnasial-akademischem Hintergrund solche Zielsetzungen eher distanziert bewerten.

4.2.2 Welche bildungspolitischen Ziele wurden realisiert?

In einer zweiten Frage wurden die Eltern gefragt „Und wie sind diese Ziele derzeit in Deutschland verwirklicht?" Vorgelegt wurden den Eltern die gleichen sieben Ziele wie zuvor.

Abb. 4.2   Verwirklichung verschiedener Ziele der Bildungspolitik

Anteile „sehr stark"

dass Leistung im Vordergrund steht	25 %
dass besonders Begabte besonders gefördert werden	8 %
dass alle die gleichen Bildungschancen haben	7 %
dass lernschwache Schüler besser gefördert werden	7 %
dass umfassende Allgemeinbildung vermittelt wird	6 %
dass in allen Bundesländern die gleichen Bedingungen herrschen	5 %
dass die Schule berufsbezogen ausbildet	5 %

Frage: Und wie sind diese Ziele derzeit in Deutschland verwirklicht?
n=2.523 Eltern eines schulpflichtigen Kindes

Nach Meinung der Eltern ist im deutschen Bildungssystem vor allem die Leistungsorientierung verwirklicht: „Dass die Leistung im Vordergrund steht", ist nach Einschätzung der befragten Schülereltern zu 25 % „sehr stark" und zu 41 % „eher stark" realisiert. Es ist damit das einzige Ziel, das von einer Mehrheit der Eltern (66 %) als realisiert angesehen wird. Bei den anderen sechs Zielsetzungen sind nur zwischen 5 % und 8 % der Meinung, dass dieses Ziel „sehr stark" verwirklicht sei (siehe Abbildung 4.2). Fasst man auch hier die Prozentwerte für „sehr stark" und „eher stark" zusammen, so kommt man bei der Aussage, es würden „gleiche Bildungschancen herrschen", auf 20 % der Eltern, die dieses Ziel für verwirklicht halten. Anders formuliert: Etwa 80 % sind der Meinung, gleiche Bildungschancen seien im deutschen Schulsystem *nicht* realisiert (vgl. den Beitrag von Nicht, Kap. 6). Ähnlich hohe Negativwerte finden sich sowohl bei der „Förderung lernschwacher Schüler", bei der „berufsbezogenen Ausbildung" in der Schule und bei den „gleichen Bedingungen in allen Bundesländern". Kurz: Aus Elternsicht gibt es eine große Diskrepanz zwischen den Zielsetzungen, die den Eltern wichtig sind, und der völlig unzulänglichen Realisierung dieser Ziele. Dabei wird ausgerechnet die Zielsetzung, die aus Sicht der Eltern die geringste Bedeutung besitzt („dass die Leistung im Vordergrund steht"), als besonders stark realisiert angesehen (66 %). Demgegenüber wird die von Eltern mit 87 % als „sehr wichtig" präferierte Zielsetzung „gleiche Bildungschancen" als sehr dürftig realisiert (20 %) eingeschätzt.

Betrachtet man auch hier in der Elternschaft die unterschiedlichen (statistischen) Gruppen, so fällt zunächst wieder die große Übereinstimmung in den Antworten auf: Es kommt nur sehr selten vor, dass die Einschätzung einer Gruppe (etwa der Hauptschuleltern) vom Gesamtwert deutlich abweicht. An zwei Stellen haben wir solche Tendenzen aber dennoch ausmachen können: Zum Ersten zeigt sich, dass Eltern mit höherem Bildungsabschluss (Abitur, Hochschule) bei fast allen Zielsetzungen die Realisierung geringer einschätzen als Eltern mit Hauptschulabschluss. So sind z.B. 20 % der Eltern mit Hauptschulabschluss, aber nur 7 % der Eltern mit Abitur der Meinung, dass „in allen Bundesländern die gleichen Bedingungen herrschen". Hier scheint höhere Schulbildung mit einer kritischeren Bewertung einherzugehen. Zum Zweiten ist – auf insgesamt niedrigem Niveau – ein Länderunterschied auffällig: Bei fast allen Zielsetzungen wird die Erreichung in Bayern noch am höchsten eingeschätzt (40 % bei Allgemeinbildung, 26 % bei der Förderung lernschwacher Schüler), während die Berliner Eltern stets die schlechtesten Bewertungen (28 % für Allgemeinbildung, 19 % bei der Förderung lernschwacher Schüler) abgeben. Ob dies an der unterschiedlichen Schulpraxis in beiden Ländern oder an einer durchgängig kritischeren Einstellung Berliner Eltern liegt, muss offenbleiben.

Um herauszufinden, an welcher Stelle die Eltern besonders intensive Kritik an der gegenwärtigen Bildungspolitik üben, ist es sinnvoll, die Antworten zu beiden Fragenkomplexen unmittelbar miteinander zu konfrontieren. Dies geschieht in Tabelle 4.1. Diese Gegenüberstellung macht noch einmal deutlich, wie massiv die Kritik der Eltern an der mangelnden Chancengleichheit unseres Bildungssystems ausfällt. Dieses Ziel ist den Eltern ganz besonders wichtig, zugleich sehen sie es aber nur äußerst dürftig realisiert. Dazu passt es inhaltlich, dass die Förderung lernschwacher Schüler ganz ähnlich eingeschätzt wird. Auch hier wird ein ganz großes Verwirklichungsdefizit gesehen. Ein anderes Problem sprechen die Eltern an, wenn sie die fehlende Koordination des Bildungssystems in den verschiedenen Bundesländern beklagen. Und schließlich muss als kritischer Wert gesehen werden, dass die Eltern ein Ausmaß an Leistungsorientierung feststellen, das sie sich in dieser Weise gar nicht wünschen. Auch diese Gegenüberstellung macht eine vorherrschende Orientierung bei den Eltern deutlich, die in dieser Klarheit so nicht zu erwarten war: Sie kritisieren massiv die fehlende Chancengleichheit im Bildungssystem und die damit verbundene mangelnde Förderung lernschwacher Schüler, und sie verhalten sich kritisch gegenüber der herrschenden Leistungsorientierung im Schulsystem. Dass sie außerdem die mangelnde Abstimmung zwischen den Bundesländern massiv beklagen, war hingegen zu erwarten.

Angesichts dieser grundsätzlichen Orientierung ist es interessant, einen Blick auf die Vorschläge zu werfen, die die Eltern zur Verbesserung der Schule präferieren (siehe Abbildung 4.3). Den Eltern wurden 13 solcher Vorschläge vorgelegt. Die Frage dazu lautete: „Was würden Sie durchsetzen, wenn Sie Schul- bzw. Kultusminister in Ihrem Bundesland wären?"

Tab. 4.1   Wichtigkeit und Verwirklichung verschiedener Ziele der Bildungspolitik

Bildungspolitisches Ziel	Sicht der Eltern		
	Wichtigkeit („sehr wichtig")	im Schulsystem realisiert („sehr stark", „eher stark")	Verwirklichungs-Defizit
dass alle die gleichen Bildungschancen haben	87 %	20 %	sehr hoch
dass umfassende Allgemeinbildung vermittelt wird	82 %	34 %	hoch
dass lernschwache Schüler besser gefördert werden	81 %	24 %	sehr hoch
dass in allen Bundesländern die gleichen Bedingungen herrschen	74 %	14 %	sehr hoch
dass besonders Begabte besonders gefördert werden	52 %	39 %	geringer
dass die Schule berufsbezogen ausbildet	48 %	24 %	geringer
dass Leistung im Vordergrund steht	32 %	66 %	deutlich stärker realisiert als gewünscht

n=2.523 Eltern eines schulpflichtigen Kindes

Die meisten dieser Vorschläge, die von mehr als 80 % der Eltern unterstützt werden, zielen auf eine generelle Verbesserung von Schule und Unterricht (z. B. „mehr Lehrer einstellen", „Lehrer besser ausbilden", „moderne Unterrichtsmethoden verwenden", „mehr in die Ausstattung der Schule investieren"). Zugleich gibt es einige Vorschläge, die man als Maßnahmen zur Reduzierung der Bildungsungleichheit verstehen kann:
–   „Schüler stärker individuell fördern" (97 %)
–   „bereits im Kindergarten Deutschkurse einführen" (63 %)
–   „mehr Ganztagsschulen einführen" (61 %).

Der Vorschlag, „Deutsch, Mathe, Fremdsprachen größere Bedeutung geben" (79 %), lässt sich als Maßnahme zur Vermittlung einer „umfassenden Allgemeinbildung" verstehen. Und schließlich wird auch bei diesen Vorschlägen deutlich, dass viele Eltern gegenüber einer zu starken Leistungsorientierung der Schule eher reserviert reagieren. So wird der Vorschlag, „den Unterricht stärker an Leistung (zu) orientieren", nur von der Hälfte der der Eltern befürwortet. Zugleich ist dies der Vorschlag, der mit den größten Meinungsunterschieden verbunden ist: Er wird im Osten von 61 %, im Westen aber nur von 49 % der Eltern befürwortet; Eltern mit Hauptschulabschluss

Abb. 4.3   **Vorschläge zur Verbesserung der Schule**

Frage: Ich lese Ihnen jetzt einige Empfehlungen vor, wie man die Schule verbessern könnte. Was würden Sie durchsetzen, wenn Sie Schul- bzw. Kultusminister in Ihrem Bundesland wären?
N=3.000 Befragte

sind zu 62 % dafür, Eltern mit Abitur nur zu 37 %. Eltern mit türkischem Pass sprechen sich sogar zu 90 % für eine stärkere Leistungsorientierung aus, deutsche Eltern hingegen nur zu 49 %. Damit wird deutlich, dass es innerhalb der Elternschaft sehr unterschiedliche Positionen zur Leistungsorientierung in unseren Schulen gibt: Während die eine Hälfte eine solche Orientierung eher vermisst, sieht die andere Hälfte einen viel zu starken Leistungsdruck. Allerdings führt dieser kritische Blick der zweiten Hälfte nicht dazu, dass sich ein ähnlich großer Anteil für Alternativen zur „klassischen" Leistungsschule ausspricht: Nur 23 % wollen die notenfreie Grundschule einführen und nur 15 % wollen die Hausaufgaben abschaffen.

Über die hier analysierte Frage hinaus wurden die Eltern gebeten anzugeben, welche Maßnahmen sie befürworten, um den Kindern „mehr Freude am Lernen zu vermitteln". Die Ergebnisse hierzu finden sich in dem Beitrag von Killus (vgl. Abbildung 5.5).

4.3   Der Übergang von der Grundschule in die Sekundarstufe I

Im internationalen Vergleich kennzeichnet sich das deutsche Schulsystem durch eine frühe Aufteilung der Schüler/innen auf Schulformen mit unterschiedlichem Leistungsanspruch. Während in den meisten entwickelten Staaten (so auch in den PISA-„Siegerländern" Finnland, Kanada und Japan) die Kinder frühestens nach der 8. Klasse leistungsmäßig aufgeteilt werden, geschieht das in Deutschland in 14 Bundesländern bereits nach der 4. Klasse (in Berlin und Brandenburg nach Klasse 6). Damit entscheidet sich in allen Bundesländern in relativ frühem Alter, ob das Kind ein Gymnasium besuchen wird (und damit den „Königsweg" zum Abitur anstrebt) – oder ob es eine andere Schulform besuchen wird (z. B. Hauptschule, Realschule, Sekundarschule), die eher auf einen mittleren Bildungsabschluss und eine anschließende berufliche Ausbildung ausgerichtet ist. Im Jahr 2008 besuchten bundesweit 36 % aller Achtklässler ein Gymnasium, 30 % eine Realschule und 19 % eine Hauptschule; 9 % gingen zur integrierten Gesamtschule und 6 % besuchten kombinierte Haupt- und Realschulen (Sekundarschulen, Mittelschulen etc.) (Bildungsbericht 2010, S. 62). Der Gymnasialanteil wächst seit Jahren, zugleich geht der Hauptschulanteil kontinuierlich zurück. In großen Städten (z. B. Hamburg, Berlin) ist der Gymnasialanteil inzwischen bei 50 % angekommen, der Hauptschulanteil lag dort 2008 unter 10 % (Bildungsbericht 2010, S. 246). Vor allem deshalb wurde in den Stadtstaaten die Hauptschule aufgelöst und in eine neue Schulform (Sekundarschule, Stadtteilschule) eines zweigliedrigen Schulsystems integriert (Tillmann 2010).

4.3.1 Zum Stand der Diskussion

Der Übergang nach der 4. Klasse – und die damit verbundene Schülerauslese – ist bildungspolitisch seit langem hoch umstritten. Die Verteidiger des gegliederten Schulsystems sehen darin ein im Prinzip angemessenes Verfahren, um Schüler/innen nach dem Leistungsprinzip zuzuordnen und dann anschließend auf je unterschiedlichem Niveau zu fördern. Dies verbindet sich vor allem mit dem Anspruch, „begabte" Kinder so früh wie möglich dem gymnasialen Leistungsmilieu zuzuführen (vgl. z. B. Lehmann 2010). Die Kritiker des gegliederten Schulwesens verweisen hingegen auf die hohen sozialen und psychischen Kosten, die mit einer solchen frühen Aufteilung auf unterschiedliche Schulformen verbunden sind: Die großen Unsicherheiten bei einer solch frühen Zuweisung führe zu vielen Fehleinstufungen; und der hohe Einfluss des Sozialstatus der Eltern bei dieser Entscheidung führe dazu, dass hier eine massiv ungerechte Verteilung erfolge. Deshalb sei die frühe Übergangsauslese nach der 4. Klasse ein zentrales Einfallstor für die Ungleichheit der Bildungschancen (vgl. z. B. Tillmann 2009). Diese seit Jahren anhaltende Kontroverse hat mit dazu beigetragen, dass dieser Übergang empirisch intensiv analysiert wurde. Inzwischen liegt ein differenziertes Bild der damit verbundenen Prozesse, seiner Vor- und Nachteile vor – ohne dass damit allerdings die Kontroverse aufgehoben wurde (Baumert/Maaz/Trautwein 2009). Diese erziehungswissenschaftlichen Ergebnisse sollen unter dem Aspekt der „Begabungsgerechtigkeit" und des Elternverhaltens knapp angesprochen werden:

Vom *Anspruch* her wird im deutschen Schulsystem am Ende der Grundschule nach der schulischen Leistungsfähigkeit der Kinder sortiert. Aus vielen Untersuchungen wissen wir aber, dass unser Schulsystem eben nicht nur nach Leistung, sondern ganz massiv auch nach sozialer Herkunft sortiert. Dass sich dabei die soziale Herkunft auch gegen die Leistungsfähigkeit durchsetzen kann, lässt sich besonders gut an einem Forschungsbeispiel aus Hamburg verdeutlichen.

In der Leistungsvergleichsstudie „LAU" haben Rainer Lehmann et al. den Leistungsstand der Hamburger Kinder am Ende der 4. Klasse über einen Leistungstest (KS HAM 4/5) ermittelt. Zugleich wurde geschaut: Welche Schullaufbahn-Empfehlung erhalten diese Kinder von ihrer Grundschule? Wer wird für das Gymnasium empfohlen, wer nicht? Tabelle 4.2 zeigt, dass diese Empfehlungen nicht nur von den Leistungen, sondern ganz massiv auch von der sozialen Herkunft abhängig sind. Dabei zeigen die Daten zunächst einen bekannten Sachverhalt: Je höher der Bildungsabschluss des Vaters ist, desto mehr Kinder erhalten eine Gymnasialempfehlung. Hat der Vater gar keinen Schulabschluss, bekommen nur etwa 16 % der Kinder eine Gymnasialempfehlung; verfügt der Vater über Abitur, sind es knapp 70 %. Die zentrale Frage hier lautet: Sind diese Unterschiede durch Leistungen gedeckt? Sind die Kinder der Abitur-Eltern wirklich in so großem Anteil leistungsmäßig besser als die der anderen Eltern? Hierzu gibt in der letzten Spalte der dort angegebene „kritische Wert" eine spannende Auskunft. Dieser Wert zeigt an, welches Ergebnis im Leistungstest KS HAM (Lesen, Rechtschreiben, Mathematik) ein Kind erreichen muss, um mit einer mehr als 50 %igen Wahrscheinlichkeit eine Gymnasialempfehlung zu erhalten.

Tab. 4.2   Prozentwerte und Standards für Gymnasialempfehlungen der Grundschule nach sozialen Gruppen

Gruppierung nach …	N	Anteil der Gymnasialempfohlenen (in %)	gruppenspezifischer Standard („kritischer Wert") KS HAM 4/5
Bildungsabschluss des Vaters			
ohne Schulabschluss	401	15,7	97,5
Haupt-/Volksschule	2.214	26,2	82,3
Real-/Mittelschule	1.783	40,2	77,1
Fachhochschulreife	499	51,3	76,3
Abitur	2.113	69,8	65,0

Quelle: Lehmann et al. 1997, S. 89

Das Ergebnis ist eindeutig und erschreckend zugleich: Je niedriger der Bildungsabschluss des Vaters ist, desto höher müssen die Testleistungen des Kindes sein.
Während dem Kind eines Vaters mit Abitur eine Testleistung genügt, die noch unter dem allgemeinen Durchschnitt liegt, muss das Kind eines Vaters, der über keinen Schulabschluss verfügt, mit 97,5 Punkten eine exzellente Leistung vorzeigen, um
fürs Gymnasium empfohlen zu werden. Wir finden hier somit eine doppelte soziale
Benachteiligung: Kinder aus „bildungsfernen" sozialen Schichten werden in weniger
anregungsreichen Umwelten groß und haben es ohnehin weit schwerer, schulische
Leistungen und Interessen auszubilden. Aber selbst wenn ihnen das gelingt, werden
sie zusätzlich benachteiligt: Denn ihre Leistungen müssen weit höher sein, um von
der Schule die gleiche Laufbahnempfehlung zu erhalten. Ähnliche Ergebnisse wurden auch in den PISA-Studien gefunden (vgl. z. B. Prenzel u. a. 2005, S. 262): Selbst
bei gleichen Kompetenzen in Mathematik und Lesen haben Facharbeiterkinder gegenüber Akademikerkindern bundesweit eine vierfach schlechtere Chance, nach der
Grundschule ein Gymnasium zu besuchen. Je früher diese Auslese erfolgt, so der
Bildungsforscher Jürgen Baumert, desto stärker wird sie von der sozialen Herkunft
bestimmt:

> „Je früher Schülerinnen und Schüler auf unterschiedliche Bildungsgän-
> ge verteilt werden, desto kürzer wird das Zeitfenster, das für schulische
> Interventionen zum Ausgleich herkunftsbedingter Leistungsunterschie-
> de zur Verfügung steht (…). Mit frühen Differenzierungsentscheidun-
> gen nehmen (...) die sozialen Disparitäten der Bildungsbeteiligung zu"
> (Baumert/Artelt 2003, S. 190).

Vor diesem Hintergrund ist die Frage nach dem Zeitpunkt, zu dem in einem
Schulsystem die Kinder auf leistungsverschiedene Schulformen verteilt werden, von
hoher Bedeutung. Nicht weniger wichtig ist aus Elternsicht die Frage, wer bei dieser Entscheidung das „letzte Wort" hat – die Schule oder die Eltern. Hier zeigen nun
aber die Forschungsergebnisse, dass das abschließende Bestimmungsrecht der Eltern
(„freier Elternwille") *nicht* dazu führt, dass die sozialen Ungleichheiten reduziert werden. Im Gegenteil: Weil vor allem Eltern aus gehobenen Kreisen ihre Kinder auch
dann zum Gymnasium schicken, wenn die Grundschule keine Gymnasialempfehlung
ausspricht, wird das soziale Ungleichgewicht beim Gymnasialbesuch durch den
Elternwillen eher noch verstärkt (Pietsch 2007).

4.3.2 Die Ergebnisse der JAKO-O Bildungsstudie

In der JAKO-O Bildungsstudie 2010 wurden die Eltern zum einen danach gefragt,
welchen Zeitpunkt für eine Verteilung der Kinder auf die verschiedenen Schulformen
der Sekundarstufe I sie für sinnvoll und erstrebenswert halten: Soll auch weiterhin
nach der 4. Klasse aufgeteilt werden, oder soll dies später erfolgen? Darüber hinaus
wurde gefragt, wer bei der Schulform-Zuweisung die Entscheidung haben soll: Die
Schule auf der Basis von Leistungsprüfungen – oder die Eltern?

**Abb. 4.4   Verteilung der Kinder auf die verschiedenen Schulformen
(nach Bildungsabschluss)**

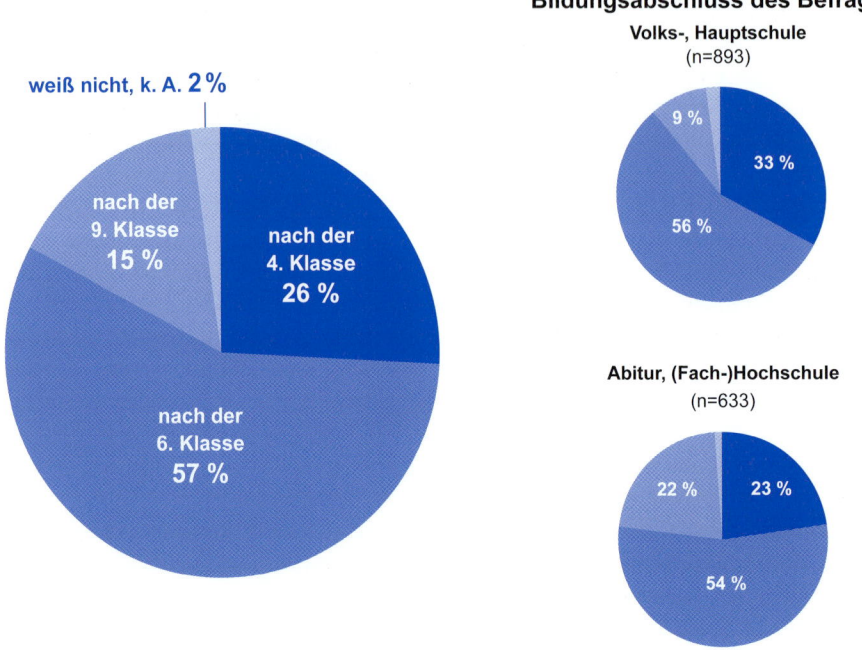

Frage: **Derzeit werden die Schüler zumeist nach der 4. Klasse auf die verschiedenen
Schulformen verteilt. Was halten Sie persönlich für die richtige Klasse, ab der
die Aufteilung erfolgen sollte?**
N=3.000 Befragte

Abbildung 4.4 zeigt, dass eine große Mehrheit der Eltern eine Aufteilung schon nach
der 4. Klasse ablehnt: Nur 26 % der Befragten sind für eine solche Aufteilung; hingegen plädieren 72 % dafür, diese Entscheidung in einen höheren Jahrgang zu verlagern.
Dabei spricht sich eine überraschend klare Mehrheit von 57 % für eine sechsjährige
Grundschule aus. Das ist die Struktur, die in Berlin und Brandenburg seit langem besteht – und deren Einführung in Hamburg im Jahr 2010 in spektakulärer Weise ge-
scheitert ist. Weitere 15 % der Eltern sind dafür, die Aufteilung erst nach Ende der
9. Klasse vorzunehmen. Sie plädieren damit für eine einzige Schulform (Gesamtschule, Gemeinschaftsschule) in der Sekundarstufe I.

Damit artikulieren die Eltern in der JAKO-O Bildungsstudie 2010 eine kritische
Sichtweise auf die gegenwärtige Übergangspraxis, wie sie in diesem Ausmaß bisher
nicht bekannt war. So sprachen sich in einer Repräsentativbefragung im Jahr 2004
nur 44 % der Eltern dafür aus, die Übergangsentscheidung zeitlich weiter hinaus zu
schieben (IFS 2004, S. 38) – bei JAKO-O 2010 waren es 72 %. Und für eine sechsjährige Grundschule sprachen sich 2004 ca. 35 % der Befragten aus (IFS 2004, S. 44) –
bei JAKO-O 2010 waren es 57 %. Weil bei beiden Elternbefragungen die Stichproben
unterschiedlich konstruiert wurden (z. B. beim Einbezug von Berufsschul-Eltern),
sind die Werte nicht unmittelbar vergleichbar. Doch die hohen Differenzen im zeit-

lichen Abstand sprechen eindeutig dafür, dass hier in den letzten Jahren bei den Eltern ein Meinungstrend gegen eine frühe Auslese in Bewegung gekommen ist.

Insgesamt überrascht somit die geringe Akzeptanz, die die gegenwärtige Praxis (Übergang nach der 4. Klasse) bei den Eltern besitzt – und (spiegelbildlich) der hohe Anteil derjenigen, die ein längeres gemeinsames Lernen einfordern. Diese Daten deuten darauf hin, dass eine Mehrheit der Eltern bildungspolitische Maßnahmen zur Verlängerung des gemeinsamen Unterrichts (etwa eine 6-jährige Grundschule) unterstützen würde. Dabei ist ein Zusammenhang zu sehen zu den bildungspolitischen Zielen, die die Eltern präferieren (siehe Abbildungen 4.1 und 4.2): Wenn 87 % erklären, dass ihnen „gleiche Bildungschancen" besonders wichtig sind, aber nur 20 % dieses Ziel verwirklich sehen, dann klafft hier eine ganz erhebliche Handlungslücke. Und das Hinausschieben dieser Übergangsauslese wird von vielen Eltern als ein sinnvoller Beitrag zu mehr Chancengleichheit angesehen. Auffällig ist weiterhin, dass diese Schulstruktur-Vorstellungen deutlich vom Bildungshintergrund der Eltern beeinflusst werden (siehe Abbildung 4.4): Je höher der Bildungsabschluss der Eltern ist, desto seltener wird eine Aufteilung nach der 4. Klasse befürwortet – und desto häufiger wird eine gemeinsame Schulzeit bis zum Ende der 9. Klasse gefordert. Weniger gravierend sind hier die Unterschiede zwischen Ost und West: Im Osten sprechen sich 80 % für ein längeres gemeinsames Lernen aus, im Westen 72 %.

Zugleich zeigt sich, dass zwischen den Befürwortern eines *frühen* Übergangs nach der 4. Klasse (n=766) und den Verfechtern eines *späten* Übergangs nach der 9. Klasse (n=456) deutliche Meinungsunterschiede auch in anderen bildungspolitischen Fragen bestehen: Die Vertreter des späten Übergangs – das sind 15 % der Befragten – sprechen sich erheblich seltener dafür aus, „Leistung in den Vordergrund" zu stellen (26 % zu 41 %), zugleich vertreten sie Ziele wie „gleiche Bildungschancen" (92 % zu 82 %) und „gleiche Bedingungen in allen Bundesländern" (83 % zu 65 %) deutlich entschiedener als die Verfechter eines frühen Übergangs (das sind 26 % der Befragten); und sie fordern wesentlich stärker die Einrichtung von mehr Ganztagsschulen (75 % zu 54 %). Was die Realisierung der bildungspolitischen Ziele angeht, äußern sich die Verfechter eines späten Übergangs deutlich kritischer: Nur 10 % von ihnen (gegenüber 29 %) sehen gleiche Bildungschancen realisiert, nur 26 % (gegenüber 40 %) sehen die Vermittlung von Allgemeinbildung verwirklicht und nur 17 % (gegenüber 30 %) finden eine „Förderung lernschwacher Schüler" umgesetzt (Prozentangaben für „sehr stark" und „eher stark"). Es zeigt sich somit: Die Minderheit der Eltern, die ein langes gemeinsames Lernen fordert, formuliert zugleich anspruchsvollere Zielsetzungen und sieht das gegenwärtige Schulsystem deutlich kritischer als die andere Minderheit, die für die Aufteilung nach der 4. Klasse eintritt. Damit wird an diesem Item besonders deutlich, dass die bildungspolitische Meinungsbildung unter den Eltern keineswegs homogen erfolgt. Vielmehr ist die Positionierung bei der Frage des Übergangs mit der Meinungsbildung zu anderen Problemen so stark verknüpft, dass man von unterschiedlichen bildungspolitischen Orientierungsmustern in der Elternschaft reden kann. Kurz: Die Praxis des gegenwärtigen Schulsystems wird von den Eltern insgesamt kritisch gesehen, aber in der Zuspitzung der kritischen Perspektiven gibt es offensichtlich klar erkennbare Unterschiede. (vgl. den Beitrag von Nicht, Kap. 6)

Abb. 4.5   Verteilung der Kinder auf die verschiedenen Schulformen (nach Bundesland)

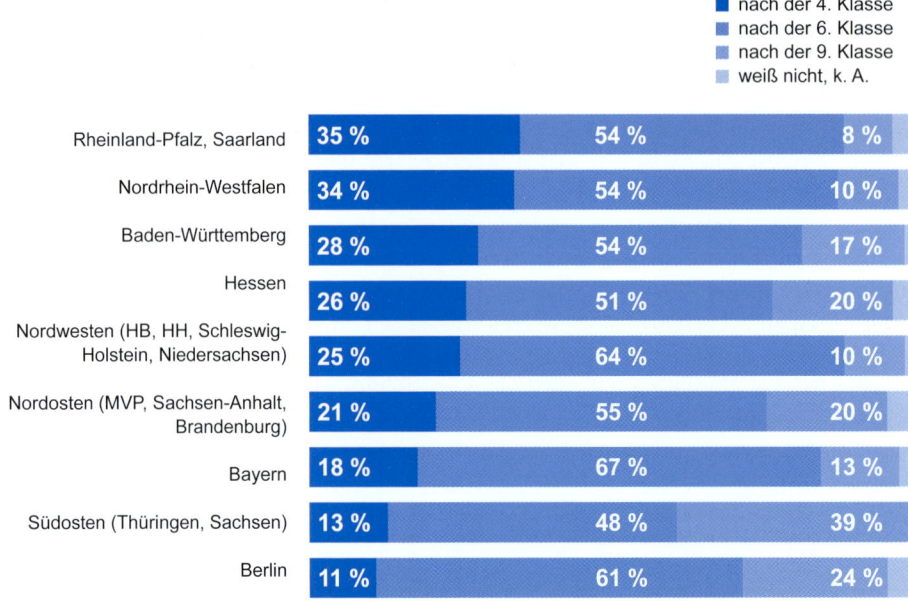

- ■ nach der 4. Klasse
- ■ nach der 6. Klasse
- ■ nach der 9. Klasse
- ■ weiß nicht, k. A.

Frage: Derzeit werden die Schüler zumeist nach der 4. Klasse auf die verschiedenen Schulformen verteilt. Was halten Sie persönlich für die richtige Klasse, ab der die Aufteilung erfolgen sollte?
N=3.000 Befragte

Abbildung 4.5 zeigt, dass die Meinungsbildung zu dieser Frage in den verschiedenen Bundesländern zu recht unterschiedlichen Ergebnissen geführt hat: So sprechen sich in Berlin nur 11 % der Befragten für einen Übergang nach der 4. Klasse aus, in Rheinland-Pfalz und dem Saarland sind es 35 %. Und während in Bayern nur 13 % der Eltern einen späten Übergang nach der 9. Klasse befürworten, sind es in Sachsen und Thüringen 39 %. Angesichts dieser Unterschiede dürfen jedoch die Übereinstimmungen nicht übersehen werden: In allen Bundesländern spricht sich nur eine Minderheit (zwischen 11 % und 35 %) dafür aus, die gegenwärtige Praxis beizubehalten und die Kinder nach der 4. Klasse auf die Schulformen der Sekundarstufe aufzuteilen. Vielmehr setzt sich in allen Bundesländern eine deutliche Mehrheit der Eltern dafür ein, das gemeinsame Lernen über das 4. Schuljahr hinaus zu verlängern; dabei findet die Aufteilung nach der 6. Klasse überall den stärksten Zuspruch. Dies ist sicher ein überraschender Befund, der für viele Länder (insbesondere Baden-Württemberg, Bayern, Nordrhein-Westfalen) so nicht erwartet werden konnte. Man wird abwarten müssen, ob sich diese Einstellungen auswirken, wenn den Eltern die Möglichkeiten gegeben werden, auch nicht-selektive Schulformen anzuwählen (so durch Einrichtung von Gemeinschaftsschulen z. B. in Schleswig-Holstein und neuerdings auch in Baden-Württemberg).

Was die unterschiedliche Zustimmung zur vierjährigen Grundschule angeht, so lassen sich einige der Länderergebnisse historisch erklären: Die geringsten Zustimmungswerte finden sich in den ostdeutschen Bundesländern, in denen die Einheitsschul-Tradition der DDR bei vielen Eltern noch gegenwärtig sein dürfte. Die niedrigen Werte in Berlin sind völlig plausibel, weil dort schon seit vielen Jahrzehnten eine 6-jährige Grundschule existiert. Und die geringe Zustimmung zur vierjährigen Grundschule in Bayern (18 %), die zunächst einmal irritieren mag, wird verständlich, wenn man sich in Erinnerung ruft: In Bayern hat es bis vor wenigen Jahren gemeinsame 5. und 6. Klassen der Haupt- und Realschulen gegeben. Von der heutigen Elterngeneration sind etwa 80 % gemeinsam in solche Klassen gegangen.

Neben der Frage nach dem wünschenswerten Zeitpunkt des Übergangs wurden in der JAKO-O Bildungsstudie die Eltern noch danach gefragt, wer bei diesem Übergang die Entscheidungsgewalt haben soll. „Wer sollte über die schulische Laufbahn der Kinder letztendlich entscheiden?" – so lautete die Frage, und die Eltern konnten darauf entweder mit „eher die Eltern" oder mit „eher die Lehrer" antworten (siehe Abbildung 4.6).

Abb. 4.6   Entscheidung über die schulische Laufbahn der Kinder (nach Bundesland)

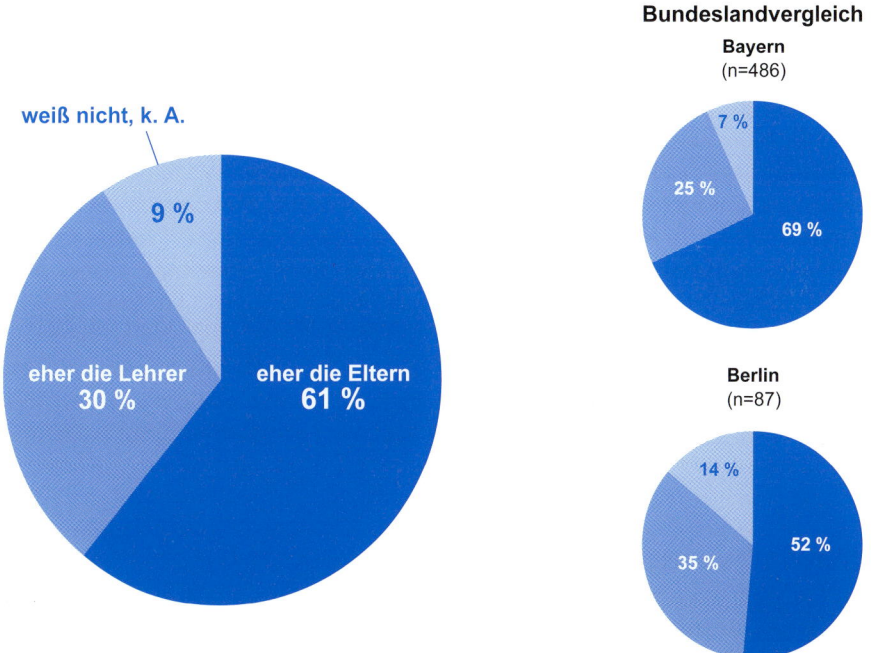

Frage: Wer sollte über die schulische Laufbahn der Kinder letztendlich entscheiden?
N=3.000 Befragte

Eine solche Fragestellung geht in vereinfachender Weise auf das komplizierte Verfahren der Übergangsentscheidung ein, bei dem Grundschulgutachten, Schülerleistungen und Elternpräferenzen eine Rolle spielen. Dabei gibt es Bundesländer, bei denen letztlich die schulischen Leistungen (Noten, Prüfungen) darüber entscheiden, in welche Schulform ein Kind nach der Grundschule geht. Solche Regelungen finden sich z.B. in Bayern, Sachsen und Thüringen (vgl. Bellenberg/Tillmann 2011, S. 63). Aus der Elternsicht sind das Regelungen, bei denen „eher die Lehrer" entscheiden. In anderen Bundesländern (z.B. in Berlin, Hessen, Niedersachsen) spricht die Grundschule zwar eine Empfehlung aus; doch die Eltern können – unabhängig von dieser Empfehlung – entscheiden, in welche Schulform ihr Kind gehen wird. Diese Regelungen sind gemeint, wenn die Antwortvorgabe „eher die Eltern" lautet.

Zu diesem Punkt ist die Meinung der Eltern eindeutig: 61 % von ihnen möchten, dass sie selbst über das Entscheidungsrecht verfügen. Nur 30 % wollen die Entscheidung eher der Schule und den Lehrkräften überantworten. 9 % sind unentschieden. Erstaunlich sind dabei einige Länderdifferenzen: In Bayern, wo der Zugang stark durch Noten und Aufnahmeprüfungen geregelt ist, wünschen 69 % der Befragten einen wesentlich stärkeren Elterneinfluss. Hier wird offensichtlich eingeklagt, was der Staat bisher an Mitsprache verweigert hat. In Berlin hingegen, in dem der sogenannte „freie Elternwille" schon seit vielen Jahren praktiziert wird, sprechen sich nur 52 % für eine Entscheidung „eher durch die Eltern" aus; zugleich sind 35 % für einen stärkeren Einfluss der Schule und der Lehrer. Möglicherweise haben hier die Erfahrungen mit dem „freien Elternwillen" (z.B. hohe Leistungsheterogenität an Gymnasien) etliche Eltern eher skeptisch werden lassen. Dennoch gilt: Über alle Bundesländer und Schulformen hinweg ist eine deutlich Mehrheit dafür, die Bildungslaufbahn-Entscheidungen den Eltern zu überlassen.

Einstellungsunterschiede (z.B. nach Bildungsabschluss, Einkommen, Schulform des Kindes) finden sich hier kaum. Auffällig ist aber, dass „abweichende" Schulkarrieren der eigenen Kinder hier zu unterschiedlichen Präferenzen führen können: Wenn Eltern nur über einen Hauptschulabschluss verfügen, ihr Kind aber das Gymnasium besucht, dann sprechen sich 36 % für die Letztentscheidung durch die Lehrer aus. Wenn Eltern mit Abitur ein Kind haben, das die Hauptschule besucht, befürworten nur 16 % die Lehrerentscheidung. Es kann gut sein, dass in diesen Fällen sehr unterschiedliche Erfahrungen mit den beratenden Grundschullehrern/-innen gemacht wurden, die sich dann zu solchen Einstellungen verdichtet haben.

4.3.3 Bildungspolitische Folgerungen

Man kann es als eine Überraschung der JAKO-O Bildungsstudie 2010 ansehen, dass ein so großer Teil der Eltern (87 %) die „gleichen Bildungschancen für alle" einfordert. Dazu passt es dann, dass 72 % die Aufteilung der Kinder schon nach der 4. Klasse ablehnen und einen späteren Zeitpunkt (nach der 6. oder nach der 9. Klasse) wünschen. Offensichtlich haben die Eltern in allen Bundesländern diesen Zusammenhang zwischen früher Auslese und Bildungsungleichheit im Blick, wenn sie hier eine andere Übergangspraxis fordern. Doch sollte man vorsichtig sein, dies als ein durchgängiges Plädoyer für einen Ausbau des „längeren gemeinsamen Lernens" anzusehen. Denn aus vielen lokalen Auseinandersetzungen ist bekannt, wie stark sich engagierte Elterngruppen auch für eine frühe Auslese einsetzen können. Und die Auseinandersetzungen um die 6-jährige Grundschule in Hamburg (in 2009/2010) haben gezeigt, dass sich auch ein erheblicher Elternwiderstand gegen eine Verlängerung der Grundschulzeit mobilisieren lässt.

Feststellen lässt sich damit zunächst einmal, dass Eltern – wenn man sie repräsentativ befragt – eine wesentlich reformfreudigere Position formulieren als viele der Elternfunktionäre in Verbänden und Beiräten. Doch der konkrete politische Prozess wird vor allem beeinflusst von denen, die sich (mit oder ohne Ämter) auch tatsächlich einmischen. Und in solchen Prozessen sind die Positionen, die auf eine Verteidigung des „Status quo" hinauslaufen, oft wesentlich stärker vertreten als es die Repräsentativumfrage erwarten lässt. Dennoch verweisen die Ergebnisse darauf, dass es in der Elternschaft eine Bereitschaft gibt, tradierte Schulstrukturen auch kritisch zu betrachten und sich gegenüber neuen Modellen offen und interessiert zu verhalten. Hier können die Bildungspolitiker auf eine positive Resonanz hoffen, die mit neuen Modellen auftreten – diese aber niemanden aufzwingen wollen. Zu nennen sind hier vor allem die Gemeinschaftsschulen in Berlin und Schleswig-Holstein – und demnächst auch in Baden-Württemberg. Sie schaffen die Auslese nach der 4. Klasse ab und praktizieren das „gemeinsame Lernen" bis zum Ende der 9. oder 10. Klasse. Eltern können eine solche Schule wählen, können ihr Kind aber auch im tradierten System belassen. Die bisherigen Erfahrungen zeigen, dass solche Schulen für viele Eltern eine attraktive Alternative darstellen (Rösner 2007). Zu wünschen wäre, dass solche Wahlmöglichkeiten in allen Bundesländern eingerichtet werden.

Schließlich ist darauf hinzuweisen, dass Eltern ganz überwiegend der Meinung sind, dass sie die Entscheidungsgewalt bei der Wahl der Schulform haben sollten. Besonders entschieden wird dies in Bundesländern vertreten, in denen seit vielen Jahren die Schule das letzte Wort hat: In Bayern fordern 69 %, in Baden-Württemberg 66 % der Eltern die eigene Entscheidungsgewalt ein. In Baden-Württemberg wird dies mit dem Regierungswechsel 2011 Realität werden. Damit gibt es die Entscheidungsgewalt der Schule nur noch in sieben von 16 Bundesländern – in allen sechs neuen Bundesländern und in Bayern. Nun spricht sich aber auch in diesen Ländern eine deutliche Mehrheit der Eltern für eine Freigabe des Elternwillens aus. Man wird sehen, wie lange Parteien und Ministerien die gegenwärtig bestehenden Regelungen gegen die Mehrheit der Betroffenen werden verteidigen können.

4.4   Ganztagsschulen

Die deutsche Schule ist traditionell eine Halbtagsschule. Sie beginnt gegen 8.00 Uhr und endet gegen 13.00 Uhr, dann gehen die Schüler/innen nach Hause. Dabei wird vorausgesetzt, dass am Nachmittag eine Betreuung in der Familie (in der Regel durch die Mutter) stattfindet. Ist dies nicht gesichert, so werden insbesondere in städtischen Regionen Horte angeboten. Dort werden 6- bis 12-jährige Kinder nach Schulschluss durch Erzieherinnen betreut, dabei werden auch die Hausaufgaben erledigt. In den neuen Bundesländern gibt es (aufgrund der DDR-Tradition) eine große Zahl von Hortplätzen, in den alten Bundesländern sind solche Plätze hingegen sehr knapp: So besuchten im Jahr 2009 in Sachsen-Anhalt, Brandenburg und Mecklenburg-Vorpommern jeweils knapp 60 % der Grundschulkinder nachmittags einen Hort; in

Baden-Württemberg, Niedersachsen und Schleswig-Holstein betrug der Anteil jeweils unter 10 % (Bildungsbericht 2010, S. 257). Diese Unterschiede finden sich auch in den Ergebnissen der JAKO-O Bildungsstudie (vgl. den Beitrag von Horstkemper, Kap. 8). Wenn im Folgenden der Ausbau der Ganztagsschulen betrachtet wird, ist dieses Ausmaß bei der Hortbetreuung jeweils zu berücksichtigen.

4.4.1 Der Stand der Diskussion

Die bildungspolitische Diskussion der letzten zwanzig Jahre hat gezeigt, dass das Halbtagsschulsystem den geänderten pädagogischen und sozialen Anforderungen nicht mehr gerecht wird: In immer mehr Familien sind beide Eltern berufstätig, so dass nachmittags eine Betreuung und Versorgung der Kinder erforderlich ist. Zugleich wird immer deutlicher, dass die Halbtagsschule mit ihrem knappen Zeitbudget und ihrer ausschließlichen Ausrichtung auf Unterricht die Anforderungen nicht erfüllen kann, die inzwischen an schulisches Lernen gestellt werden. Dazu gehören offene Lernformen genauso wie die gezielte individuelle Förderung und die Vermittlung sozialer Kompetenzen. Hinzu kommt, dass die Verkürzung der Schulzeit am Gymnasium (G8) es inzwischen unmöglich macht, das Unterrichtsprogramm allein an den Vormittagen abzuwickeln. Insbesondere seit dem „PISA-Schock" (2001) ist der Ruf nach mehr Ganztagsschulen immer lauter geworden – und in vielen Bundesländern sind Programme zur Ausweitung der ganztägigen Schulangebote aufgelegt worden. So hat sich bundesweit die Zahl der Ganztagsschulen im Primar- und Sekundar-I-Bereich zwischen 2002 und 2008 mehr als verdoppelt. Während im Jahr 2002 bundesweit nur 10 % aller Schüler/innen der Jahrgänge 1 – 10 eine Ganztagsschule besuchten (KMK 2005, S. 1), waren es 2008 mehr als 24 %; dabei variieren die Anteile in den Ländern zwischen 5 % (Bayern) und 45 % (Hamburg) (Bildungsbericht 2010, S. 255ff.). Insgesamt gilt, dass der Ganztagsschulbereich in den letzten zehn Jahren bundesweit massiv ausgebaut wurde.

Nun ist gerade die Frage, ob ein Kind eine Halbtags- oder eine Ganztagsschule besucht, von großer familiärer Bedeutung. Deshalb sind hier die Präferenzen der Eltern besonders wichtig: Fordern sie mehr Ganztagsschulen? Sind sie bereit, ihr Kind auf eine Ganztagsschule zu schicken? Wenn man sich heute mit dieser Frage beschäftigt, darf man nicht vergessen, dass bis in die 1990er-Jahre hinein die Ganztagsschulen politisch sehr umstritten waren. Denn aus einer eher konservativen Sicht war damit lange Zeit die Befürchtung verbunden, dass dadurch der schulische Einfluss erweitert und der der Familie zurückgedrängt werden soll. Dies verband sich mit einer skeptischen Haltung gegenüber einer mütterlichen Berufstätigkeit (vgl. z.B. Pitsch 1989, S. 155; Tillmann et al. 2008, S. 187). Hier hat sich seit einigen Jahren ein deutlicher Positionswandel vollzogen: Spätestens seit dem „PISA-Schock" des Jahres 2001 befürworten alle im Bundestag vertretenen politischen Parteien den Ausbau weiterer Ganztagsschulen. Dementsprechend haben im Dezember 2001 alle 16 Kultusminister/innen einstimmig einen Handlungskatalog verabschiedet, in dem als Konsequenz aus den PISA-Ergebnissen bildungspolitische Maßnahmen in sieben Feldern angekündigt wurden. Im siebten Feld geht es um den „Ausbau von schulischen und außerschulischen Ganztagsangeboten mit dem Ziel erweiterter

Bildungs- und Fördermöglichkeiten, insbesondere für Schülerinnen und Schüler mit Bildungsdefiziten und besonderen Begabungen" (KMK 2001).

Soweit also die bildungspolitische Entwicklung, die seit 2001 sowohl zu einer weitgehend übereinstimmenden Position der verschiedenen Parteien wie zu einem deutlichen Ausbau des Ganztagsschulsektors geführt hat. Mit diesem Ausbau war zugleich auch eine Intensivierung der Forschung zur Ganztagsschule verbunden (vgl. Holtappels et al. 2007). Dabei zeigt sich vor allem: Ob und wie wirksam eine Ganztagsschule als Instrument der pädagogischen Förderung, damit auch als Beitrag zu mehr Chancengleichheit ist, hängt ganz zentral von der pädagogischen Qualität dieser Einrichtungen ab. Konkret: Welche Angebote in welchem zeitlichen Umfang finden sich? Gibt es gezielte Förderprogramme, die sich auf die spezifischen Probleme der jeweiligen Schülerschaft beziehen? Wie qualifiziert ist das Personal, wie stabil sind die Beschäftigungsverhältnisse? Dieser Hinweis soll deutlich machen: Allein ein quantitativer Ausbau hilft wenig, wenn nicht durch entsprechende Ressourcen, durch entsprechende Konzepte und durch qualifiziertes Personal die pädagogische Qualität des Ganztagsbetriebs gesichert werden kann.

4.4.2 Die Ergebnisse der JAKO-O Bildungsstudie

Die JAKO-O Bildungsstudie 2010 liefert aktuelle Daten zu der Frage, wie denn die Eltern zur Ganztagsschule stehen.

Abb. 4.7   Befürwortung der Ganztagsschule für das eigene Kind (nach Region)

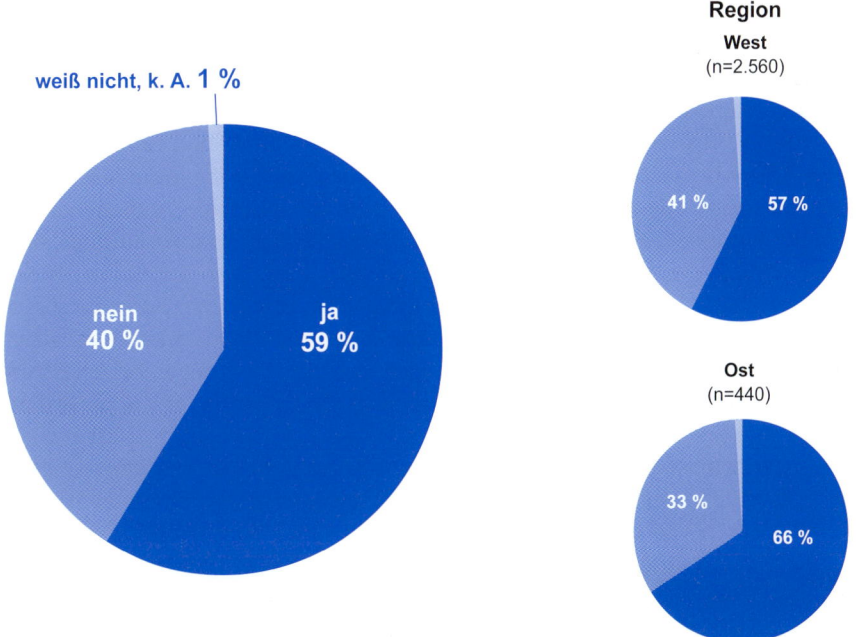

Frage: **Würden Sie Ihr Kind in eine Ganztagsschule schicken?**
N=3.000 Befragte

Fragt man die Eltern von Vorschul- und Schulkindern „Würden Sie Ihr Kind in eine Ganztagsschule schicken?", so antworten 59 % mit „ja" und 40 % mit „nein". Dies zeigt zunächst einmal, dass inzwischen eine deutliche Mehrheit der Eltern die Ganztagsschule befürwortet. Auffällig sind dabei die Ost-West-Unterschiede: In den neuen Bundesländern ist die Befürwortung der Ganztagsschule mit 66 % deutlich höher als in den alten Bundesländern (57 %). Dies dürfte sowohl mit dem höheren Anteil berufstätiger Mütter wie mit der weiteren Verbreitung von Horten in den Ländern der ehemaligen DDR zu tun haben.

Diese Ergebnisse liegen in der Linie von vorliegenden älteren Studien: Die IFS-Umfrage stellte fest, dass zwischen 1989 und 2002 die Zustimmung zur Ganztagsschule von 39 % auf 55 % gewachsen ist (IFS 2002, S. 42). Die JAKO-O Bildungsstudie zeigt, dass dieser Anteil bis 2010 noch weiter zugenommen hat. Sie zeigt außerdem, dass die Zustimmung zur Ganztagsschule in ganz erheblichem Maße abhängig ist von der beruflichen Situation der Eltern: Wenn Vater und Mutter beide Vollzeit berufstätig sind, wünschen 74 % der Schülereltern für ihr Kind eine Ganztagsschule. Ist nur einer der Ehepartner (in der Regel der Vater) berufstätig, so wünschen 51 % eine Ganztagsschule. Und sind beide ohne Berufstätigkeit, wird die Ganztagsschule nur von 32 % gewünscht. Demgegenüber ist bei den Alleinerziehenden der Wunsch nach einer Ganztagsschule durchgängig hoch (64 %) – und zwar unabhängig von der Berufstätigkeit.

Dieser Zusammenhang zwischen Ganztagspräferenz und eigener Berufstätigkeit wird auch deutlich, wenn nach erwünschten bildungspolitischen Maßnahmen gefragt wird (siehe Abbildung 4.3): Insgesamt fordern 61 % der Befragten von der Politik, dass mehr Ganztagsschulen eingeführt werden. Wenn beide Eltern Vollzeit berufstätig sind, liegt dieser Wert sogar bei 73 %. Ist ein Elternteil nicht berufstätig, wird die Forderung nur von 40 % erhoben. An diesen Ergebnissen wird deutlich, dass die Vereinbarkeit von Beruf und Familie ein zentraler Punkt bei der Forderung nach mehr Ganztagsschulen ist: Je stärker die Eltern beruflich gebunden sind, desto deutlicher ist der Ruf nach Ganztagsschulen. Zugleich gibt es aber nicht weniger Eltern, die sich trotz geringerer beruflicher Einbindung für ihr Kind eine Ganztagsschule wünschen: Das trifft immerhin für 51 % der Familien zu, bei denen *ein* Elternteil nicht berufstätig ist. Hier kann man vermuten, dass vor allem die zusätzlichen pädagogischen Angebote der Ganztagsschule für diese Eltern von Bedeutung sind. Die Berufstätigkeit der Eltern ist somit ein wichtiger Faktor bei der Befürwortung der Ganztagsschule, die regionalen Unterschiede (das mag überraschen) stellen den zweiten wichtigen Einflussfaktor dar. Dabei haben wir auf die Ost-West-Unterschiede schon verwiesen, doch auch sonst finden sich zwischen den Ländern erhebliche Differenzen: Während in Bayern auf die Frage „Würden Sie Ihr Kind in eine Ganztagsschule schicken?" (siehe Abbildung 4.7) „nur" 44 % der Schülereltern mit „ja", antworten, sind es in Nordrhein-Westfalen 58 % – und in Berlin sogar 75 %. Das hängt zum einen mit den lokalen Ganztagsschul-Traditionen zusammen, zum anderen aber auch mit der Struktur der Bevölkerung (z. B. Anteil von Alleinerziehenden).

4.4.3 Bildungspolitische Folgerungen

Über alle Detailergebnisse hinweg lässt sich zunächst feststellen, dass es innerhalb der Elternschaft eine große Zustimmung zur Ganztagsschule gibt – und dass deutlich die Forderungen erhoben werden, mehr Ganztagsschulen einzurichten. Dabei gilt für alle Bundesländer, dass der Anteil der Eltern, die sich für ihr Kind eine Ganztagsschule wünschen, deutlich höher ist als das jeweilige Platzangebot. Die folgende Tabelle macht dies für einige ausgewählte Bundesländer deutlich:

Tab. 4.3 Ganztagsplätze (Primarstufe und Sekundarstufe I) und Ganztagswünsche von Schülereltern in ausgewählten Bundesländern

Bundesland	Anteil der Schüler/innen in Ganztagsschulen*	Elternwünsche auf Ganztagsschule**	Differenz: nicht erfüllte Elternwünsche
Bayern	5 %	44 %	39 %
Berlin	44 %	75 %	31 %
Baden-Württemberg	24 %	63 %	39 %
Nordrhein-Westfalen	25 %	58 %	33 %
Rheinland-Pfalz	15 %	44 %	29 %
BRD insg.	24 %	58 %	34 %

Quellen:
* Bildungsbericht 2010, S. 257 (Angaben für 2008)
** JAKO-O Bildungsstudie 2010; n=2.523 Eltern eines schulpflichtigen Kindes

Diese Daten zeigen, dass Eltern hier von der Bildungspolitik auch weiterhin erhebliche Kraftanstrengungen erwarten. Dies gilt für alle Bundesländer: Entweder der Ausbaustand ist – wie in Bayern – bisher dürftig (5 %), so dass auch bei eher mäßigen ausgeprägten Elternwünschen (44 %) die Diskrepanz zwischen Wunsch und Realität erheblich ist (39 % fehlende Ganztagsplätze). Oder aber der Ausbaustand ist – wie in Berlin – sehr weit fortgeschritten (44 %), aber die Nachfrage der Eltern ist (mit 75 %) dem Angebot davongelaufen. Im Ergebnis gibt es auch hier eine Unterversorgung von 31 %. Kurz: Der bisher erfolgte Ausbau – so begrüßenswert er auch erscheint – reicht bei weitem nicht aus, um den Bedarf an Ganztagsschulplätzen zu decken. Zugleich wird aber auch deutlich, dass längst nicht alle Eltern für ihr Kind eine Ganztagsschule wünschen. In den einzelnen Bundesländern sprechen sich zwischen 25 % (Berlin) und 55 % (Bayern) der Schülereltern *gegen* die Ganztagsschule für ihr Kind aus. Das sind Eltern, die ihr Kind nachmittags zu Hause betreuen wollen und können. Diese unterschiedlichen Elternpositionen sprechen dafür, den Ganztagsbereich zwar auszubauen, ihn aber keineswegs verpflichtend zu machen. Eltern sollten wählen können, ob sie eine Ganztagsschule in Anspruch nehmen wollen oder nicht. Das in etlichen Bundesländern (z. B. Rheinland-Pfalz, Nordrhein-Westfalen) protegierte Modell der „offenen Ganztagsschule" geht genau in diese Richtung: Alle Schüler/innen besuchen den Vormittags-Unterricht – wer will, nimmt auch die Nachmittagsangebote in Anspruch (vgl. Höhmann 2005). Eine andere Variante besteht darin, die gleiche Schulform (z. B. die Realschule) in regionaler Erreichbarkeit in einem Fall als „gebundene Ganztagsschule" (ebd.), im zweiten Fall als Halbtagsschule anzubieten. Auch hier haben die Eltern die Wahl. Kinder, die die „gebundene Ganztagsschule" besuchen, sind dann aber verpflichtet, an den Vor- und den Nachmittagsaktivitäten teilzunehmen. Damit lässt sich aus den Elternaussagen der JAKO-O Bildungsstudie zur Ganztagsschule die zentrale bildungspolitische Forderung ableiten: Das Schulsystem muss in jeder Region für jede Schulform die Wahl zwischen einer Halbtags- und einer Ganztagsversorgung anbieten.

4.5   Zusammenfassung

Wir haben die Eltern zum einen nach ihren eher bildungspolitischen Grundorientierungen befragt – und wir haben ihre Einstellungen zu zwei aktuellen bildungspolitischen Themen ermittelt: zum Übergang nach der Grundschule und zum Ausbau der Ganztagsschulen. Die Ergebnisse zeigen insgesamt, dass die Elternschaft das gegenwärtige Schulsystem mit kritischem Blick betrachtet und insbesondere die fehlende Chancengleichheit massiv beklagt. Zugleich wird die mangelnde Abstimmung zwischen den Bundesländern deutlich kritisiert. Gegenüber einer einseitigen Leistungsorientierung sind Eltern skeptisch, für moderne Unterrichtsmethoden, eine bessere Lehrerausbildung und vor allem für eine stärkere individuelle Förderung sprechen sie sich deutlich aus.

Insgesamt wird bei den Eltern des Jahres 2010 somit ein deutliches Interesse an der Weiterentwicklung des Schulsystems erkennbar, das sich auch in den Einstellungen zu den konkret angesprochenen Reformmaßnahmen niederschlägt: Nur 26 % der Befragten befürworten die gegenwärtige Praxis, Kinder schon nach der 4. Klasse auf die Schulformen der Sekundarstufe zu verteilen. 72 % wollen diesen Übergang auf einen späteren Zeitpunkt verlegen. Und 59 % aller Eltern wünschen sich für ihr Kind einen Platz in einer Ganztagsschule; das sind weit mehr als gegenwärtig und in absehbarer Zeit zur Verfügung stehen. Die repräsentativen Ergebnisse sprechen somit dafür, dass es in der Elternschaft eine deutliche Bereitschaft gibt, das Bildungssystem reformorientiert weiterzuentwickeln. Damit werden aber zugleich auch deutliche Anforderungen an die Bildungspolitik gestellt (z. B. „bessere individuelle Förderung", „mehr Ganztagsschulplätze"), die im Augenblick noch auf ihre Einlösung warten.

Literatur

Baumert, J./Artelt, C. (2003): Bildungsgang und Schulstruktur. In: Pädagogische Führung 12, H. 4, S. 188–192
Baumert, J./Maaz, K./Trautwein, U. (Hrsg.) (2009): Bildungsentscheidungen. Sonderheft 12 der Zeitschrift für Erziehungswissenschaft. Wiesbaden: VS-Verlag

Bellenberg, G./Tillmann, K.-J. (2011): Schulnoten – Elternrecht – Probeunterricht. Bundesländervergleich: Übergänge nach der Grundschule. In: Bellenberg, G./Höhmann, K./Röbe, E. (Hrsg.): Übergänge. Friedrich-Schülerheft 2011. Velber: Friedrich, S. 61–65

Bildungsbericht 2010: Bildung in Deutschland, hrsg. von der Autorengruppe Bildungsberichterstattung. Bielefeld: W. Bertelsmann-Verlag

Hendricks, R. (2006): Schicksal Schule. Eine Elternstreitschrift im Interesse der Kinder. Seelze: Klett-Kallmeyer

Höhmann, K. (2005): Ganztagsschule in gebundener Form. Ganztagsschule in offener Form. In: Demmer, M./Einbeck, B./Höhmann, K./Schmerr, M. (Hrsg.): ABC der Ganztagsschule. Schwalbach/Tns.: Wochenschau-Verlag, S. 68–71

Holtappels, H.G./Klieme, E./Rauschenbach, T./Stecher, L. (Hrsg.) (2007): Ganztagsschule in Deutschland. Weinheim: Juventa.

IFS (2002): Umfrage des Instituts für Schulentwicklungsforschung: Die Schule im Spiegel der öffentlichen Meinung. In: Rolff, H.G./Holtappels, H.G./Klemm, K./Pfeiffer, H./Schulz-Zander, R. (Hrsg.): Jahrbuch der Schulentwicklung, Band 12. Weinheim: Juventa, S. 13–50

IFS (2004): Umfrage des Instituts für Schulentwicklungsforschung: Die Schule im Spiegel der öffentlichen Meinung. In: Holtappels, H.G./Klemm, K./Pfeiffer, H./Rolff, H.G./Schulz-Zander, R. (Hrsg.): Jahrbuch der Schulentwicklung, Band 13. Weinheim: Juventa, S. 13–50

KMK (2001): Pressemitteilung vom 6.12.2001: PISA-Handlungskatalog

KMK (2005): Bericht über die allgemeinbildenden Schulen in Ganztagsform in den Ländern der Bundesrepublik Deutschland – 2002 – 2004. Bonn (Manuskript)

Lehmann, R. (2010): Längeres gemeinsames Lernen – erschwert oder erleichtert es den Übergang in weiterführende Schulen? In: Lin-Klitzig, S./die Fuccia, D./Müller-Frerich, G. (Hrsg.): Übergänge im Schulwesen. Chancen und Probleme aus sozialwissenschaftlicher Sicht. Bad Heilbrunn: Klinkhardt, S. 127–139

Lehmann, R./Gänsfuß, R./Peek, R. (1997): Aspekte der Lernausgangslage von Schülerinnen und Schülern der fünften Klassen an Hamburger Schulen. Behörde für Schule, Jugend und Berufsbildung Hamburg

Maier, H./Vogel, B. (1988): Stichwort „Politik". In: Görres-Gesellschaft (Hrsg.): Staatslexikon, 4. Band, Freiburg/Brsg.: Herder, S. 431–439

Menke, B. (2008): Wie rebellische Eltern das Gymnasium retten wollen. In: Spiegel-Online vom 24.9.2008

Pietsch, M. (2007): Schulformwahl in Hamburger Schülerfamilien und die Konsequenzen für die Sekundarstufe I. In: Bos, W./Gröhlich, C./Pietsch, M. (Hrsg.): KESS 4 – Lehr- und Lernbedingungen in Hamburger Grundschulen. Münster: Waxmann, S. 127–166

Pitsch, H. (1989): Bildungspolitische Zielsetzung und Schulwirklichkeit in den Ländern der Bundesrepublik Deutschland. http://www.schule-bw.de/unterricht/paedagogik/pitsch/pitsch4.pdf (Zugriff: 16.06.2011)

Prenzel, M./Baumert, J./Blum, W./Lehmann, R./Leutner, D./Neubrand, M./Pekrun, R./Rost, J./ Schiefele, U. (Hrsg.) (2005): PISA 2003. Der zweite Vergleich der Länder in Deutschland. Was wissen und können Jugendliche? Münster: Waxmann

Rösner, E. (2007): Gemeinschaftsschule als Chance. Zunehmende Akzeptanz eines neuartigen Strukturmodells. In: Die Kommunale Zeitung 7, Juni 2007

Tillmann, K.-J. (2009): Sechsjährige Primarschule in Hamburg. Empirische Befunde und pädagogische Bewertungen. In: Hamburg macht Schule, Sonderheft 2009, S. 10–29

Tillmann, K.-J. (2010): Der Schritt in die zweigliedrige Sekundarstufe – Aufbruch oder Sackgasse? In: Köker, A./Romahn, S./Textor, A. (Hrsg.): Herausforderung Heterogenität. Bad Heilbrunn: Klinkhardt, S. 136–145

Tillmann, K.-J./Dedering, K./Kneuper, D./Kuhlmann, C./Nessel, I. (2008): PISA als bildungspolitisches Ereignis. Fallstudien in vier Bundesländern. Wiesbaden: VS-Verlag

Dagmar Killus

5 Lob und Tadel – Eltern beurteilen die Qualität von Schule und Unterricht

Die Frage nach der Qualität von Schule und Unterricht ist aktuell von großem allgemeinen Interesse. Das hängt nicht nur mit dem mäßigen Abschneiden deutscher Schülerinnen und Schüler in internationalen Vergleichsstudien zusammen. Ein rasanter gesellschaftlicher, technologischer und ökonomischer Wandel stellt Schulen vor neue Herausforderungen. Gleichzeitig müssen sie sich auf eine zunehmend heterogene Schülerschaft einstellen. Wie sehen nun Schulen aus, in denen Schülerinnen und Schüler optimal gefördert und gut auf ihr weiteres (Berufs-)Leben vorbereitet werden und die sie, was nicht ganz unerheblich ist, gerne besuchen? Hierzu soll im Folgenden die Sichtweise der Eltern nachgezeichnet werden. Konkret: Wie bewerten Eltern die Lehr-, Lern- und Erziehungsvoraussetzungen an Schulen? Wie nehmen sie die Lehrkräfte und Unterricht wahr? Welche Vorstellungen haben sie hinsichtlich zeitgemäßer und erfolgreicher Lernprozesse? Die Ergebnisdarstellung beginnt mit einer Einschätzung der Eltern, wie gerne ihr Kind zur Schule geht. Er schließt mit einem Vergleich eigener zurückliegender Schulerfahrungen mit der „Schule von heute". Bevor all diese Fragen beantwortet werden, soll in knapper Form skizziert werden, was im wissenschaftlichen Diskurs unter einer guten Schule und gutem Unterricht verstanden wird.

5.1 Was wissen wir über gute Schulen und guten Unterricht?

Mit der Frage, was genau die Qualität von Schule und Unterricht ausmacht, beschäftigt sich die nationale und internationale Schul- und Unterrichtsforschung seit den 1980er-Jahren. Eine eindeutige Beantwortung dieser Frage ist aus mehreren Gründen schwierig: Sie hängt unter anderem von der Schwerpunktsetzung ab, also davon, ob das Schulklima, Kompetenzen der Lehrkräfte, Unterrichtsprozesse oder Wirkungen auf die Schülerinnen und Schüler gemeint sind. Zudem spielen, wenn auf Wirkungen abgehoben wird, die angelegten Zielkriterien eine Rolle (z. B. fachliche Leistungen der Schülerinnen und Schüler oder schulisches Wohlbefinden). Aber auch wenn klar ist, was genau gemeint ist, führen unterschiedliche Wege zum Erfolg. Beispielsweise gibt es nicht *die* beste Unterrichtsmethode, sondern in der Regel mehrere Möglichkeiten, Schülerinnen und Schüler erfolgreich zu fördern. Bei aller Unterschiedlichkeit von Schwerpunktsetzungen und Einzelergebnissen ist es der empirischen Schul- und Unterrichtsforschung gelungen, einen gemeinsamen Kern von Schlüsselmerkmalen herauszupräparieren, mit denen sich gute Schulen und guter Unterricht kennzeichnen lassen (vgl. hierzu z. B. Altrichter et al. 2009, Helmke 2006). Die Erkenntnisse gehen auch in die Auswahlkriterien für den „Deutschen Schulpreis" ein, der von der Robert Bosch Stiftung und der Heidehof Stiftung gestiftet wird und mit dem seit 2006 besonders gute und engagierte Schulen ausgezeichnet werden. Die empirische

Schul- und Unterrichtsforschung hat – zumindest in der Vergangenheit – Qualität häufig einseitig an fachlichen Schülerleistungen festgemacht und sie hat folglich nach Prozessmerkmalen auf der Ebene der Schule und des Unterrichts gesucht, die mit den fachlichen Schülerleistungen in einem engen Zusammenhang stehen. Dagegen interessiert sich der Deutsche Schulpreis für die Qualität von Schulen als Ganzes: für die Leistungen der Lehrkräfte, der Schulen und der Schülerinnen und Schüler. Dabei werden sechs Qualitätsbereiche unterschieden (Fauser 2009, Fauser/Schratz 2008). Mit dem Schulpreis ausgezeichnet werden Schulen, die in allen Bereichen gut und mindestens in einem Bereich weit überdurchschnittlich abschneiden.

– *Leistung*: Schulen, die gemessen an ihrer Ausgangslage besondere Schülerleistungen im gesamten Fächerspektrum von den Kernfächern bis zum künstlerischen Bereich, im Sport oder in anderen wichtigen Bereichen (z. B. Projektarbeit oder Wettbewerbe) erzielen.

– *Umgang mit Vielfalt*: Schulen, die produktiv mit den unterschiedlichen Bildungsvoraussetzungen und Leistungsmöglichkeiten ihrer Schülerinnen und Schüler umgehen und zum Ausgleich von Benachteiligung beitragen.

– *Unterrichtsqualität*: Schulen, die dafür sorgen, dass Schülerinnen und Schüler ihr Lernen selber in die Hand nehmen, und die ein verständnisintensives und praxisorientiertes Lernen auch an außerschulischen Lernorten ermöglichen.

– *Verantwortung*: Schulen, die einen achtungsvollen Umgang miteinander, gewaltfreie Konfliktlösung und einen sorgsamen Umgang mit Sachen im Alltag verwirklichen und die Mitwirkung und demokratisches Engagement, Eigeninitiative und Gemeinsinn im Unterricht fordern und umsetzen.

– *Schulklima, Schulleben und außerschulische Partner*: Schulen, die ein gutes Klima und anregungsreiches Schulleben unter Einbeziehungen außerschulischer Personen und Institutionen pflegen.

– *Schule als lernende Institution*: Schule, die ergebnisorientierte Formen der Zusammenarbeit des Kollegiums, der Führung und des demokratischen Schulmanagements praktizieren und die die Motivation sowie die Professionalität ihrer Lehrkräfte planvoll fördern.

Im Falle des Deutschen Schulpreises obliegt die Bewertung der Qualität von Schule und Unterricht einer Jury, die sich aus Wissenschaftlern und Schulpraktikern zusammensetzt. Selbstverständlich können aber auch Eltern etwas zur Qualität von Schule und Unterricht sagen. Eltern beziehen über verschiedene Kanäle Informationen über die Schule und den Unterricht: Erzählungen ihrer Kinder, Einblicke in die Hausaufgaben, Teilnahme an Elternabenden, Mitwirkung an Gremien der Schule oder Gespräche mit Lehrkräften sowie anderen Eltern. Die Intensität des Austausches mag unterschiedlich sein, Eltern werden sich dennoch ein eigenes Bild von Schule und Lehrerarbeit machen. Sie bringen somit eine Außensicht auf Schule mit ein, die „Gradmesser" für die Qualität von Schule ist (Maag Merki 2000) und die gleichzeitig Impulse für die Qualitätsentwicklung geben kann. Wie Eltern verschiedene Qualitätsbereiche von Schule und Unterricht einschätzen, soll im Weiteren dargelegt werden. Zuvor soll allerdings die Frage behandelt werden, wie gerne Kinder und Jugendliche aus Sicht ihrer Eltern die Schule besuchen.

5.2   Schulfreude von Kindern und Jugendlichen aus Sicht der Eltern

Von Schulen wird erwartet, Lernumwelten so zu gestalten, dass sich die Schülerinnen und Schüler dort wohlfühlen. Schulfreude, verstanden als eine positive affektive Einstellung gegenüber der Schule, stellt einen Indikator für einen gelungenen pädagogischen Prozess dar und sollte deshalb im Sinne eines ‚Fieberthermometers' der psychischen Gesundheit im schulischen Lernfeld immer im Auge behalten werden (Fend/Sandmeier 2004). Schulfreude strahlt dabei auf eine Reihe weiterer Bereiche aus. Sie korreliert positiv mit der Einstellung gegenüber Lernen und Leistung sowie der Leistungsbereitschaft (ebd.). Mit anderen Worten: Je wohler sich die Schülerinnen und Schüler in der Schule fühlen, desto positiver sind sie Lernen und Leistung gegenüber eingestellt und desto mehr strengen sie sich an. Darüber hinaus weist die Schulfreude einen interessanten Zusammenhang zum devianten Verhalten in der Schule auf insofern, als Jugendliche, die mit der Schule zufrieden sind, regelmäßiger am Unterricht teilnehmen und seltener zu Gewalthandlungen neigen (Tillmann/ Meier 2001). Dieses Ergebnis stützt sich auf Daten der PISA-Studie. In diesem Rahmen wurde auch der Frage nachgegangen, ob Schülerinnen und Schüler, die sich in ihrem sozialen Schulkontext wohl fühlen, auch bessere fachliche Leistungen erzielen. Diese Annahme konnte nicht bestätigt werden (ebd.). Dies wird auch durch die Ergebnisse anderer Studien gestützt. Gute fachliche Leistungen können also mit Schulfreude, aber auch mit Schulverdrossenheit einhergehen. Auch wenn sich eine positive Einstellung gegenüber der Schule eher als nicht leistungsrelevant erweist, handelt es sich dennoch um einen wichtigen Qualitätsaspekt von Schule. Dafür sprechen die vielen anderen dargelegten positiven Effekte von Schulfreude.

Wie wohl sich Schülerinnen und Schüler in der Schule fühlen, ist nicht unabhängig davon, welche Schulform sie besuchen. Recht gut belegt ist, dass die Einstellungen gegenüber der Schule im Bereich der Grundschule positiver sind als im Bereich der weiterführenden Schule (z. B. Czerwenka et al. 1990). Hier können zunächst die mit einem Schulstufenwechsel verbundenen Veränderungen eine Rolle spielen, die bei den Schülerinnen und Schülern eine Art „Sekundarstufenschock" auslösen (Tillmann et al. 1984). Die Veränderungen sind vielfältig und gravierend: neue Lehrkräfte und Mitschüler, veränderter Leistungsanspruch, Fachlehrer statt Klassenlehrer, eine in der Regel größere Schule oder der längere Schultag. Diese Veränderungen erfordern Anpassungsleistungen, die vom Einzelnen gut oder weniger gut bewältigt werden. Das Absinken der Schulfreude in der weiterführenden Schule ist allerdings nicht nur auf einen solchen (vorübergehenden) „Sekundarstufenschock" in der Übergangsphase zurückzuführen. So belegen Untersuchungen, die sich mit der Entwicklung der Einstellung zur Schule im Laufe der Schulzeit beschäftigt haben, negative Veränderungen auch für die noch folgenden Klassenstufen (z. B. Fend 1997). Dies mag mit der beginnenden Pubertät und der damit einhergehenden Verlagerung von Interessen zusammenhängen. Der Umstand, dass Einbrüche in der Schulfreude jeweils nach Schulform unterschiedlich ausfallen, lässt allerdings Zweifel an einem ausschließlich naturgegebenen Alterseffekt aufkommen. Die Aufmerksamkeit wird dadurch eher auf pädagogische und schulkulturelle Bedingungen an den Schulen gelenkt. Die vorliegenden Befunde zur Schulfreude an verschiedenen weiterführenden Schulformen fallen dabei allerdings recht uneinheitlich aus (Czerwenka et al.

Abb. 5.1   Schulfreude des ältesten Kindes

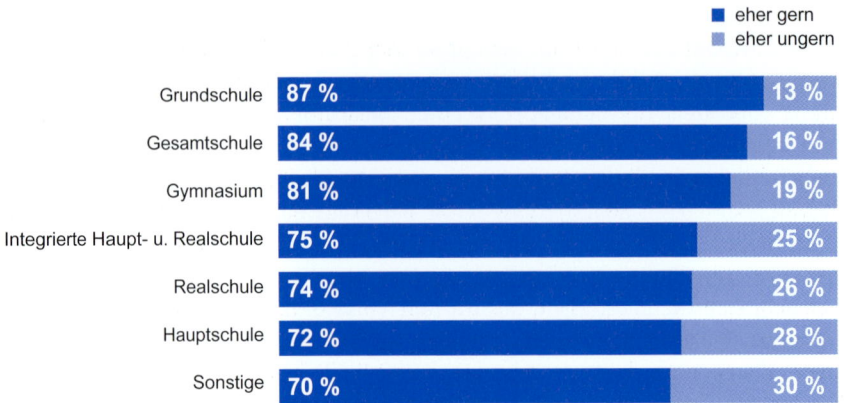

Frage: Geht Ihr Kind alles in allem „eher gern" oder „eher ungern" in die Schule?
n=2.523 Eltern eines schulpflichtigen Kindes

1990, Tillmann/Meier 2001). Das spricht dafür, dass hier auch Gegebenheiten an der Einzelschule durchschlagen.

Wie schätzen nun die Eltern die Schulfreude ihres Kindes ein? Hier waren die Eltern gebeten worden, für das jeweils älteste Kind anzugeben, ob es „eher gern" oder „eher ungern" in die Schule geht. Dass in die Bewertungen der Eltern eigene positive, aber auch leidvolle Erinnerungen an die eigene Schulzeit einfließen, kann nicht ausgeschlossen werden. Die Bewertungen der Eltern sollten die Schulfreude ihrer Kinder dennoch annäherungsweise wiedergeben. Betrachtet man die hierzu vorliegenden Daten, so zeigt sich, dass über alle Eltern eines schulpflichtigen Kindes hinweg, 80 % der Befragten der Meinung ist, dass ihr Kind „eher gern" zur Schule geht. Hinter diesem Durchschnittswert verbergen sich jedoch Verteilungsunterschiede, die mit der Schulform zusammenhängen, die das Kind besucht (siehe Abbildung 5.1). Der Prozentsatz der Schülerinnen und Schüler, die „eher gern" zur Schule gehen, ist – in Übereinstimmung mit den vorliegenden Forschungsbefunden – unter Grundschülern am höchsten (87 %), dicht gefolgt von Gesamtschülern an zweiter und Gymnasiasten an dritter Stelle (84 % bzw. 81 %). Der niedrigste Prozentwert entfällt mit nur 72 % auf Hauptschüler. Hier schließt sich die Frage an, welche pädagogischen, schulkulturellen oder anderen Bedingungen sich potenziell zugunsten der Schulfreude auswirken: Wie wohl fühlen sich die Schülerinnen und Schüler in ihrer Klasse? Wie gestaltet sich das Verhältnis zu ihren Lehrern? Wie stellt sich der Unterricht dar, den Schülerinnen und Schüler tagtäglich besuchen? Diese und ähnlich gelagerte Fragen sollen im Weiteren behandelt werden. Zunächst sollen aber die baulichen Voraussetzungen der Schulen betrachtet werden.

5.3   Bauliche Voraussetzungen der Schulen

Kinder und Jugendliche haben immer schon viel Zeit in der Schule verbracht. Entwicklungen wie z. B. die Schulzeitverkürzung bis zum Abitur oder der Ausbau des Ganztagsschulbereichs führen dazu, dass sich Schülerinnen und Schüler künftig noch länger als bisher in der Schule aufhalten. Umso wichtiger ist es, dass die Schulgebäude eine Umgebung bieten, die Lern- und Lebensraum zugleich ist. Gewisse Rückschlüsse hierauf lassen die Antworten der Eltern auf die Frage zu, wie gut sie die baulichen Voraussetzungen der Schule ihres Kindes beurteilen. Hierzu wurden den Eltern mehrere Eigenschaften vorgegeben, für die sie angeben sollten, ob sie zutreffen. Dabei bezieht sich die Frage auf die baulichen Voraussetzungen der Schule bzw. des Kindergartens. Weil der Fokus dieses Beitrags auf Schule liegt, sollen die Antworten derjenigen Eltern betrachtet werden, die ausschließlich schulpflichtige Kinder haben. Die beiden anderen Gruppen (d. h. Haushalte mit ausschließlich Vorschul- bzw. Kindergartenkinder sowie Haushalte mit Vorschul- bzw. Kindergartenkindern *und* mit Schulkindern) werden nicht berücksichtigt. Nur durch deren Ausschluss lässt sich gewährleisten, dass sich die Eltern ausschließlich auf die baulichen Voraussetzungen der Schule beziehen. Wie Tabelle 5.1 zu entnehmen ist, bescheinigen 71 % der befragten Eltern der Schule ihres Kindes bzw. ihrer Kinder einen guten baulichen Zustand. Gut zwei Drittel der Befragten (64 %) bezeichnen auch die technische Ausstattung der Schulen als gut. Was genau die technische Ausstattung ausmacht, wurde nicht erfragt. Es ist zu vermuten, dass sich die Eltern hier auf die Ausstattung der Schulen mit Computern oder Internetzugang sowie die Ausstattung mit Fachräumen beziehen (z. B. naturwissenschaftliche Laborplätze, Werkstätten für Holz oder Elektronik sowie Kunstateliers). Schließlich sind zwei Drittel der Eltern mit dem Zustand der sanitären Anlagen zufrieden und ebenso viele bestätigen das Vorhandensein einer Kantine oder einer Mensa.

Tab. 5.1   Bauliche Voraussetzungen der Schule

Bauliche Voraussetzungen	Haushalte mit ausschließlich schulpflichtigen Kindern (n=2.063)
guter baulicher Zustand	**71 %**
gute technische Ausstattung	**64 %**
saubere Toiletten	**62 %**
Kantine oder Mensa	**60 %**
nichts davon	**6 %**
weiß nicht, keine Angabe	**–**

Frage: Wie würden Sie die baulichen Voraussetzungen der Schule Ihres Kindes beurteilen? Welche Eigenschaften treffen zu?
n=2.063 Eltern aus Haushalten mit ausschließlich schulpflichtigen Kinder

Bei den angesprochenen baulichen Voraussetzungen von Schulen handelt es sich ausschließlich um nüchtern-funktionale Aspekte der Bauwerke. Ob die Gestaltung und Ausstattung der Schulen auch modernen pädagogischen Ansprüchen genügt, kann anhand unserer Daten nicht gesagt werden. Soweit der Außenbereich von Schule betroffen ist, gehören dazu idealerweise Sport- und Spielfelder, Grünflächen oder Schulgärten, die abwechslungsreiche Aufenthaltsmöglichkeiten, aber auch Lerngelegenheiten bieten. Soweit der Innenbereich von Schule betroffen ist, gehören dazu idealerweise bewegliche Zwischenwände, die Gruppenarbeit in unterschiedlich großen Gruppen oder individualisiertes Arbeiten ermöglichen, leicht zu bewegendes und frei kombinierbares Mobiliar, eine gut strukturierte Lernumgebung (z. B. nach Sachgebieten geordnete Materialien) sowie Rückzugsmöglichkeiten zum Lesen, Toben, Verweilen, Reden oder Entspannen. Eine gewisse Berühmtheit hat der „Snoezelen-Raum" erreicht, den die mit dem Deutschen Schulpreis ausgezeichnete Grundschule Kleine Kielstraße in Dortmund eingerichtet hat (Fauser/Prenzel/Schratz 2007). Der Snoezelen-Raum („snoezelen" kommt aus dem Holländischen und bedeutet soviel wie „schnuppern" und „dösen") ist zu großen Teilen mit einem Wasserbett ausgefüllt, Projektoren und eine drehende Spiegelkugel erzeugen Lichteffekte an der Raumdecke und im Hintergrund läuft beruhigende Musik. Diejenigen Kinder, die Ruhe benötigen, erhalten hier eine Rückzugsmöglichkeit vom turbulenten (Schul-) Alltag.

5.4   Lehr-, Lern- und Erziehungsvoraussetzungen in der Schule

Nach der Betrachtung der baulichen Voraussetzungen soll nun die Aufmerksamkeit auf solche Lehr-, Lern- und Erziehungsvoraussetzungen gelenkt werden, die mit den an den Schulen ablaufenden pädagogischen Prozessen in einem sehr unmittelbaren Zusammenhang stehen. Das Spektrum der Voraussetzungen, die im Weiteren thematisiert werden, ist dabei recht breit: von der Klassengemeinschaft über die Betreuung der Schülerinnen und Schüler durch die Lehrkraft sowie den Einsatz zeitgemäßer Unterrichtsmethoden bis hin zu institutionellen Kontextbedingungen wie Klassengröße und Unterrichtsausfall. Hierzu wurde den Eltern schulpflichtiger Kinder die folgende Frage gestellt: „Wie beurteilen Sie die Lehr-, Lern- und Erziehungsvoraussetzungen in der Schule Ihres Kindes? Was trifft da zu?" Dabei ist herausgekommen, dass die Klassengemeinschaft am besten abschneidet (siehe Abbildung 5.2): 80 % der befragten Eltern bezeichnen die Klassengemeinschaft als gut. Dies ist positiv insofern, als Kinder und Jugendliche in zentralen Bereichen ihrer sozialen, aber auch kognitiven Entwicklung auf gut funktionierende soziale Beziehungen mit Gleichaltrigen angewiesen sind. Sie ermöglichen es, Normen auszuhandeln, gemeinsam zu arbeiten und zu spielen, Nähe und Vertrauen zu erleben, Perspektiven von anderen zu übernehmen, tragfähige Lösungen im Falle von Konflikten auszuhandeln oder Verantwortung zu übernehmen.

Die Betreuung der Schülerinnen und Schüler durch die Lehrkraft wird – mit 78 % – von fast genauso vielen Eltern für gut befunden wie die Klassengemeinschaft. Betreuung weist im Grunde über das Unterrichten als Kernbereich der Lehrertätigkeit hinaus. Während die Lehrkraft beim Unterrichten in erster Linie ihre didaktisch-methodischen Fähigkeiten hinsichtlich der Vermittlung von Fachwissen und der Gestaltung von Lernprozessen unter Beweis stellt, lässt die Betreuung der Schülerinnen und Schüler durch die Lehrkraft auch Rückschlüsse auf ihre pädagogisch-erzieherischen Fähigkeiten zu. Die zeigen sich in der Art und Weise des Umgangs mit Schülerinnen und Schülern und der Qualität der sozialen Beziehungen. Gute Lehrer verstehen es, eine freundliche und unterstützende Atmosphäre zu verbreiten, auf Belange der Kinder und Jugendlichen intensiv einzugehen, Hilfen bei schulischen, aber auch anderen Schwierigkeiten zu geben sowie auf Unterschiede – z. B. kultureller oder ethnischer Art – Rücksicht zu nehmen. All dies sind Voraussetzungen dafür, dass guter Unterricht überhaupt stattfinden kann. Die Tatsache, dass die große Mehrheit der Eltern die Betreuung ihrer Kinder durch die Lehrkräfte als gut bewertet, kann vor diesem Hintergrund jedenfalls positiv gesehen werden.

Abb. 5.2   Lehr-, Lern- und Erziehungsvoraussetzungen in der Schule

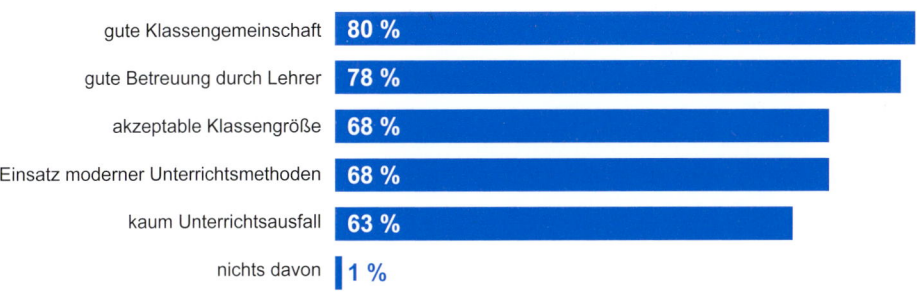

Frage: Und wie beurteilen Sie die Lehr-, Lern- und Erziehungsvoraussetzungen in der Schule Ihres Kindes? Was trifft da zu?
n=2.523 Eltern eines schulpflichtigen Kindes

Allem Anschein nach werden die pädagogisch-erzieherischen Fähigkeiten von Lehrkräften etwas positiver wahrgenommen als die didaktisch-methodischen Fähigkeiten. Während 78 % der Eltern die Betreuung durch die Lehrkraft als gut bewerten, sind nur 68 % der Meinung, dass moderne Unterrichtsmethoden eingesetzt werden. Moderne Unterrichtsmethoden haben nur noch wenig zu tun mit dem traditionellen Frontalunterricht, der stark lehrergeleitet ist und in dem Schülerinnen und Schüler hauptsächlich rezeptiv-passiv lernen und im Gleichschritt voranschreiten. Moderne Unterrichtsmethoden gehen – gestützt auf Erkenntnisse der pädagogisch-psychologischen Lernforschung – vielmehr davon aus, dass Lernen ein aktiver und konstruktiver Prozess ist. Unterricht wird dabei stärker vom Lernen als vom Lehren her organisiert und unterstützt dadurch die Aktivierung der Schülerinnen und Schüler und deren Selbstständigkeit. Regen die Lernangebote und Aufgabenstellungen außerdem zum entdeckenden und forschenden Lernen an und ermöglichen sie die Anwendung von Wissen in lebensnahen und problemorientierten Lernkontexten, eröffnen sich Chancen für ein verstehensintensives und nachhaltiges Lernen. Das Spektrum der dafür geeigneten Lernarrangements und didaktisch-methodischen Möglichkeiten ist recht groß. Hierzu zählt eine Aufgabenkultur, die Lernangebote bereithält, die Schülerinnen und Schüler interessieren, die kognitiv anregend wirken, die zum

Austausch von Meinungen und Konzepten sowie zum Begründen von Lösungswegen anregen. Unterricht in dem oben skizzierten Sinne umfasst des Weiteren verschiedene Formen offenen Unterrichts: z. B. Freie Arbeit, Wochenplanarbeit, Stationenarbeit, fächerübergreifendes Lernen oder Projektarbeit. Sehr weitreichend sind Konzepte, die auf einen kompletten Umbau der Lehrpläne hinauslaufen insofern, als Fächer zugunsten von Lernbereichen aufgehoben werden. Diesen Weg geht die Max-Brauer-Schule in Hamburg, die ebenfalls mit dem Deutschen Schulpreis ausgezeichnet wurde. An dieser Schule lernen die Kinder und Jugendlichen in Lernbüros, Projekten und Werkstätten (Fauser/Prenzel/Schratz 2007). Im Lernbüro erwerben die Schülerinnen und Schüler Basiskompetenzen in den Bereichen Deutsch, Mathe und Fremdsprachen. Dabei plant jede Schülerin, jeder Schüler mit Unterstützung der Lehrkraft die eigenen Lernvorhaben, führt sie selbstständig durch und reflektiert sie abschließend. Solche Phasen individuellen selbständigen Lernens wechseln ab mit Phasen, in denen die Lehrkraft in ein neues Thema einführt, sowie mit Phasen, in denen die Schüler mit- und voneinander lernen. In Projekten steht das fächerübergreifende Lernen im Mittelpunkt. Komplexe Themen, die sowohl für die Schüler als auch für die Gesellschaft relevant sind, werden aus verschiedenen Blickrichtungen betrachtet und selbständig forschend bearbeitet. Anders als im Lernbüro wird in den Projekten von Anfang an gemeinsam an einem Thema gearbeitet und die Ergebnisse von der Gruppe verantwortet. Lernen in Werkstätten heißt, dass die Schüler aus einem teils verpflichtenden, teils freien Werkstattangebot Werkstätten auswählen (z. B. Fahrradwerkstatt, Zeichenkurse, Instrumentalkurse oder Forscherlabor). Im Vordergrund stehen hierbei ein interessengeleitetes, praxisorientiertes und forschendes Lernen und Arbeiten.

Die Bedeutung eines solchen offenen schüleraktivierenden Unterrichts wird gestützt durch Befunde der empirischen Unterrichtsforschung zum wirksamen Unterricht (Helmke 2006). Die Befunde machen aber gleichzeitig deutlich, dass Lernerfolg auch von einem stärker lehrergeleiteten Unterricht abhängt, der Wert legt auf klar strukturierte Lernerfahrungen, eine hohe Relevanz des Lernstoffs oder eine kontinuierliche Überwachung der Lernprozesse und -ergebnisse. Einem weit verbreiteten Verständnis widersprechend muss also davon ausgegangen werden, dass sich schüleraktivierendes Lernen einerseits und lehrergeleiteter Unterricht andererseits nicht gegenseitig ausschließen, sondern vielmehr wechselseitig ergänzen (Weinert 1998).

Wie bewerten Eltern – über Klassengemeinschaft, Betreuung und Aspekte von Unterricht hinaus – nun institutionelle Kontextfaktoren? Hierzu gehört unter anderem die Klassengröße, über die immer wieder heftig diskutiert wird. Dabei ist die Annahme weit verbreitet, dass Schülerinnen und Schüler in kleineren Klassen bessere Leistungen erzielen, weil die Lehrkraft intensiver auf sie eingehen kann und sich anspruchsvollere, vor allem individualisierende Formen des Lernens leichter realisieren lassen. Hier stellt sich zunächst die Frage, wie groß Klassen aktuell überhaupt sind. Nach Informationen der Statistischen Ämter des Bundes und der Länder (2010) betrug im Jahr 2008 die durchschnittliche Klassengröße an öffentlichen Primarschulen 22 Schüler und Schülerinnen. Im Ländervergleich wies Hamburg mit 24 Schülern die höchste Klassengröße und Sachsen-Anhalt mit 18 Schülern die niedrigste Klassengröße auf. Etwas größer sind dagegen die Klassen an öffentlichen Sekundarschulen (Klassen 5 bis 10): Die durchschnittliche Klassengröße betrug hier 25 Schüler, wobei Nordrhein-Westfalen mit 27 Schülern die höchste Klassengröße und Thüringen mit 19 Schülern die niedrigsten Klassengröße zeigte. Dabei soll nicht unerwähnt bleiben, dass die dargelegten Durchschnittswerte selbstverständlich die Möglichkeit mit einschließen, dass die Klassengröße an einzelnen Schulstandorten deutlich höher liegt. Vor diesem Hintergrund ist nun die Frage interessant, wie Eltern die Klassengröße ihrer Kinder bewerten. Wie Abbildung 5.2 zu entnehmen ist, bezeichnen 68 % der Eltern die Klassengröße ihrer Kinder als „akzeptabel". Diese Bewertung fällt recht positiv aus. Ein sehr dringender Handlungsbedarf lässt sich hieraus jedenfalls nicht ableiten. Der Mehrheit von 68 % stehen jedoch 32 % der Eltern gegenüber, die die Klassengröße als nicht akzeptabel bezeichnen. Angesichts der weit verbreiteten Annahme über die Vorteile kleiner Klassen ist davon auszugehen, dass sich diese Eltern für ihre Kinder kleinere Klassen wünschen. Dieser Wunsch ist einerseits durchaus verständlich. Andererseits muss entgegengehalten werden, dass sich die großen Hoffnungen, die Eltern (aber auch Lehrkräfte) in eine Reduzierung der Klassengröße setzen, wissenschaftlich nicht stützen lassen. Beispielsweise konnte auf der Grundlage von Daten aus der Internationalen Grundschul-Lese-Untersuchung (IGLU) ein Einfluss der Schülerzahl auf die Schülerleistung nicht nachgewiesen werden (Lankes/Carstensen 2010). Dieses Ergebnis wird durch Ergebnisse zahlreicher anderer Studien bestätigt (zusammenfassend: im Brahm 2006). Schülerinnen und Schüler lernen in kleineren Klassen also nicht automatisch besser. Entscheidender ist vielmehr, inwieweit Lehrkräfte die Chancen nutzen, die kleinere Klassen bieten. Diese Chancen bleiben, wie eine an Essener Grundschulen durchgeführte Studie zeigen konnte, eher ungenutzt (im Brahm 2006). Danach kommen z. B. Gruppenarbeit oder inhaltliche Differenzierungen bei Lehrkräften, die in großen Klassen unterrichten, in etwa genauso häufig vor wie bei Lehrkräften, die in kleinen Klassen unterrichten. Eine Verkleinerung der Klassengröße macht also nur dann Sinn, wenn Lehrkräfte zusätzlich gezielte Fortbildung erhalten.

Der Unterrichtsauffall stellt neben der Klassengröße eine weitere institutionelle Kontextbedingung dar. Insgesamt 63 % der Eltern stellen hierzu fest, dass es „kaum" Unterrichtsausfall gibt, wogegen 37 % der Eltern im Ausfall von Stunden offenbar ein Problem sehen. Wie Eltern diese Frage beantworten, hängt dabei stark davon ab, welche Schulform ihr Kind besucht. Weiterführende Analysen ergaben, dass von den Eltern mit mindestens einem Kind in der Grundschule 73 % angeben, dass es kaum Unterrichtsaufall gibt. Von Eltern mit mindestens einem Kind in der weiterführenden Schule sind es nur noch 55 %. Unterrichtsausfall hat demnach an weiterführenden Schulen eine größere Brisanz als an Grundschulen.

Eltern nehmen die Lehr-, Lern- und Erziehungsvoraussetzungen in der Schule in Abhängigkeit von den eigenen Erfahrungen und Lebensumständen mitunter anders wahr. Nennenswerte Unterschiede ergeben sich, wenn das Antwortverhalten von Eltern mit deutscher und mit türkischer Staatsangehörigkeit miteinander verglichen wird. Wie Abbildung 5.3 zu entnehmen ist, kommt die Betreuung durch die Lehrkraft bei türkischen Eltern schlechter weg: Nur 60 % der türkischen Eltern sind der Auffassung, dass die Betreuung ihrer Kinder durch die Lehrkräfte gut ist, wogegen es bei den deutschen Eltern mit 78 % deutlich mehr sind. Über die Gründe für das Antwortverhalten kann nur spekuliert werden. Möglicherweise spiegelt sich in dem Ergebnis für die türkischen Eltern die Erfahrung wider, dass Lehrkräfte kulturellen und sprachlichen Differenzen nicht angemessen Rechnung tragen oder ihre Kinder in der Schule Diskriminierungen ausgesetzt sind. Umgekehrt ist das

Abb. 5.3   Lehr-, Lern- und Erziehungsvoraussetzungen in der Schule (nach Staatsangehörigkeit)

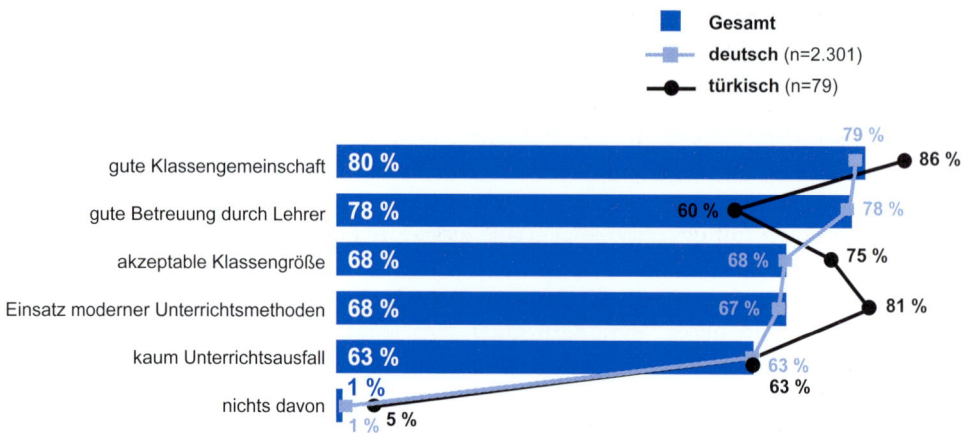

Frage: Und wie beurteilen Sie die Lehr-, Lern- und Erziehungsvoraussetzungen in der Schule Ihres Kindes? Was trifft da zu?
n=2.523 Eltern eines schulpflichtigen Kindes

Antwortverhalten bei der Frage, ob moderne Unterrichtsmethoden eingesetzt werden. Das bestätigen 81 % der türkischen Eltern und nur 67 % der deutschen Eltern. Dass mehr türkische Eltern die in der Schule praktizierten Unterrichtsmethoden als modern bezeichnen, hängt unter Umständen mit pädagogischen Leitvorstellungen zusammen, die durch das Herkunftsland und den kulturellen Kontext geprägt sind. Vielleicht spielt hier die Bevorzugung eines direktiveren gegenüber eines dialogisch-offenen Erziehungsstils eine Rolle, vielleicht lässt sich aus Sicht der türkischen Eltern eine Leistungsorientierung, wie sie in türkischen Familien häufig zu beobachten ist (Karakaşoğlu/Öztürk 2007; vgl. hierzu auch den Beitrag von Tillmann, Kap. 4.2.1), mit modernen Unterrichtsmethoden nicht vereinbaren. All das können Gründe dafür sein, dass die Diskussion um eine notwendige Öffnung von Unterricht türkische Familien noch nicht in dem Umfang erreicht wie deutsche Familien. Eine Stärkung moderner Unterrichtsmethoden erscheint ihnen deshalb weniger dringend.

5.5   Und noch weitere Aspekte des Lehrerhandelns …

Im Zusammenhang mit den Lehr-, Lern- und Erziehungsvoraussetzungen in der Schule wurden bereits zentrale Aspekte des Lehrerhandelns betrachtet: die Betreuung der Schülerinnen und Schüler durch die Lehrkraft und der Einsatz moderner Unterrichtsmethoden. Das Thema Lehrerhandeln wurde im Rahmen der Elternbefragung noch ein zweites Mal aufgegriffen. Hierbei waren die Eltern gebeten worden, die folgende Frage zu beantworten: „Welche Aussagen beschreiben Ihrer Meinung nach überwiegend die Lehrer in der Schule Ihres Kindes?" Inhaltlich bezogen sich die Aussagen auf die Gerechtigkeit und das Engagement der Lehrkräfte sowie auf deren Umgang mit Heterogenität. Auch diese Frage bezog sich – wie schon bei den baulichen Voraussetzungen – auf Schule und Kindergarten. Hier sollen wiederum nur die Antworten derjenigen Eltern betrachtet werden, die ausschließlich schulpflichtige Kinder haben. Nur so kann sichergestellt werden, dass sich die Eltern tatsächlich auf Lehrkräfte (und nicht auf Erzieher) beziehen. Die Ergebnisse werden in Tabelle 5.2 präsentiert. Hier fällt zunächst auf, dass die große Mehrheit der Eltern der Meinung ist, die Lehrkräfte würden ihre Kinder gerecht behandeln: in dieser Hinsicht äußern sich 76 % der Eltern. Dieses Ergebnis passt im Grunde gut zu der überwiegend positiven Bewertung der Betreuung der Schüler durch die Lehrkraft. Interessante Prozentwertdifferenzen treten allerdings auf, wenn wiederum die Eltern mit deutscher denen mit türkischer Staatsangehörigkeit gegenübergestellt werden. Auf der Basis der Haushalte mit ausschließlich schulpflichtigen Kindern zeigt sich, dass 76 % der deutschen Eltern der Meinung sind, die Lehrkräfte behandeln ihre Kinder gerecht, wogegen es bei den türkischen Eltern nur noch 46 % sind. Dieses Ergebnis muss mit aller Vorsicht betrachtet werden, weil sich die ohnehin kleine Stichprobe der türkischen Eltern durch die Selektion (Haushalte mit ausschließlich schulpflichtigen Kindern) noch einmal verkleinert hat (n=41). Die vergleichsweise niedrigen Prozentwerte für türkische Eltern sowohl bei der Frage nach der Betreuung der Kinder als auch bei der Frage, ob ihre Kinder von Lehrkräften gerecht behandelt werden, müssen dennoch zu denken geben. Dass sich hier negative Erfahrungen der Eltern hinsichtlich des Umgangs der Schule mit kultureller und sprachlicher Differenz ebenso spiegeln wie die Erfahrung von Diskriminierung, ist jedenfalls nicht ganz abwegig.

Tab. 5.2   Aspekte des Lehrerhandelns

Aspekte des Lehrerhandelns	Haushalte mit ausschließlich schulpflichtigen Kindern (n=2.063)
Lehrkräfte behandeln die Kinder im Grunde gerecht	**76 %**
Lehrkräfte sind sehr engagiert	**70 %**
Lehrkräfte erkennen die Stärken der Kinder und fördern sie	**59 %**
Lehrkräfte tun alles, damit auch die Schwächeren mitkommen	**55 %**
weiß nicht, keine Angabe	**7 %**

Frage: Welche Aussagen beschreiben Ihrer Meinung nach überwiegend die Lehrer in der Schule Ihres Kindes?
n=2.063 Eltern aus Haushalten mit ausschließlich schulpflichtigen Kinder

Ebenfalls recht gut bewertet wird – nach der Gerechtigkeit der Lehrkräfte – deren Engagement. Immerhin 70 % der befragten Eltern geben an, dass sie die Lehrkräfte in der Schule ihres Kindes überwiegend als sehr engagiert wahrnehmen. Das ist ein zufriedenstellendes Ergebnis, wenn man sich die vielen negativen Zuschreibungen vergegenwärtigt, die das öffentliche Bild des Lehrerberufs prägen. Lehrkräften wird in diesem Zusammenhang immer wieder eine geringe Einsatzfreude attestiert. Das drückt sich auch in weiteren, durchaus verbreiteten Pauschalurteilen über die Lehrerschaft aus: z. B. „Halbtagsjobber" oder „Freizeitkönige der Nation". Anscheinend muss zwischen dem persönlichen Lehrerbild der Eltern und dem öffentlichen Lehrerbild genau differenziert werden. Während sich das persönliche Lehrerbild von Eltern auf (positive) Erfahrungen mit Lehrkräften stützt, die sie von den eigenen Kindern kennen, scheint in das öffentliche Lehrerbild – über persönliche Erfahrungen mit Lehrkräften hinaus – noch mehr einzugehen. Was könnte dieses „mehr" sein? Es ist plausibel, dass sich in dem öffentlichen Lehrerbild eine Unzufriedenheit mit dem Schulsystem und dessen Funktionieren bzw. Nicht-Funktionieren spiegelt (Roitsch 2010). Vom Schulsystem ungelöste Probleme (z. B. Unterrichtsausfall oder Herstellung von Chancengleichheit), die nur sehr begrenzt in der direkten Reichweite pädagogischen Lehrerhandelns liegen, werden dabei dem ganzen Berufsstand angelastet.

Neben der Frage, ob die Lehrkräfte gerecht und engagiert sind, wurden schließlich Fragen gestellt, die Rückschlüsse auf den adäquaten Umgang der Lehrkräfte mit heterogenen Schülergruppen zulassen. Inzwischen besteht breiter Konsens dahingehend, dass Schule Unterschiede in der Begabung, der Herkunft, des kulturellen Hintergrunds, des Geschlechts, der Leistung oder der Interessen Rechnung tragen muss. In der Verbesserung des Umgangs mit einer solchen Differenz liegt, wie Jürgen Baumert aus den desillusionierenden PISA-Befunden folgert, die eigentliche Herausforderung der Modernisierung des Schulsystems (Baumert 2002). Aus dem Postulat nach einem besseren Umgang mit heterogenen Schülergruppen ergeben sich für Lehrkräfte gleich mehrere Anforderungen. Sie müssen zunächst den Lernstand und die Lernvoraussetzungen einer jeden Schülerin, eines jeden Schülers möglichst genau und fortlaufend erfassen und daraus ein individuelles Profil der Stärken und Schwächen ableiten. Mit anderen Worten: Lehrkräfte benötigen eine ausgeprägte diagnostische Kompetenz. Aus den gewonnen diagnostischen Erkenntnissen leiten Lehrkräfte dann Konsequenzen für ihr didaktisches Handeln ab. Unterricht muss dabei in mehrfacher Hinsicht den jeweiligen Lernvoraussetzungen, -bedürfnissen und -möglichkeiten der Schülerinnen und Schüler angepasst werden: z. B. durch Variation der Lernziele, der Inhalte, der Materialien, der Arbeitsmethoden, dem Lerntempo, dem Umfang der Lernunterstützung sowie dem Grad der Selbständigkeit oder der Wahlfreiheit. Während im *differenzierenden* Unterricht üblicherweise mehrere Schüler mit vergleichbarer Ausgangslage dasselbe Lernangebot erhalten, geht der *individualisierende* Unterricht einen Schritt weiter (zur Unterscheidung der Begriffe: Kunze 2008). Er hält für jede einzelne Schülerin, jeden einzelnen Schüler ein individuell zugeschnittenes Lernangebot bereit, das es ihr, ihm ermöglicht, einen eigenen Lernweg zu beschreiten. Wie eine solch konsequente Form der Individualisierung in der Praxis realisiert werden kann, wurde an anderer Stelle am Beispiel der Max-Brauer-Schule in Hamburg skizziert.

Hier schließt sich die Frage an, wie die befragten Eltern den Umgang der Lehrkräfte mit heterogenen Lernvoraussetzungen bewerten. Tabelle 5.2 ist zu entnehmen, dass nur 59 % der Eltern der Meinung sind, dass die Lehrkräfte die Stärken der Kinder erkennen und fördern. Etwas weniger, nämlich 55 %, geben an, dass die Lehrkräfte alles tun, damit auch die Schwächeren mitkommen. Weiterführende Analysen ergaben wiederum ein differenziertes Bild: Von den Eltern, von denen mindestens ein Kind die Grundschule besucht, geben 65 % an, dass die Lehrkräfte die Stärken der Kinder erkennen und fördern. Von den Eltern mit mindestens einem Kind in der weiterführenden Schule sind es nur 53 %. Vergleichbare Verteilungsunterschiede zeigen sich auch bei der zweiten Frage. Von den Eltern, von denen mindestens ein Kind die Grundschule besucht, sind 63 % der Meinung, dass Lehrkräfte alles tun, damit auch die Schwächeren mitkommen. In der Gruppe der Eltern mit mindestens einem Kind in der weiterführenden Schule sind es dagegen nur 49 %.

Der Umgang der Lehrkräfte mit heterogenen Schülergruppen wird also insgesamt schlechter bewertet als die anderen bereits thematisierten Aspekte des Lehrerhandelns. Dieser Befund findet Entsprechung in den Ergebnissen, die in dem Beitrag von Tillmann berichtet werden. Gefragt nach der Realisierung bildungspolitischer Ziele sehen Eltern eine individuelle Förderung kaum realisiert. Gleichzeitig sehen Eltern hierin einen wichtigen Ansatzpunkt für die Verbesserung der Schule (vgl. Beitrag von Tillmann, Kap. 4.2.2). Gestützt wird die Elternsicht durch Ergebnisse einer aktuelleren empirischen Lehrerbefragung, die unter anderem darauf zielte, den Stand einer individuellen Förderung an Schulen der Sekundarstufe I zu erfassen (Solzbacher 2008). Von den im Rahmen der Untersuchung befragten Lehrkräfte gaben die meisten an, in ihrem Unterricht nur „gelegentlich" auf Instrumente oder Maßnahmen einer individuellen Förderung zurückzugreifen. Hierunter fallen z. B. individualisierte oder differenzierende Aufgaben, Wochenplanarbeit oder Freiarbeit. Einigermaßen „regelmäßig" wurde dagegen nur das Instrument des Förderunterrichts eingesetzt, der zusätzlich zum Regelunterricht angeboten wird und Schülern mit Lernschwierigkeiten die Möglichkeit geben soll, ihre Lücken mit Hilfe spezifischer und zusätzlicher Lernangebote zu schließen. Die Ergebnisse zeigen einen dringenden Veränderungsbedarf an. Der unzureichende Umgang mit heterogenen Schülergruppen darf dabei aber nicht allein den Lehrkräften angelastet werden. Die Gestaltung von Unterricht hängt auch von unterstützenden strukturellen Gegebenheiten der Schule ab (z. B. Lehrerkooperation, angemessene Arbeitsmaterialien oder Aufhebung des „45-Minuten-Rhythmus") und natürlich auch von Lerngelegenheiten für die Lehrkräfte in Form gezielter Fortbildungsangebote. All diese Maßnahmen eröffnen Chancen, Maßnahmen einer individuellen Förderung institutionell an der Schule zu verankern und mittel- und langfristig zu einer generellen Veränderung der Lernkultur beizutragen. Ein Förderunterricht, der additiv zum Regelunterricht angeboten wird und den Lehrkräften die Verantwortung für eine gezielte individuelle Unterstützung von Schülern im eigenen Unterricht abnimmt, ist dafür nur bedingt geeignet.

5.6 Vorstellungen von Eltern hinsichtlich eines zeitgemäßen Lehrplans

Im Folgenden soll nun die Frage behandelt werden, welche Fächer bzw. Wissensgebiete Eltern als sinnvoll und schulisch tauglich erachten. Der Blickwinkel ändert sich somit in zweifacher Hinsicht: Es geht nicht (wie in den bisherigen Ausführungen) um die Frage, *wie* Inhalte vermittelt werden sollen, sondern um die Frage, *was* Schüler und Schülerinnen durch Unterricht eigentlich erlernen sollen. Außerdem sollen die Eltern nicht den tatsächlichen Stellenwert verschiedener Fächer oder Wissensgebiete in Schule und Unterricht bewerten, sondern ihre Vorstellungen

hinsichtlich eines zeitgemäßen Lehrplans mitteilen. Die entsprechende Frage lautete folgendermaßen: „Was wäre für Sie ein zeitgemäßer Lehrplan? Welche der folgenden Fächer würden für Sie dazugehören?" Vorgegeben wurde den Eltern eine Reihe
unterschiedlicher Fächer bzw. Wissensgebiete: von kulturellen Basiskompetenzen, die
Zugang zu Kulturgütern und somit die aktive Teilhabe am gesellschaftlichen Leben
ermöglichen, über Inhalte mit starkem Lebens- und Arbeitsweltbezug bis hin zu
Religion und alten Sprachen, Inhalte also, über deren Berechtigung als Schulfach in
der Vergangenheit immer wieder kontrovers diskutiert wurde. Die Ergebnisse, die
im Weiteren berichtet werden, beziehen sich auf die Gesamtstichprobe der Eltern
(N=3.000). Neben Eltern mit schulpflichtigen Kindern gehen also auch die Eltern ein,
deren Kinder den Kindergarten oder die Vorschule besuchen.

Abb. 5.4   Zusammensetzung eines zeitgemäßen Lehrplans

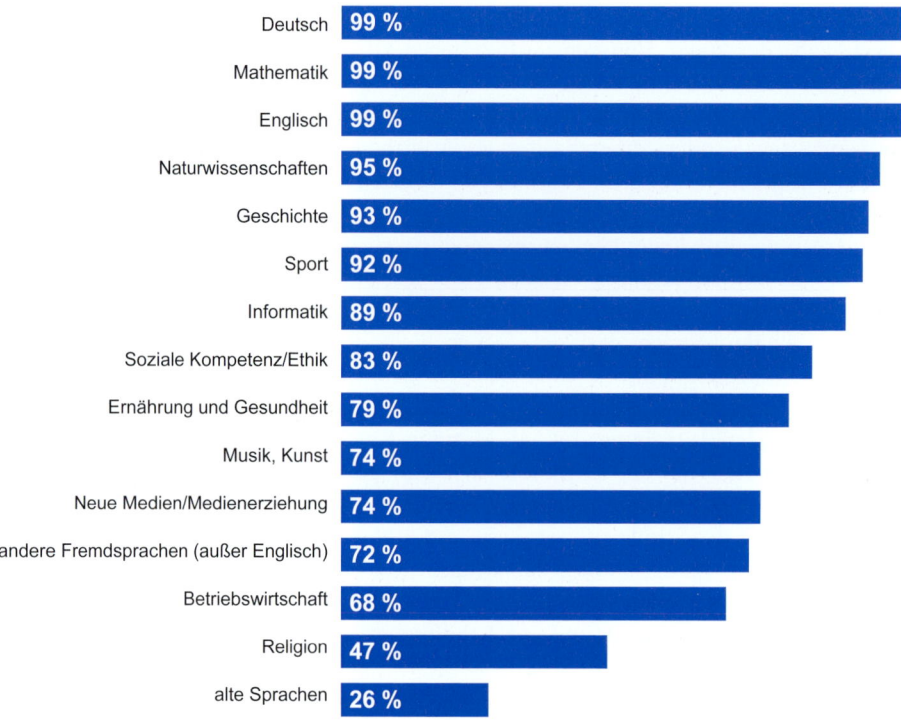

**Frage: Was wäre für Sie ein zeitgemäßer Lehrplan? Welche der folgenden Fächer würden
          für Sie dazugehören?
N=3.000 Befragte**

Wie die Abbildung 5.4 zeigt, gibt es eine Reihe von Fächern, die aus Sicht fast aller Eltern in einen zeitgemäßen Lehrplan hineingehören. Es handelt sich hierbei um
sogenannte kulturelle Basiskompetenzen wie Lesen, Schreiben, Rechnen, moderne Fremdsprachen (Englisch) und Naturwissenschaften. Diese Fächer geben zwischen 99 % und 95 % der befragten Eltern an. Recht hohe Zustimmung erhalten –
mit Prozentwerten zwischen 93 % und 89 % – auch die Fächer Geschichte, Sport

und Informatik. Bei den bislang genannten Fächern handelt es sich ganz überwiegend um Fächer, die den traditionell gewachsenen Kanon der Schulfächer ausmachen. Eine Ausnahme bildet die Informatik im Sinne eines kompetenten Umgangs mit Informationstechnologien. Dieser sehr dynamische Bereich gewinnt zunehmend an Bedeutung, was damit zusammenhängt, dass informationstechnologische Kompetenz z. B. den Zugang zu Wissensbeständen ermöglicht ebenso wie die Teilhabe an expandierenden computergestützten Kommunikationsformen. Etwas weniger Zustimmung erhalten Wissensgebiete, die für die Lebens- und Arbeitswelt qualifizieren: soziale Kompetenz/Ethik, Ernährung und Gesundheit, Musik und Kunst, Neue Medien/Medienerziehung, weitere moderne Fremdsprachen neben Englisch sowie Betriebswirtschaft. Auf diese Wissensgebiete entfallen nur zwischen 83 % und 68 %. Deutlich weniger Zustimmung erhalten schließlich die Fächer Religion und alte Sprachen: Religion gehört für nur 47 % der befragten Eltern zu einem zeitgemäßen Lehrplan, alte Sprachen sogar nur für 26 % der Eltern.

Die Antwort auf die Frage, was Schülerinnen und Schüler in der Schule eigentlich lernen sollen, fällt vor dem Hintergrund der bisherigen Ausführungen eindeutig aus: An erster Stelle steht die Aneignung kultureller Basiskompetenzen und an zweiter Stelle die Hinführung zu Themen, die für die Lebensführung und Lebensbewältigung insgesamt bedeutsam sind. Hinter den präsentierten Gesamtwerten verbergen sich teilweise jedoch interessante Verteilungsunterschiede. So ergab die Differenzierung der Daten nach dem Bildungsabschluss der befragten Eltern, dass das Thema „Ernährung und Gesundheit" von Eltern mit Volks-/Hauptschulabschluss (84 %) oder mit mittlerem Bildungsabschluss (81 %) größere Zustimmung erfährt als von Eltern mit Abitur oder einem Hochschulabschluss (68 %). Ein ähnliches Muster zeigt sich bei dem Fach Betriebswirtschaft. Auch hier sind die Zustimmungswerte unter Eltern mit Volks-/Hauptschulabschluss (77 %) oder Eltern mit mittlerem Bildungsabschluss (66 %) höher als unter Eltern mit Abitur oder Hochschulabschluss (58 %). Hieraus lässt sich vorsichtig folgern, dass für Eltern mit hohem „Bildungskapital" die Vermittlung grundlegender Kulturtechniken etwas wichtiger ist als die Hinführung zu praktischen Anforderungen der Lebens- und Arbeitswelt. Weitere interessante, wenn auch naheliegende Verteilungsunterschiede zeigen sich hinsichtlich der Zustimmung, die das Fach Religion erhält. Während dieses Fach für nur 46 % der deutschen Eltern zu einem zeitgemäßen Lehrplan gehört, sind es bei den türkischen Eltern mit 60 % deutlich mehr. Dieses Ergebnis lässt den Rückschluss zu, dass türkische Eltern der Religion einen vergleichsweise großen Stellenwert in der Erziehung einräumen. In dieser Hinsicht wünschen sie sich offenbar Unterstützung durch die Schule. Die Zustimmung, die das Fach Religion erhält, hängt schließlich auch davon ab, ob Eltern aus West- oder aus Ostdeutschland kommen. Während sich von den westdeutschen Eltern 50 % dafür aussprechen, das Fach Religion in den Lehrplan aufzunehmen, sind es bei den ostdeutschen Eltern nur 31 %. Hier findet ein Stück DDR-Sozialisation, nämlich die Distanz gegenüber religiösen Lebensäußerungen, ihren Ausdruck.

Die in diesem Abschnitt präsentierten Ergebnisse haben Aufschluss darüber gegeben, welche Fächer Eltern als sinnvoll und wünschenswert erachten. Inzwischen besteht jedoch weitgehender Konsens dahingehend, dass die flexible Vernetzung von Wissen aus unterschiedlichen Fächern gegenüber dem Spezialwissen aus einzelnen Fächern immer wichtiger wird. Das hängt damit zusammen, dass komplexe Problemstellungen aus der Perspektive einzelner Fächer in aller Regel nicht angemessen bearbeitet werden können. Folglich wird der fächerübergreifende Unterricht als notwendige Ergänzung zum Fachunterricht gesehen. Eine erfolgreiche Umsetzung fächerübergreifenden Unterrichts setzt allerdings die Einbeziehung auch außerschulischer Lernorte voraus ebenso wie projektförmiges Lernen. Dies wird im nächsten Abschnitt wieder aufgegriffen.

5.7   Möglichkeiten, mehr Freude und Erfolg am Lernen zu vermitteln

Im Rahmen der Befragung sind die Eltern auch gebeten worden, verschiedene Aspekte der Unterrichtsorganisation und -gestaltung dahingehend zu bewerten, inwieweit sie zu mehr Freude und Erfolg am Lernen beitragen. Thematisiert wurden Aspekte, die im wissenschaftlichen Diskurs intensiv diskutiert werden: handlungsorientiertes Lernen in alltagsnahen Kontexten, Einbeziehung neuer Medien in den Unterricht, Lernbegleitung durch die Lehrkraft, flexible Zeitgestaltung als Alternative zum 45-Minuten-Takt sowie Zusammensetzung leistungshomogener Lerngruppen. Die Eltern sollten jeweils angeben, ob ein Vorschlag ihrer Meinung nach „sehr gut", „eher gut", „eher schlecht" oder „überhaupt nicht geeignet" wäre, mehr Freude und Erfolg am Lernen zu vermitteln. Die nun präsentierten Ergebnisse beziehen sich wiederum auf die Gesamtstichprobe der Eltern (N=3000). Die Prozentwerte stehen jeweils für die Eltern, die einen Vorschlag als „sehr gut" oder als „eher gut" bewertet haben.

Wie Abbildung 5.5 zu entnehmen ist, werden zwei der insgesamt sechs Vorschläge als besonders lern- und leistungsförderlich angesehen: Die praxisnahe Gestaltung von Unterricht, genannt von 96 % der Eltern, und fächerübergreifendes Lernen im Projektunterricht, genannt von 94 % der Eltern. Das Gemeinsame an diesen beiden Vorschlägen ist die Anbindung von Lernen an alltagsnahe Kontexte. Der Lernort Schule wird dabei mit anderen Lernorten aus der Lebenswelt der Schülerinnen und Schüler zusammengebracht, um ihnen Erfahrungen zu vermitteln, die in der Schule selbst nicht möglich sind. Dadurch eröffnen sich Chancen, beim Aufbau von Wissen die mögliche Anwendung gleich mitzulernen. Gleichzeitig wird dadurch „träges Wissen" verhindert, das heißt Wissen, das im Prinzip zwar verstanden worden ist, jedoch auf neue Situationen nicht übertragen werden kann. Die Anbindung von Lernen an alltagsnahe Lernkontexte ist unter dem Begriff „situiertes Lernen" in die Lehr-Lern-Forschung eingegangen (z.B. Reinmann-Rothmeier/Mandl 2001). Projektunterricht geht dabei über die praxisnahe Gestaltung von Unterricht – z.B. durch die Erschließung außerschulischer Lernorte oder die Einbeziehung externer Experten – hinaus insofern, als Schülerinnen und Schüler eigene Interessen einbringen können, sie in größerem Umfang eigenständig arbeiten und dabei auch soziale Verantwortung übernehmen müssen. Außerschulisches Lernen muss dabei, ganz unabhängig davon, wie es organisiert ist, auf schulisches Lernen bezogen bleiben. Dementsprechend werden gute Fachleistungen im Projektunterricht vor allem dann erzielt, wenn dieser flankiert wird durch Phasen systematischer Instruktion durch die Lehrkraft (z.B. Wellenreuther 2004).

Ein interessantes und sehr weitreichendes Konzept außerschulischen Lernens realisiert die Reformschule Winterhude in Hamburg, die ebenfalls zu den Preisträgern des Deutschen Schulpreises zählt (Fauser/Prenzel/Schratz 2009, Heusler/Xylander

2008). Die Schülerinnen und Schüler der Stufe 8 – 10 müssen jeweils nach den Sommerferien für drei Wochen eine „Herausforderung" außerhalb der Schule bestehen. Bereits im Frühjahr müssen sie sich für die Teilnahme an Projekten schriftlich bewerben: z.B. „Mit dem Fahrrad zur Zugspitze", „Archäologische Ausgrabungen", „Alpenüberquerung" oder „Arbeiten auf dem Bauernhof". In einem Alter, in dem schulisches Lernen in aller Regel so gut wie gar nichts ausrichtet, können sich Schülerinnen und Schüler im wirklichen Leben erproben, eigene Grenzen erfahren, Verantwortung für sich und andere übernehmen und Leistungen erbringen, die das Vertrauen in die eigenen Fähigkeiten stärkt.

Abb. 5.5 **Möglichkeiten, mehr Freude und Erfolg am Lernen zu vermitteln**

Anteile „sehr gut" + „eher gut"

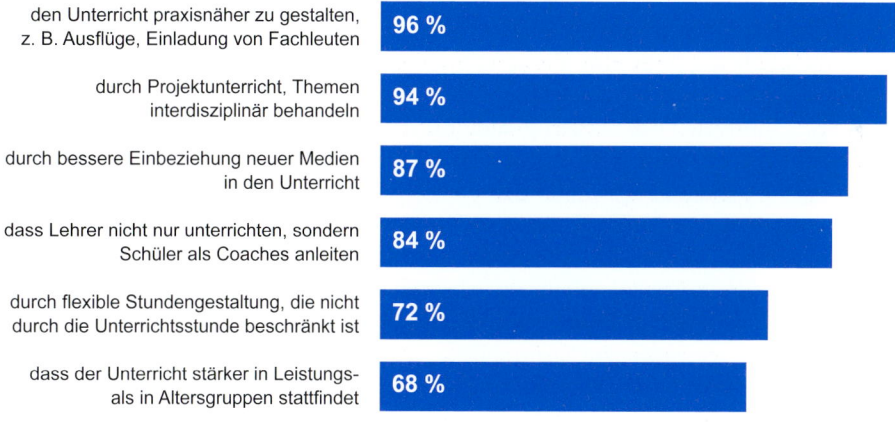

den Unterricht praxisnäher zu gestalten, z. B. Ausflüge, Einladung von Fachleuten — 96 %
durch Projektunterricht, Themen interdisziplinär behandeln — 94 %
durch bessere Einbeziehung neuer Medien in den Unterricht — 87 %
dass Lehrer nicht nur unterrichten, sondern Schüler als Coaches anleiten — 84 %
durch flexible Stundengestaltung, die nicht durch die Unterrichtsstunde beschränkt ist — 72 %
dass der Unterricht stärker in Leistungs- als in Altersgruppen stattfindet — 68 %

Frage: Ich lese Ihnen nun einige Möglichkeiten vor, die diskutiert werden, um den Kindern mehr Freude und Erfolg am Lernen zu vermitteln. Sagen Sie mir bitte jeweils, ob der Vorschlag Ihrer Meinung nach sehr gut – eher gut – eher schlecht – oder überhaupt nicht geeignet wäre, die Freude am Lernen zu erhöhen.
N=3.000 Befragte

Nach einer praxisnäheren Gestaltung von Unterricht und nach Projektunterricht wird die Einbeziehung neuer Medien in den Unterricht als eine weitere Möglichkeit gesehen, Freude und Erfolg am Lernen zu vermitteln. Das geben immerhin noch 87 % der Eltern an. Dieser Prozentwert entspricht somit ungefähr dem Prozentanteil der Eltern, die Informatik als Bestandteil eines zeitgemäßen Lehrplans betrachten. Die Einbeziehung neuer Medien in den Unterricht, wie z.B. Computer, kann tatsächlich Potenzial für das Lernen haben: z.B. durch die Veranschaulichung von Lerninhalten, die durch die kombinierte Darbietung von Texten, Bildern, Animation oder Video unterstützt wird, durch die Möglichkeiten selbstgesteuerten Lernens oder durch die Unterstützung individualisierten Lernens, sofern Lernangebote, Lernwege und Lerntempo flexibel den Schülervoraussetzungen angepasst werden. Neue Medien entfalten ihr Potenzial dabei nicht zwangsläufig. Ihr Einsatz muss vielmehr in ein sinnvolles didaktisches Konzept eingebettet sein. Mit anderen Worten:

Der Einsatz von Medien muss mit den Zielen, den Unterrichtsmethoden oder den Schülervoraussetzungen harmonisieren.

Ein ‚Lerncoaching' der Schülerinnen und Schüler durch die Lehrkraft wird – mit 84 % – von ähnlich vielen Eltern als lern- und leistungsförderlich angesehen wie der Einsatz neuer Medien im Unterricht. Neue Unterrichtsmethoden, die Wert legen auf selbstgesteuertes, individualisiertes oder kooperatives Lernen, ziehen eine Veränderung der Lehrerrolle zwingend nach sich. Anstatt Wissen zu vermitteln und abzuprüfen, müssen Lehrkräfte für anregende und herausfordernde Lernsituationen sorgen, sie müssen die Lernangebote auf die Schülervoraussetzungen zuschneiden, sie müssen Schülerinnen und Schüler gezielt beobachten und Hinweise und Hilfen zum Lernprozess (und nicht zur richtigen Lösung) geben.

Mit nur 72 % sind vergleichsweise wenige Eltern der Meinung, dass sich Freude und Erfolg am Lernen durch eine flexible Zeitgestaltung unterstützen lässt. Möglicherweise spielt hier eine Rolle, dass die 45-Minuten-Stunde in der schulischen Tradition fest verankert ist und von Eltern daher gar nicht in Frage gestellt wird. Tatsächlich gibt es eine Reihe von Gründen, die gegen einen solchen eintönigen und starren Unterrichtsrhythmus sprechen: Die schnelle zeitliche Taktung bietet keine günstigen Voraussetzungen dafür, dass Schülerinnen und Schüler ihren eigenen Arbeitsrhythmus finden. Auch der Ausbau der Ganztagsschulen lässt eine Unterteilung des Schultages in 45-Minuten-Stunden, die auf die schnelle Abfolge vieler unterschiedlicher Unterrichtsfächer hinausläuft, nicht länger vertretbar erscheinen. Schließlich lassen sich Unterrichtskonzepte, die stärker auf Selbstständigkeit und Eigentätigkeit setzen, mit einem starren Unterrichtsrhythmus nur schwer vereinbaren. Bislang gibt es kaum empirische Studien, die Aussagen erlauben über die Auswirkungen verschiedener Zeitmodelle. An vielen Orten werden derzeit allerdings Alternativen zur 45-Minuten-Stunde erprobt. Die Bandbreite der Alternativen reicht dabei von der Einführung von 60-Minuten-Stunden über die Einführung von Doppelstunden bis hin zu Zeitkonzepten, in denen sich ‚60 bis 90-Minuten-Stunden' mit flexiblen Lernzeiten und Entspannungsphasen abwechseln.

Vergleichsweise wenige Eltern sind schließlich davon überzeugt, dass sich Freude und Erfolg am Lernen dadurch erreichen lässt, dass Unterricht stärker in Leistungs- als in Altersgruppen stattfindet: Hier stimmen nur noch 68 % der befragten Eltern zu. Die sich hier äußernde Skepsis ist durchaus konsistent mit der Forderung vieler Eltern nach einer besseren und konsequenteren individuellen Förderung. Eine individuelle Förderung meint, auf Unterschiede der Schülerinnen und Schüler hinsichtlich ihrer Leistungen, ihrer Herkunft oder ihrer Interessen einzugehen und diese Unterschiede pädagogisch fruchtbar zu machen. Unter den Bedingungen einer Homogenisierung von Lerngruppen (z. B. durch Verteilung der Schülerinnen und Schüler auf verschiedene Kursniveaus oder Schulformen) lässt sich das in aller Regel nicht erreichen. Eine unerwünschte Nebenwirkung besteht vielmehr darin, Lerngruppen leistungsmäßig so zusammenzufassen, dass alle Schülerinnen und Schüler mit einem einheitlichen Lernangebot erreicht werden und gemeinsam im Lernstoff voranschreiten können. Für die Überlegenheit homogen zusammengesetzter Lerngruppen gegenüber heterogen zusammengesetzter Lerngruppen gibt es keine empirischen Belege (Tillmann 2008). Eine Homogenisierung von Lerngruppen produziert vielmehr Opfer vor allem unter den Kindern mit Lernschwierigkeiten, die Erfahrungen des Versagens und Ausgeschlossenwerdens ausgesetzt werden.

5.8 Vergleich eigener zurückliegender Schulerfahrungen mit der „Schule von heute"

Nachdem dargelegt wurde, wie Eltern Schule und Unterricht wahrnehmen und welche Vorstellungen und Erwartungen sie hierzu haben, ist nun die Frage interessant, wie sie die Schulzeit ihres Kindes im Vergleich zu ihrer eigenen Schulzeit bewerten. Hierzu wurde den Eltern die folgende Frage gestellt: „Vergleichen Sie jetzt bitte die Schulzeit Ihres Kindes mit der eigenen. Wo wurden die folgenden Dinge eher verwirklicht: heute, damals zu Ihrer Schulzeit oder ist das in etwa gleich geblieben?" Die Eltern sollten sechs einzelne Aspekte bewerten, die sich im Großen und Ganzen auf Fragen des Unterrichts sowie des Umgangs mit Leistungen beziehen. Die Ergebnisse, die sich auf die Antworten der Eltern mit schulpflichtigen Kindern stützen (n=2.523), zeigt Abbildung 5.6.

Abb. 5.6   Vergleich der eigenen Schulzeit mit der des eigenen Kindes

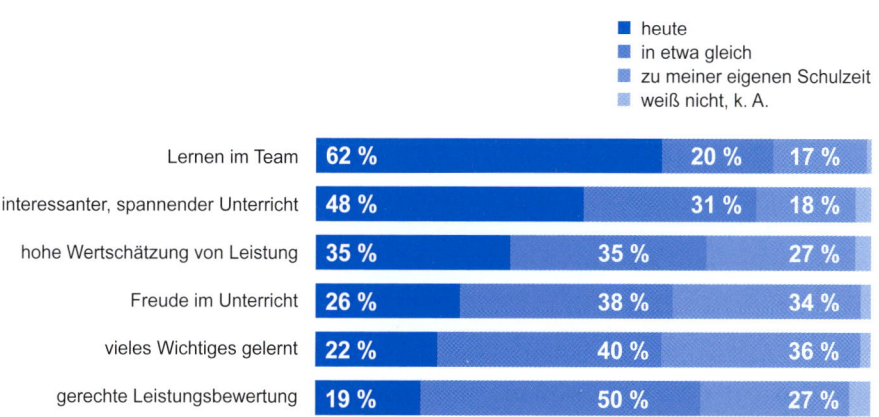

Frage: Vergleichen Sie jetzt bitte die Schulzeit Ihres Kindes mit der eigenen. Wo wurden die folgenden Dinge eher verwirklicht: heute, damals zu Ihrer Schulzeit oder ist das in etwa gleich geblieben?
n=2.523 Eltern eines schulpflichtigen Kindes

Es fällt auf, dass die Ergebnisse unterschiedlich ausfallen, je nachdem um welchen Aspekt es sich handelt. Die Aufmerksamkeit soll zunächst auf die Aspekte gelenkt werden, die aus Sicht der Eltern heute eher verwirklicht werden als in der Vergangenheit. Das gilt insbesondere für das Lernen im Team, das für eine Unterrichtskultur steht, in der sich die Schülerinnen und Schüler im Rahmen von Partner- oder Gruppenarbeit gegenseitig beim Lernen unterstützen und mit- und voneinander lernen: Von den befragten Eltern sind 62 % der Meinung, dass diese Form des Lernens heute eher verwirklicht wird, während sich die übrigen Eltern in etwa gleichmäßig auf die beiden anderen Antwortkategorien verteilen. Darüber hinaus halten verhältnismäßig viele Eltern, immerhin 48 %, den heutigen Unterricht für interessanter und spannender. Nur 18 % der Eltern sahen das in ihrer Schulzeit eher verwirklicht und 31 % der Eltern machen keinen Unterschied zwischen heute und früher.

Die Entwicklung hin zu einem interessanten und spannenden Unterricht geht anscheinend nicht zwingend mit der Zunahme der Freude im Unterricht einher. Nur 26 % der Eltern sehen Freude im Unterricht heute eher verwirklicht. Dem stehen 34 % der Eltern gegenüber, die Freude im Unterricht eher in ihrer eigenen Schulzeit verwirklicht sahen, und 38 % der Eltern, die zwischen der Schulzeit ihres Kindes und der eigenen Schulzeit keinen Unterschied machen. Die Frage nach der Freude im Unterricht wird von den Eltern ähnlich bewertet wie die Frage, ob viel Wichtiges gelernt wird. Auch hier ist – mit nur 22 % – der Prozentanteil der Eltern relativ klein, die der Meinung sind, dass eher heute viel Wichtiges in der Schule gelernt wird. Insgesamt 36 % der Eltern geben an, dass eher zu ihrer Schulzeit viel Wichtiges gelernt wurde, und 40 % stellen keinen Unterschied zwischen heute und früher fest.

Die zwei noch verbleibenden Aspekte beziehen sich auf den Umgang mit Leistung. Hinsichtlich der Wertschätzung von Leistung verteilen sich die Antworten der Eltern in etwa gleichmäßig auf die Antwortvorgaben: 35 % der Eltern sehen die Wertschätzung von Leistung eher heute verwirklicht, noch einmal 35 % der Eltern machen keinen Unterschied zwischen heute und früher und 27 % der Eltern sehen die Wertschätzung von Leistung eher in ihrer Schulzeit verwirklicht. Was die Fairness der Leistungsbewertung angeht, fällt der große Prozentanteil der Eltern auf, die zwischen der Schulzeit ihrer Kinder und der eigenen Schulzeit keine Unterschiede feststellen: Das geben 50 % der Eltern an. Demgegenüber sehen 19 % der Eltern eine gerechte Leistungsbewertung eher heute und 27 % eher zu ihrer Schulzeit verwirklicht.

Es kann festgehalten werden, dass im heutigen Unterricht aus Sicht der Eltern auf ein Lernen im Team und eine interessante und spannende Gestaltung von Unterricht anscheinend größerer Wert gelegt wird. Die Freude am Unterricht oder der Umfang, in dem Wichtiges gelernt wird, hat sich dadurch nicht verändert. Relativ groß ist vielmehr der Prozentanteil der Eltern, die das eher in ihrer eigenen Schulzeit verwirklicht sahen. Was den Umgang mit Leistung angeht, zeigen sich keine deutlichen Tendenzen in die eine oder die andere Richtung. Interessante Verteilungsunterschiede zeigen sich wiederum, wenn die Antworten der Eltern mit deutscher und mit türkischer Staatsangehörigkeit miteinander verglichen werden. Während 47 % der deutschen Eltern der Meinung sind, dass ein interessanter und spannender Unterricht eher heute verwirklicht ist, sind es bei den türkischen Eltern 72 %. Ein ähnliches Muster zeigt sich auch bei der Frage, ob viel Wichtiges gelernt wird. Dass das eher heute verwirklicht wird, geben 20 % der deutschen Eltern und 61 % der türkischen Eltern an. Hier zeigt sich wiederum eine recht große Zufriedenheit türkischer Eltern mit dem an der Schule ihres Kindes realisierten Unterricht.

5.9 Fazit

Dieser Beitrag ist der Frage nachgegangen, wie Eltern die Qualität von Schule und Unterricht bewerten, welche Erwartungen und Vorstellungen sie in dieser Hinsicht haben, aber auch welche Veränderungen sie feststellen, wenn sie ihre eigene Schulzeit mit der ihrer Kinder vergleichen. Die Auswertung der hierzu vorliegenden Daten hat eine Reihe interessanter Ergebnisse hervorgebracht. Zunächst kann festgehalten werden, dass die große Mehrheit der befragten Eltern der Meinung ist, dass ihr Kind gerne zur Schule geht. Dieser Befund lässt bereits gewisse positive Rückschlüsse auf die Qualität von Schule und Unterricht zu. Mit Hilfe weiterer Fragen konnte jedoch ein viel differenzierteres Bild von zentralen Qualitätsbereichen entwickelt werden. Am positivsten werden diejenigen Aspekte bewertet, die sich auf die Art und Weise des Umgangs miteinander bzw. die Qualität der sozialen Beziehungen beziehen: Hierzu zählen vor allem die Klassengemeinschaft, eine gute und gerechte Betreuung der Schülerinnen und Schüler durch die Lehrkräfte sowie deren Engagement. Demgegenüber werden Aspekte der Unterrichtsgestaltung etwas negativer bewertet. Das gilt für den Einsatz moderner Unterrichtsmethoden sowie für Aspekte einer individuellen Förderung, die Rücksicht nimmt auf heterogene Schülervoraussetzungen. Eine vergleichsweise negative Bewertung erhalten auch institutionelle Kontextfaktoren wie Klassengröße und Unterrichtsausfall. Auch wenn unterrichtsbezogene und institutionelle Faktoren vergleichsweise schlecht abschneiden, handelt es sich – bei Prozentwerten, die mehr oder weniger deutlich über 50 % liegen – immer noch um eine recht große Gruppe von Eltern, die sich in dieser Hinsicht zufrieden äußert. Die Ergebnisse signalisieren somit eher eine ambivalente Bewertung unterrichtsbezogener und institutioneller Faktoren durch die Eltern.

Die Eltern sollten nicht nur bewerten, wie sich bestimmte Qualitäten in der Schulpraxis darstellen. Darüber hinaus waren sie gebeten worden, ihre Erwartungen und Vorstellungen im Hinblick auf Lerninhalte und Aspekte der Unterrichtsgestaltung darzulegen. Was die Lerninhalte betrifft, so steht für Eltern an erster Stelle die Aneignung kultureller Basiskompetenzen (z. B. Deutsch, Mathe und Englisch) und an zweiter Stelle die Hinführung zu Themen mit einem starken Lebens- und Arbeitsweltbezug (z. B. soziale Kompetenz, Ernährung und Gesundheit oder Betriebswirtschaft). Was Aspekte der Unterrichtsgestaltung betrifft, sehen Eltern Vorteile im handlungsorientierten Lernen in alltagsnahen Kontexten, in der Einbeziehung neuer Medien in den Unterricht sowie in der Veränderung der Lehrerrolle in Richtung ‚Lerncoach‘. Etwas weniger, aber immer noch die Mehrheit der Eltern spricht sich für eine flexible Zeitgestaltung aus, die den Schultag entschleunigt, Schülerinnen und Schülern einen eigenen Arbeitsrhythmus ermöglicht oder Zeit gibt für individuelle Schwerpunktsetzungen sowie für Entspannungsphasen. Soviel zu den Erwartungen und Vorstellungen der Eltern im Hinblick auf Schule und Unterricht. Wenn man vergleicht, wie Eltern ihre eigene Schulzeit im Vergleich zu der Schulzeit ihrer Kinder sehen, deuten sich Veränderungen an. Demnach wird im heutigen Unterricht anscheinend größerer Wert auf ein Lernen im Team sowie auf eine interessante und spannende Gestaltung von Unterricht gelegt. Interessanterweise hat dadurch die Freude am Lernen oder die Bedeutsamkeit dessen, was gelernt wird, nicht zugenommen. Die meisten Eltern stellen entweder keinen Unterschied zwischen früher und heute fest oder bewerten in dieser Hinsicht die eigene Schulzeit besser.

Weiter oben wurde bereits angedeutet, dass manche Fragen von den Eltern sehr unterschiedlich beantwortet wurden. Die vorliegenden Daten wurden systematisch auf Verteilungsunterschiede hin analysiert, wobei insbesondere drei Merkmale Auswirkungen auf die Ergebnisse zeigten: die *Schulform*, die das Kind besucht, der *Bildungsabschluss* der Eltern sowie die *Staatsangehörigkeit* der Eltern (hier: deutsch vs. türkisch). Werden Grundschulen und die weiterführenden Schulen miteinander verglichen, so schneiden die weiterführenden Schulen in mehrfacher Hinsicht etwas schlechter ab. Anscheinend hat hier der Unterrichtsausfall eine größere Brisanz. Darüber hinaus wird im Bereich der weiterführenden Schule der Umgang der Lehrkräfte mit heterogenen Schülervoraussetzungen schlechter bewertet als im Bereich der Grundschule. Dagegen hat der Bildungsabschluss der Eltern Auswirkungen auf deren Vorstellungen hinsichtlich eines zeitgemäßen Lehrplans. Hier hat sich gezeigt, dass von den Eltern mit hohem „Bildungskapital" die Vermittlung grundlegender Kulturtechniken eher befürwortet wird als die Hinführung zu praktischen Anforderungen der Lebens- und Arbeitswelt. Gleich mehrere Verteilungsunterschiede zeigen sich, wenn die Antworten der türkischen Eltern mit denen der deutschen Eltern verglichen werden. Vergleichsweise wenige türkische Eltern sind der Meinung, dass ihre Kinder durch die Lehrkräfte gut betreut sind sowie gerecht behandelt werden. Auf der Grundlage der vorliegenden Daten kann dieser Befund nicht näher aufgeklärt werden. Sollten sich hier Erfahrungen türkischer Eltern spiegeln, dass Schulen und Lehrkräfte mit kultureller und sprachlicher Differenz nicht angemessen umgehen, muss der Befund als hoch brisant eingestuft werden. Während türkische Eltern Aspekte des sozialen Umgangs vergleichsweise negativ bewerten, fällt die Einschätzung unterrichtsbezogener Aspekte recht positiv aus. Eine Mehrheit der türkischen Eltern bezeichnet die Unterrichtsmethoden als modern und ist darüber hinaus der Meinung, dass der Unterricht ihrer Kinder im Vergleich zu dem selbst erlebten Unterricht interessanter und spannender ist und dass viel Wichtiges gelernt wird.

Über das Verhältnis von Eltern gegenüber Schule gibt es eine Reihe von Pauschalurteilen. Die einen unterstellen Eltern einen wachsenden Argwohn gegenüber Schulen und Lehrkräften, der seinen Ausdruck findet in Klagen über faule Lehrer und schlechten Unterricht. Andere sehen Eltern als „Bremsklotz", weil bei ihnen beispielsweise Lehr- und Lernformen hoch im Kurs stehen, die im wissenschaftlichen Diskurs als längst überholt gelten. Nach Auffassung des Bildungsjournalisten Christian Füller laufen in den Köpfen der Eltern Szenen der „Feuerzangenbowle" ab, ein Film, in dem Heinz Rühmann alias Dr. Pfeiffer spannenden Frontalunterricht in ein stocksteifes Gymnasium bringt (Füller 2009). Diese und ähnlich gelagerte Pauschalurteile lassen sich mit dem Bild, das auf der Grundlage der Daten gezeichnet wurde, nicht in Übereinstimmung bringen. Es zeigt sich vielmehr, dass Eltern differenzierte und pädagogisch ausgewogene Ansichten zur Qualität von Schule und Unterricht vertreten. Selbstverständlich kann die Frage nach der Qualität nicht ausschließlich aus Sicht der Eltern beantwortet werden. Lehrer, Schüler oder Wissenschaftler werden ihre eigene, mehr oder weniger fundierte Sicht einbringen. Die Wahrnehmungen von Eltern können dennoch einen sinnvollen Beitrag im Prozess der Qualitätsentwicklung leisten. Hier schließt sich die Frage an, wie man Eltern in einen solchen Prozess systematisch einbinden kann. Regelmäßige Elternumfragen sind, wie die hier präsentierten Ergebnisse eindrucksvoll belegen, ein erster Schritt in diese Richtung.

Literatur

Altrichter, H./Gußner, N./Maderthaner, P./Schlosser, A. (2009): Kennzeichen guter Schule (Kapitel 3). In: Hellekamps, S./Plöger, W./Wittenbruch, W. (Hrsg.): Handbuch der Erziehungswissenschaft. Band II: Schule, Erwachsenenbildung, Weiterbildung. Teilband 1, Schule. Paderborn: Schöningh, S. 713-727

Baumert, J. (2002): Umgang mit Heterogenität. Ein Gespräch mit Professor Jürgen Baumert. In: Forum Schule, Magazin für Lehrerinnen und Lehrer, H. 1, http://archiv.forum-schule.de/archiv/07/fs07/magang.html (Zugriff: 01.06.2011)

Czerwenka, H./Nölle, K./Pause, G./Schlosshaus, W./Schmidt, H.-J./Tessloff, J. (1990): Schülerurteile über die Schule. Bericht über eine internationale Untersuchung. Frankfurt: Peter Lang Verlag

Fauser, P. (2009): Was zeichnet gute Schulen aus? Einsichten aus dem Deutschen Schulpreis. In: Lernende Schule 12, H. 46/47, S. 22-26

Fauser, P./Prenzel, M./Schratz, M. (Hrsg.) (2007): Der Deutsche Schulpreis 2006. Was für Schulen! Gute Schulen in Deutschland. Im Auftrag der Robert Bosch Stiftung und der Heidehof Stiftung herausgegeben. Seelze: Kallmeyer/Klett

Fauser, P./Prenzel, M./Schratz, M. (Hrsg.) (2008): Der Deutsche Schulpreis 2007. Was für Schulen! Profile, Konzepte und Dynamik guter Schulen in Deutschland. Im Auftrag der Robert Bosch Stiftung und der Heidehof Stiftung herausgegeben. Seelze: Kallmeyer/Klett

Fauser, P./Prenzel, M./Schratz, M. (Hrsg.) (2009): Der Deutsche Schulpreis 2008. Was für Schulen! Wie gute Schule gemacht wird – Werkzeuge exzellenter Praxis. Im Auftrag der Robert Bosch Stiftung und der Heidehof Stiftung herausgegeben. Seelze: Kallmeyer/Klett

Fauser, P./Schratz, M. (2008): Was kann man von guten Schulen lernen? Die Bedeutung des Deutschen Schulpreises für die Schulentwicklung. In: Die Deutsche Schule 100, H. 2, S. 151-165

Fend, H. (1997): Der Umgang mit Schule in der Adoleszenz. Bern: Huber

Fend, H./Sandmeier, A. (2004): Wohlbefinden in der Schule: „Wellness" oder Indiz für gelungene Pädagogik? In: Hascher, T. (Hrsg.): Schule positiv erleben. Ergebnisse und Erkenntnisse zum Wohlbefinden von Schülerinnen und Schülern. Bern: Haupt, S. 161-184

Füller, C. (2009): Die gute Schule. Wo unsere Kinder gerne lernen. München: Pattloch Verlag

Helmke, A. (2006): Was wissen wir über guten Unterricht? Über die Notwendigkeit einer Rückbesinnung auf den Unterricht als „Kerngeschäft" der Schule. In: Pädagogik 58, H. 2, S. 42-45

Heusler, M./Xylander, B. (2008): Projektunterricht: eine Säule im Schulkonzept. In: Pädagogik 60, H. 1, S. 12-15

im Brahm, G. (2006): Klassengröße: eine wichtige Variable von Schule und Unterricht? In: Bildungsforschung 3 (Online-Zeitschrift), Ausgabe 1, http://www.bildungsforschung. org/Archiv/2006-01/klassengroesse (Zugriff: 01.06.2011)

Karakaşoğlu, Y./Öztürk, H. (2007): Erziehung und Aufwachsen junger Muslime in Deutschland. Islamisches Erziehungsideal und empirische Wirklichkeit in der Migrationsgesellschaft. In: von Wensierski, H.-J./Lübcke, C. (Hrsg.): Junge Muslime in Deutschland. Lebenslagen, Aufwachsprozesse und Jugendkulturen. Opladen & Farmington Hills: Verlag Barbara Budrich, S. 157-172

Kunze, I. (2008): Begründungen und Problembereiche individueller Förderung in der Schule – Vorüberlegungen zu einer empirischen Untersuchung. In: Kunze, I./Solzbacher, C. (Hrsg.): Individuelle Förderung in der Sekundarstufe I und II. Baltmannsweiler: Schneider Verlag, S. 13-25

Lankes, E.-M./Carstensen, C.H. (2010): Kann man große Klassen erfolgreich unterrichten? In: Bos, W./Arnold, K.-H./Hornberg, S./Faust, G./Fried, L./Lankes, E.-M./Schwippert, K./Tarelli, I./Valtin, R. (Hrsg.): IGLU 2006 – die Grundschule auf dem Prüfstand. Vertiefende Analysen zu Rahmenbedingungen schulischen Lernens. Münster: Waxmann, S. 121-140

Maag Merki, K. (2000): Teilautonome Volksschulen aus der Sicht der Eltern. Einstellungen, Erfahrungen und Wünsche. Bericht zuhanden der Bildungsdirektion Zürich. Zürich: Forschungsbereich Schulqualität & Schulentwicklung, Pädagogisches Institut, Universität Zürich

Reinmann-Rothmeier, G./Mandl, H. (2001): Unterrichten und Lernumgebungen gestalten. In: Krapp, A./Weidenmann, B. (Hrsg.): Pädagogische Psychologie. Weinheim: Beltz Verlag, S. 601-647.

Roitsch, J. (2010): Im System gefangen. Das Lehrerbild in der Öffentlichkeit. In: Feindt, A./Klaffke, T./Röbe, E./Rothland, M./Terhart, E./Tillmann, K.-J. (Hrsg.): Lehrerarbeit – Lehrer sein. Friedrich Jahresheft XXVIII 2010. Seelze: Friedrich Verlag, S. 48-49

Solzbacher, C. (2008): Positionen von Lehrerinnen und Lehrern zur individuellen Förderung in der Sekundarstufe I – Ergebnisse einer empirischen Untersuchung. In: Kunze, I./Solzbacher, C. (Hrsg.): Individuelle Förderung in der Sekundarstufe I und II. Baltmannsweiler: Schneider Verlag, S. 27-42

Statistische Ämter des Bundes und der Länder (Hrsg.) (2010): Internationale Bildungs-indikatoren im Ländervergleich. Ausgabe 2010 – Tabellenband. Wiesbaden: Statistisches Bundesamt

Tillmann, K.-J. (2008): Viel Selektion – wenig Leistung: Erfolg und Scheitern in deutschen Schulen. In: Lehberger, R./Sandfuchs, U. (Hrsg.): Schüler fallen auf. Heterogene Lerngruppen in Schule und Unterricht. Bad Heilbrunn: Verlag Julius Klinkhardt, S. 62-78

Tillmann, K.-J./Faulstich-Wieland, H./Horstkemper, M./Weissbach, B. (1984): Die Entwicklung von Schulverdrossenheit und Selbstvertrauen bei Schülern der Sekundarstufe I. In: Zeitschrift für Sozialisationsforschung und Erziehungssoziologie 4, H. 2, S. 231-250

Tillmann, K.-J./Meier, U. (2001): Schule, Familie und Freunde – Erfahrungen von Schülerinnen und Schülern in Deutschland. In: Deutsches PISA-Konsortium (Hrsg.): PISA 2000. Basiskompetenzen von Schülerinnen und Schülern im internationalen Vergleich. Opladen: Leske + Budrich, S. 468-509

Weinert, F.E. (1998): Neue Unterrichtskonzepte zwischen gesellschaftlichen Notwendigkeiten, pädagogischen Visionen und psychologischen Möglichkeiten. In: Bayerisches Staatsministerium für Unterricht, Kultus, Wissenschaft und Kunst (Hrsg.): Wissen und Werte für die Welt von Morgen. München, S. 101-125

Wellenreuther, M. (2004): Lehren und Lernen – aber wie? Empirisch-experimentelle Forschungen zum Lehren und Lernen im Unterricht. Grundlagen der Schulpädagogik. Band 50. Baltmannsweiler: Schneider Verlag

Jörg Nicht

6 Die Ungleichheit dominiert – Schulerfolg und Bildungschancen aus Sicht der Eltern

Moderne demokratische Bildungssysteme haben den Anspruch, gerecht zu sein: Sie sollen allen Kindern und Jugendlichen die Chance auf Bildung bieten, und zwar so, dass nicht die soziale Herkunft, sondern die sich in der Schulzeit zeigende individuelle Leistung der Schülerinnen und Schüler ausschlaggebend ist für deren weiteren Lebensweg. Diesem Anspruch stehen aktuelle Befunde entgegen, die durch internationale Schulleistungsvergleichsstudien wie PISA zutage gefördert wurden. Sie zeigen, dass in Deutschland zwischen Anspruch und Realität eine große Lücke klafft, denn die individuellen Leistungen von Schülerinnen und Schülern sind stark von der sozialen Herkunft abhängig (vgl. Ehmke/Jude 2010). Die soziale Herkunft scheint sich somit in nicht zu rechtfertigender Weise auf den Schul- und Lebenserfolg Heranwachsender auszuwirken.

Wie Eltern über diese Themen denken, ist gegenwärtig kaum erforscht. Die Daten der JAKO-O Bildungsstudie bieten eine Möglichkeit, die Sicht der Eltern auf gerechte Bildungschancen und Schulerfolg genauer in den Blick zu nehmen. In der empirischen Schulforschung wird *Schulerfolg* an verschiedenen Indikatoren festgemacht: In Betracht kommen die Lernergebnisse und Kompetenzen der Schülerinnen und Schüler, die Zertifikate bzw. Schulabschlüsse, die von ihnen erworben werden, sowie die Übergangsquoten zwischen den einzelnen Schulformen (z. B. von der Grundschule in weiterführende Schulen). Diese objektiven Indikatoren werden im Folgenden nicht berücksichtigt, wenn wir die Frage stellen, wovon nach Meinung der Eltern der Schulerfolg eines Kindes abhängt.

Die JAKO-O Bildungsstudie fragt Eltern nach unterschiedlichen Aspekten, die den Schulerfolg eines Kindes beeinflussen. Diese einzelnen Einflussfaktoren lassen sich fünf größeren Bereichen zuordnen: Erstens werden *Ressourcen der sozialen Herkunft*, auf die auch internationale Schulleistungsvergleichsstudien fokussieren, betrachtet. Darunter fallen die Bildung der Eltern als Indikator für kulturelles Kapital sowie finanzielle Ressourcen der Familie als Indikator für ökonomisches Kapital. Daneben werden zweitens Faktoren untersucht, die sich auf die *Unterstützung bzw. Unterstützungsleistung der Familie* im engeren Sinne beziehen: Welche Bedeutung für den Schulerfolg haben geordnete Familienverhältnisse, die Unterstützung der Eltern bei Schularbeiten sowie die Teilnahme an Sprechtagen, Elternvertretung und Schulveranstaltungen? Drittens berücksichtigt die Studie *individuelle Ressourcen* eines Kindes, die Einfluss auf dessen Schulerfolg haben. Diese Ressourcen werden in der Befragung als „Begabung" bezeichnet; sie können sich gleichermaßen auf angeborene bzw. vererbte wie auf erlernte bzw. umweltbedingte Leistungsvoraussetzungen beziehen. Viertens nimmt die Studie sogenannte familienbezogene *Kontextfaktoren* in den Blick, zu denen etwa das Wohnumfeld der Familie und die Freunde des Kindes gezählt werden. Schließlich wird gefragt, für wie bedeutsam die Eltern die *Qualität der Schule* halten.

Neben den Einflussfaktoren auf den Schulerfolg fragt die JAKO-O Bildungsstudie auch danach, ob Eltern die *Bildungschancen* von Kindern als gerecht wahrnehmen. Damit begibt sich die Untersuchung in ein Gebiet, das allein schon in begrifflicher Hinsicht ausgesprochen unübersichtlich ist, da es im Kontext philosophischer, politischer, rechtlicher und pädagogischer Diskussionen steht (vgl. Giesinger 2007 und 2008, Hopf 2010, Kersting 2007, Stojanov 2008). Die zentralen Begriffe in diesen Debatten heißen „Chancengleichheit" und „Bildungsgerechtigkeit".

Für unseren Zusammenhang sind drei verschiedene Sichtweisen auf Bildung und Gerechtigkeit bedeutsam. Erstens können wir gerechte Chancen verstehen als fairen Wettbewerb, der auf die offene Diskriminierung bestimmter Personen oder Gruppen verzichtet, die durch zugeschriebene Merkmale konstituiert werden. Entscheidend ist, dass die Startbedingungen des Wettbewerbs für alle, die teilnehmen, gleich sind. Dass einige nicht teilnehmen (können) und dass manche in diesem Wettbewerb leer ausgehen, stellt aus dieser Sicht kein Problem dar. Einer solchen Minimalkonzeption gerechter Chancen steht eine zweite Sichtweise entgegen, die auf die aktive (politische) Herstellung von Zugangschancen setzt. Im Kern geht es darum, Zugangshürden zu Bildungsinstitutionen – ob nun finanzieller Art oder aufgrund regionaler Disparitäten – abzubauen. Entsprechend wird versucht, mit unentgeltlicher, öffentlicher Ausbildung und möglichst gleichmäßiger regionaler Verteilung der Bildungsangebote eine Gleichheit der Chancen für Heranwachsende zu erreichen. In diesem Fall kann der Staat bildungsplanerisch eingreifen, indem er Strukturentscheidungen fällt und auch durchsetzt (vgl. Hopf 2010, S. 245). Ein drittes Verständnis gerechter Chancen betrachtet nicht die Strukturen des Bildungssystems, sondern individuelle Kompetenzen zur Teilhabe an der Gesellschaft als Schlüssel. Dies kann beispielsweise eine gewisse „Grundbildung" sein, die Kinder und Jugendliche (und deren Eltern) in die Lage versetzt, von ihren Bildungsrechten auch aktiv Gebrauch zu machen (vgl. Klieme et al. 2003, Tenorth 2004). Ein Unterschied zwischen der zweiten und der dritten Sichtweise scheint darin zu bestehen, dass nach der dritten Lesart gerechte Chancen weniger über eine bestimmte Struktur des Schulsystems realisiert werden sollen als vielmehr durch das Fördern und Fordern der Eigenaktivität der Heranwachsenden. Auch wenn weitere Konzeptualisierungen gerechter Bildungschancen im aktuellen Bildungsdiskurs eine Rolle spielen, scheinen die drei genannten Zugänge für die Sichtweise der Elternschaft von Bedeutung zu sein. Denn neben einer auf faire Rahmenbedingungen setzenden Minimalkonzeption tauchen zwei – gleichwohl unterschiedlich akzentuierte – Konzeptionen auf, die der Bildungspolitik einen gestaltenden Anteil einräumen.

In diesem Beitrag stellen wir zunächst die allgemeine Frage, wie Eltern den Einfluss der Schulbildung auf ein erfolgreiches Leben beurteilen (6.1). Im Anschluss daran präzisieren wir diese allgemeine Frage in zweierlei Hinsicht. Zum einen schauen wir, welche Einflussfaktoren aus Sicht der Elternschaft den Schulerfolg eines Kindes beeinflussen (6.2). Zum anderen fragen wir, wie gerecht die Bildungschancen für Kinder in Deutschland aus Sicht der Eltern sind (6.3). Eine Zusammenfassung und Diskussion der Befunde schließt diesen Beitrag ab (6.4).

6.1 Für das Leben lernen? – Schulbildung und Lebenserfolg

Zunächst interessiert uns die Frage, wie wichtig nach Meinung der Eltern eine gute Schulbildung für den späteren Lebenserfolg der Kinder ist. In den Blick gerät damit die Verbindung zwischen (institutionalisierter) Bildung und Wohlstand – ein Zusammenhang, den auch die sogenannte Humankapital-Theorie unterstellt (vgl. Nicht/Müller 2009).

Im Rahmen der JAKO-O Bildungsstudie wurde diese Frage 3.000 Eltern aus der gesamten Bundesrepublik gestellt (siehe Abbildung 6.1). Nahezu alle Eltern halten die Schulbildung für wichtig (99 %). Auffällig ist, dass 85 % der Befragten die Schulbildung sogar als „sehr wichtig" für den Lebenserfolg betrachten; 14 % der Eltern halten sie für „eher wichtig". Aus Sicht der Elternschaft ist die Relevanz institutionalisierter (schulischer) Bildung für die zukünftige erfolgreiche Lebensführung somit unumstritten.

Abb. 6.1   Wichtigkeit von Schulbildung für späteren Lebenserfolg

eher unwichtig **1** %

eher wichtig
14 %

sehr wichtig
85 %

völlig unwichtig **0** %

weiß nicht, k. A. **0** %

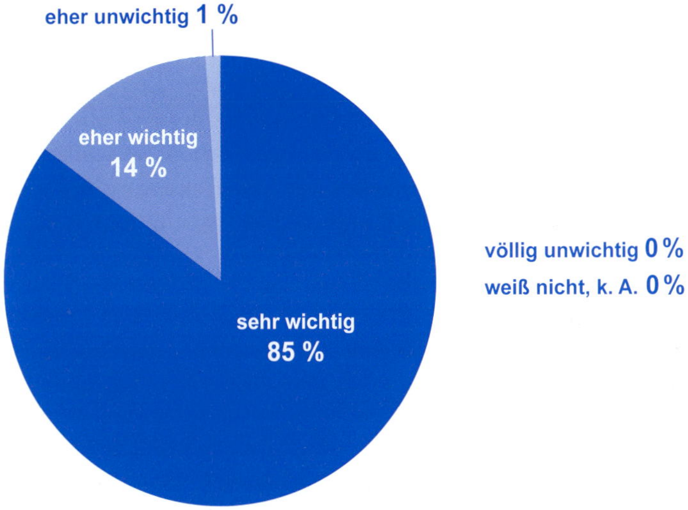

**Frage: Wie wichtig ist eine gute Schulbildung für den späteren Lebenserfolg
der Kinder?**
N=3.000 Befragte

Eine detaillierte Analyse zeigt interessante Unterschiede im Hinblick auf das ökonomische und das kulturelle Kapital der befragten Eltern. Diese beiden Kapitalsorten werden in der JAKO-O Bildungsstudie an zwei Indikatoren abgelesen: Um die Bedeutung des *ökonomischen Kapitals* zu untersuchen, stehen uns Angaben zum Haushaltsnettoeinkommen zur Verfügung. Die befragten Eltern können dabei in vier Gruppen unterteilt werden. Die erste Gruppe besteht aus denjenigen Befragten, deren monatliches Haushaltsnettoeinkommen unter 1.000 Euro liegt. Die zweite Gruppe der Befragten hat ein Einkommen zwischen 1.000 und 2.000 Euro. Der dritten Gruppe stehen 2.000 bis 3.000 Euro im Monat zur Verfügung. Eine vierte Gruppe von Befragten verfügt über mehr als 3.000 Euro monatlich.

Zwar halten, wie erwähnt, im Prinzip alle Eltern die Schulbildung für eher oder sehr wichtig. Von den Eltern mit geringem Einkommen (erste Gruppe) stimmen 94 % der Aussage zu, Schulbildung sei „sehr wichtig". Im Unterschied dazu meinen 85 % der Eltern, die sich der zweiten Gruppe zuordnen lassen, und 83 % der Eltern, die sich der dritten Gruppe zuordnen lassen, die Schulbildung sei „sehr wichtig" für den späteren Lebenserfolg. Von den Eltern aus der vierten Gruppe (mit dem höchsten Einkommen) sagen dies immerhin noch 80 %.

Um die Bedeutung des *kulturellen Kapitals* zu untersuchen, hat die JAKO-O Bildungsstudie auch den Bildungsstand der Eltern erhoben. Hier können drei Gruppen unterschieden werden: Eltern der ersten Gruppe haben höchstens einen Hauptschulabschluss. Eltern aus der zweiten Gruppe haben einen mittleren Schulabschluss (Realschule oder Polytechnische Oberschule). Eltern aus der dritten Gruppe haben die Schule mit der allgemeinen Hochschulreife abgeschlossen oder ein Hochschulstudium absolviert.

Im Hinblick auf die Frage, wie wichtig eine gute Schulbildung für den späteren Lebenserfolg ist, ergibt sich das folgende Bild: 88 % der Eltern mit niedrigem Schulabschluss (erste Gruppe) halten die Schulbildung für den Lebenserfolg für „sehr wichtig". Von den Eltern mit mittlerem Schulabschluss (zweite Gruppe) stimmen dieser Aussage 86 % zu. Und immerhin noch 78 % der Eltern aus der dritten Gruppe sind der Auffassung, dass eine gute Schulbildung „sehr wichtig" für den späteren Lebenserfolg ist.

Die Ergebnisse zum Zusammenhang von Schulbildung und Lebenserfolg könnte man als Bestätigung dafür sehen, dass für alle Eltern klar ist, dass ohne den Besuch der Schule und den Erwerb von schulischem Wissen und entsprechenden Zertifikaten keine Teilhabe an der Gesellschaft möglich ist. Auffällig an den Befunden der JAKO-O Bildungsstudie ist aber, dass Eltern mit vergleichsweise geringem Haushaltsnettoeinkommen und einfachem oder mittlerem Schulabschluss der Schulbildung eine besonders große Bedeutung zusprechen, wenn es um den zukünftigen Erfolg im Leben geht. Zu vermuten ist, dass in diesen Gruppen das Versprechen, sozialen Aufstieg und Erfolg mithilfe schulischer Bildung zu erlangen, nach wie vor eine bedeutende Rolle spielt. Eltern mit höheren Schulabschlüssen und höherem Einkommen scheinen zu sehen, dass es neben der Schulbildung auch auf andere Faktoren ankommt, um im Leben Erfolg haben zu können. Zu nennen wären etwa soziale Beziehungen, die den Eintritt in ein Berufsfeld ermöglichen.

6.2   Schulerfolg aus Sicht der Eltern

Neben der Frage, wie wichtig eine gute Schulbildung für den späteren Lebenserfolg ist, wurden die Eltern auch gefragt, wovon in Deutschland der Schulerfolg eines Kindes abhängt. Insgesamt zehn Faktoren sollten von den befragten Eltern dahingehend beurteilt werden, ob sie den Schulerfolg „sehr stark", „eher stark", „eher schwach" oder „sehr schwach" beeinflussen. Die JAKO-O Bildungsstudie zeigt, dass die überwiegende Mehrheit der Eltern den Schulerfolg eines Kindes in starker Abhängigkeit von *allen genannten Faktoren* sieht. Kein einziger Faktor wird von einer Mehrheit der Eltern als „eher schwach" oder „sehr schwach" eingeschätzt (siehe Abbildung 6.2).

Im Folgenden betrachten wir die Aussagen der Eltern zunächst global, d.h. wir fragen danach, wie groß der Anteil derjenigen Eltern ist, die den Einfluss der jeweiligen Faktoren auf den Schulerfolg als „sehr stark" oder „eher stark" bewerten. Um ein differenziertes Bild zu zeichnen, betrachten wir anschließend einzelne Hintergrundmerkmale der Eltern, die ebenfalls in der Untersuchung erhoben wurden: wie der Bildungsabschluss oder die finanzielle Situation der Familie.

6.2.1 Einflussfaktoren auf den Schulerfolg

Betrachtet man die einzelnen Faktoren, dann hat nach Meinung der Eltern eine geordnete Familiensituation den größten Einfluss auf den Schulerfolg der Kinder: 94 % der Eltern stimmen dieser Aussage zu. Damit liegt ein Faktor, der sich auf die familiäre Unterstützung eines Schulkindes bezieht, an erster Stelle. Insgesamt 91 % der Eltern meinen, der Schulerfolg der Kinder hänge „sehr stark" oder „eher stark" von der Qualität der Schule ab. Die Unterstützung der Eltern bei Schularbeiten halten 90 % der Befragten für bedeutsam. Somit liegt ein weiterer Aspekt, der sich auf die familiäre Unterstützung von Schulkindern bezieht, an dritter Stelle. Die individuellen Ressourcen eines Kindes, seine „Begabung", halten 89 % der Eltern für einen starken Einflussfaktor. Und 86 % der Befragten meinen, der Schulerfolg eines Kindes hänge stark von der Bildung der Eltern ab. Damit liegt ein Aspekt, der sich den Ressourcen der sozialen Herkunft zuordnen lässt, an fünfter Stelle.

Mit erkennbarem Abstand folgen die finanzielle Situation (78 %), die Wohngegend der Familie (74 %), die Freunde des Kindes (72 %) sowie die Nationalität der Eltern (67 %) auf den weiteren Rängen. Der Auffassung, dass der Schulerfolg „sehr stark" oder „eher stark" von der elterlichen Teilnahme an Sprechtagen, Elternvertretung und Schulveranstaltungen abhängt, stimmen vergleichsweise wenige Eltern zu (65 %).

Überraschend ist, dass zwei Faktoren im Mittelfeld dieser Liste liegen, die die Ungleichheitsforschung als zentral für den Schulerfolg identifiziert hat: die Bildung der Eltern und die finanzielle Situation der Familie. Aus Sicht der Eltern kommt diesen beiden Faktoren zwar eine hohe, aber nicht die höchste Bedeutung zu. Noch ein anderer Befund überrascht: 72 % aller Eltern halten die Wohngegend für einen starken Einflussfaktor auf den Schulerfolg. Damit geraten lokale und regionale Disparitäten und ungleiche Lebensverhältnisse in der Bundesrepublik in den Blick. Die politische Zielstellung, solche Disparitäten abzuschwächen, wurde bislang nicht erreicht. Eher haben auf dieses Ziel bezogene bildungspolitische Maßnahmen neue Ungleichheiten entstehen lassen (vgl. Lohfeld 2008). Dass den Eltern diese Thematik sehr wichtig ist, lässt sich an ihrer großen Zustimmung zu dem bildungspolitischen Ziel „gleiche Bedingungen" in allen Ländern der Bundesrepublik ablesen (vgl. hierzu den Beitrag von Tillmann, Kap. 4.2.1).

Abb. 6.2   Aspekte, von denen Schulerfolg abhängt

Anteile „sehr stark" + „eher stark"

von einer geordneten Familiensituation	94 %
von der Qualität der Schule	91 %
von der Unterstützung der Eltern bei den Schularbeiten	90 %
von der Begabung des Kindes	89 %
von der Bildung der Eltern	86 %
von der finanziellen Situation der Eltern	78 %
von der Wohngegend der Familie	74 %
von den Freunden des Kindes	72 %
von der Nationalität der Eltern	67 %
von der elterlichen Teilnahme an Sprechtagen, Elternvertretung, Schulveranstaltungen	65 %

Frage: Wovon hängt in Deutschland der Schulerfolg der Kinder ab?
N=3.000 Befragte

Diese Auswertung zeichnet ein erstes Bild davon, was nach Meinung der Eltern den Schulerfolg ihrer Kinder beeinflusst. Zunächst können wir erkennen, dass nach Einschätzung der Eltern der Schulerfolg von Kindern nicht von einem einzigen Faktor abhängt. Die hohe Zustimmung zu allen genannten Einflussfaktoren deutet darauf hin, dass Eltern wissen, dass verschiedene Faktoren eine Rolle spielen, damit ein Kind erfolgreich in der Schule ist.

Auffällig ist der hohe Stellenwert, den die Eltern einer „geordneten Familiensituation" für den Schulerfolg eines Kindes einräumen. Was genau ist darunter zu verstehen? Die Familienforschung verbindet mit der familiären Situation verschiedene Konzepte. Sie versteht darunter unter anderem die soziale Herkunft, die Familienstruktur, die Familienbeziehungen, aber auch Familienereignisse (vgl. Binz et al. 2010). Wie oben bereits erwähnt, zählt zur sozialen Herkunft neben den Bildungsabschlüssen auch das Haushaltsnettoeinkommen. Insofern ist dieser Einflussfaktor nicht eindeutig zu trennen von einem anderen Faktor, nach dem die JAKO-O Bildungsstudie fragt: der finanziellen Situation der Familie. Die Rede von einer *geordneten* Familiensituation legt aber nahe, dass die Befragten mit der Aussage die Familienstruktur (Familienstand und Binnenstruktur) und die Familienbeziehungen (Familienklima, Interaktionen und Erziehungsverhalten) assoziieren. Zieht man zudem in Betracht, dass 90 % der Befragten die „Unterstützung der Eltern bei Schularbeiten" als bedeutsam für den Schulerfolg erachten, dann liegt die Schlussfolgerung nahe, dass eine geordnete Familiensituation auch so verstanden wird, dass Eltern ihren Kinder bei einer regelmäßig anfallenden Aufgabenstellung helfen und somit für Kontinuität und Zuverlässigkeit in der Familie Sorge tragen.

Zwischen den Bundesländern variiert der Anteil der Eltern, die die geordnete Familiensituation für bedeutsam halten: In Bayern und Nordrhein-Westfalen liegt er bei 96 %, in Berlin hingegen bei 80 %. Spielt hierbei der Anteil der Befragten, die alleinerziehend sind, eine Rolle? In Berlin liegt er bei 24 %, in Bayern bei 21 %, aber in Nordrhein-Westfalen nur bei 15 %. Insofern lässt sich kein strenger Zusammenhang zwischen dem Anteil Alleinerziehender im Bundesland und der Bewertung der Familiensituation herauslesen. Interessant sind diese Ergebnisse aber vor dem Hintergrund weiterer Studien, die für Deutschland einen besonders engen Zusammenhang zwischen dem Familienklima und der besuchten Schulform nachweisen: Sie zeigen, dass Hauptschüler eher unter einem schlechten Familienklima leiden als Gymnasiasten, die ein besonders gutes Familienklima erleben (vgl. Meier 2004). Vor diesem Hintergrund kann vermutet werden, dass die Eltern nicht zu unrecht der Familiensituation eine große Bedeutung zubilligen.

In den nächsten Abschnitten sollen die Befunde anhand von vier soziodemographischen Merkmalen der Befragten vertiefend analysiert und interpretiert werden. Wir fragen zunächst, ob sich die Antworten von ostdeutschen und westdeutschen Eltern unterscheiden (6.2.2), schauen dann, inwieweit die Antworten vom Einkommen und vom Bildungsabschluss der Eltern abhängen (6.2.3 und 6.2.4) und betrachten schließlich die Staatsangehörigkeit der Eltern (deutsch vs. türkisch) als Einflussfaktor (6.2.5).

6.2.2 Unterschiede zwischen Ost und West

Alle Merkmale für den Schulerfolg werden von den Befragten aus den alten und den neuen Bundesländern als ähnlich bedeutsam eingeschätzt (ohne Tabelle oder Abbildung). Zwei Ausnahmen sind zu konstatieren: 68 % der westdeutschen Eltern meinen, die Nationalität sei für den Schulerfolg von Kindern wichtig, bei den ostdeutschen Eltern sind es hingegen nur 61 %. Möglicherweise hängt dies mit dem geringeren Anteil von Menschen mit Migrationshintergrund in Ostdeutschland zusammen. Westdeutsche und Ostdeutsche unterscheiden sich aber auch hinsichtlich der Gewichtung der elterlichen Teilnahme an Sprechtagen, Elternvertretung und Schulveranstaltungen: 64 % der westdeutschen Eltern halten die elterliche Teilnahme für bedeutsam für den Schulerfolg. Von den ostdeutschen Eltern sind es 71 %. Wenngleich sich der tatsächliche gesellschaftliche Erfolg – gemessen an den Platzierungen auf dem Arbeitsmarkt – gerade von ostdeutschen jungen Männern in den letzten Jahrzehnten dramatisch verschlechtert hat (vgl. Pollack 2010), unterscheidet sich die Bewertung der Eltern, wovon der Schulerfolg von Kindern abhängt, nur unwesentlich.

Im Anschluss an die PISA-Studie wird immer wieder der Befund diskutiert, dass in Deutschland der Zusammenhang von sozio-ökonomischer Herkunft und Schulerfolg von Kindern und Jugendlichen im Vergleich zu anderen Ländern besonders eng ist. Vor diesem Hintergrund interessiert uns in den nächsten beiden

Abschnitten, ob sich die Ansichten der Eltern darüber, wovon der Schulerfolg eines Kindes abhängt, je nach ökonomischem und kulturellem Kapital der Befragten unterscheiden.

6.2.3 Unterschiede zwischen Einkommensgruppen

Um die Bedeutung des ökonomischen Kapitals zu untersuchen, stehen uns Angaben zum Haushaltseinkommen zur Verfügung. Wie oben erwähnt, können die befragten Eltern vier Gruppen zugeordnet werden (siehe Tabelle 6.1):

Als generelles Muster lässt sich festhalten, dass die Eltern der vierten Gruppe, also jene Eltern, die über ein Haushaltsnettoeinkommen von mehr als 3.000 Euro im Monat verfügen, in der Regel die einzelnen Faktoren für etwas einflussreicher erachten als die Eltern der ersten Gruppe mit einem monatlichen Haushaltsnettoeinkommen von unter 1.000 Euro. So meinen beispielsweise 90 % der Eltern aus der ersten Gruppe, der Schulerfolg der Kinder hänge „eher stark" oder „sehr stark" von der *geordneten Familiensituation* ab. Von den Eltern der zweiten Gruppe stimmen 93 % dieser Aussage zu. Der Anteil der Eltern aus der dritten und vierten Gruppe, der die-

Tab. 6.1   Aspekte, von denen Schulerfolg abhängt
(nach Haushaltsnettoeinkommen)

Anteile „sehr stark" + „eher stark"

Aspekte	Haushaltsnettoeinkommen in Euro			
	unter 1.000	1.000 bis 2.000	2.000 bis 3.000	über 3.000
von einer geordneten Familiensituation	90 %	93 %	96 %	96 %
von der Qualität der Schule	86 %	88 %	94 %	94 %
von der Unterstützung der Eltern bei den Schularbeiten	85 %	89 %	92 %	89 %
von der Begabung des Kindes	91 %	89 %	88 %	87 %
von der Bildung der Eltern	80 %	83 %	85 %	92 %
von der finanziellen Situation der Eltern	71 %	78 %	79 %	81 %
von der Wohngegend der Familie	66 %	78 %	76 %	74 %
von den Freunden des Kindes	74 %	74 %	74 %	69 %
von der Nationalität der Eltern	60 %	70 %	68 %	69 %
von der elterlichen Teilnahme an Sprechtagen, Elternvertretung, Schulveranstaltungen	68 %	64 %	67 %	61 %

Frage: Wovon hängt in Deutschland der Schulerfolg der Kinder ab?
N=3.000 Befragte

se Aussage bestätigt, liegt sogar bei 96 %. Anzumerken ist hier aber, dass die Unterschiede zwischen den Gruppen nur sehr gering ausfallen.

Bei der Frage nach dem Einfluss der *Qualität von Schule* auf den Schulerfolg zeigt sich ein ähnliches Bild. Insgesamt meinen 91 % der Befragten, dass der Schulerfolg eines Kindes „sehr stark" oder „eher stark" von der Schulqualität abhängt. Das trifft auf 86 % der Eltern aus der ersten Gruppe und 88 % der Eltern aus der zweiten Gruppe zu. Mit jeweils 94 % findet die Aussage bei den Eltern aus der dritten und vierten Gruppe die größte Zustimmung. Die Unterschiede zwischen den Gruppen sind vergleichsweise gering (8 Prozentpunkte) und lassen sich nur als Tendenz interpretieren, dass Eltern zwar generell um die Bedeutung der Qualität der Schule wissen, bestimmte Eltern aber die Bedeutung höher einschätzen als andere.

Die *Bildung der Eltern* als Einflussfaktor auf den Schulerfolg schätzen 80 % der Eltern mit einem monatlichen Einkommen von unter 1.000 Euro als „sehr stark" oder „eher stark" ein. Von den Eltern mit einem Einkommen von über 3.000 Euro meinen dies 92 %. Die beiden anderen dazwischen liegenden Einkommensgruppen stimmen der Aussage zu 83 % bzw. 85 % zu.

Unterschiede zwischen den Einkommensgruppen lassen sich auch feststellen, wenn es um die Frage geht, welchen Einfluss die *finanzielle Situation* auf den Schulerfolg hat: 71 % der untersten Einkommensgruppe halten diesen Punkt für bedeutsam, die anderen Gruppen liegen mit 78 %, 79 % und 81 % dicht beisammen. Das kann zweierlei bedeuten: Erstens könnte das Wissen um die Bedeutung des ökonomischen Kapitals, mit dessen Hilfe zusätzliche außerschulische Förderangebote wahrgenommen werden können (z. B. Musikunterricht), in den drei oberen Einkommensgruppen größer sein als in der untersten Einkommensgruppe. Diese Interpretation erscheint dann plausibel, wenn man berücksichtigt, dass staatliche Unterstützungsleistungen für Bildung (z. B. das „Bildungspaket") von sogenannten einkommensschwachen Eltern nur wenig in Anspruch genommen werden (vgl. Kneist 2011). Eine zweite Interpretation könnte darin bestehen, dass die Eltern aus dieser Einkommensgruppe die Bedeutung der finanziellen Situation herunterspielen, weil sie wissen, dass ihnen der finanzielle Spielraum zur Förderung ihrer Kinder fehlt.

Bei der *Wohngegend* zeigt sich ein weiteres Mal, dass Eltern, die zur einkommensschwächsten Gruppe zählen, die Bedeutung dieses Aspekts geringer veranschlagen als andere Eltern. Nur 66 % aus dieser Gruppe stimmen der Aussage zu, dass die Wohngegend den Schulerfolg der Kinder „sehr stark" oder „eher stark" beeinflusst. Die Eltern aus der zweiten Gruppe (Einkommen zwischen 1.000 und 2.000 Euro) stimmen dieser Aussage zu 78 % zu. Eltern aus der dritten Gruppe (Einkommen zwischen 2.000 und 3.000 Euro) liegen mit 76 % Zustimmung knapp vor den Eltern aus der vierten, einkommensstärksten Gruppe, die dieser Aussage zu 74 % zustimmen.

Auch bei der Frage nach dem Einfluss der *Nationalität* auf den Schulerfolg wiederholt sich das für die anderen Einflussfaktoren beschriebene Muster: 60 % der einkommensschwächsten Eltern stimmen der Aussage zu, dass der Schulerfolg „sehr stark" oder „eher stark" von der Nationalität abhängt. Der Anteil der Eltern aus den anderen Einkommensgruppen liegt bei 70 % bzw. knapp 70 %.

Eine interessante Umkehrung des bisher vorgestellten Musters für die Einkommensgruppen lässt sich feststellen, wenn man auf die *elterliche Teilnahme* an Sprechtagen, Elternvertretung und Schulveranstaltungen schaut. Hier sind es die Eltern aus der einkommensstärksten Gruppe, die seltener der Aussage zustimmen, dass die elterliche Teilnahme an den genannten innerschulischen Veranstaltungen den Schulerfolg „sehr stark" oder „eher stark" beeinflusst (61 % in der vierten Gruppe gegenüber 68 % in der ersten Gruppe).

Als Zwischenfazit kann festgehalten werden, dass die einzelnen Einflussfaktoren von den vier verschiedenen Einkommensgruppen durchaus unterschiedlich gewichtet werden. Dabei zeigt sich, dass auch finanziell unterprivilegierte Gruppen den Wert von Bildung anerkennen (vgl. hierzu auch den Beitrag von Paseka).

6.2.4 Die Bedeutung der Bildung der Eltern

Welche Bedeutung hat der Bildungsabschluss der befragten Eltern für ihre Antworten? Um dieser Frage nachzugehen, können drei Gruppen von Eltern unterschieden werden. Ähnlich wie in den vorherigen Abschnitten prüfen wir, ob und inwieweit sich Unterschiede zwischen den Vergleichsgruppen zeigen (siehe Tabelle 6.2).

Tab. 6.2   Aspekte, von denen Schulerfolg abhängt (nach Bildungsabschluss)

Anteile „sehr stark" + „eher stark"

Aspekte	Bildungsabschluss der Befragten		
	Volks-/ Hauptschule	mittlerer Bildungsabschluss	Abitur/ Hochschulabschluss
von einer geordneten Familiensituation	91 %	95 %	94 %
von der Qualität der Schule	87 %	94 %	92 %
von der Unterstützung der Eltern bei den Schularbeiten	88 %	91 %	90 %
von der Begabung des Kindes	91 %	90 %	83 %
von der Bildung der Eltern	77 %	89 %	93 %
von der finanziellen Situation der Eltern	75 %	82 %	77 %
von der Wohngegend der Familie	73 %	77 %	74 %
von den Freunden des Kindes	73 %	76 %	66 %
von der Nationalität der Eltern	65 %	69 %	67 %
von der elterlichen Teilnahme an Sprechtagen, Elternvertretung, Schulveranstaltungen	69 %	67 %	58 %

Frage: Wovon hängt in Deutschland der Schulerfolg der Kinder ab?
N=3.000 Befragte

Dass der Schulerfolg der Kinder „sehr stark" oder „eher stark" von der *Schulqualität* abhängt, meinen 87 % der Eltern aus der Gruppe mit Hauptschulabschluss. Der Anteil von Eltern mit mittlerem Schulabschluss liegt bei 94 %, der Anteil der Eltern mit Abitur/Hochschulabschluss bei 92 %. Die Auffassung, dass die Qualität der Schule den individuellen Bildungserfolg beeinflusst, ist unter Eltern mit Hauptschulabschluss demnach weniger verbreitet als in den beiden anderen Gruppen.

Wenn es um den Einfluss der *Begabung* geht, ergibt sich ein anderes Bild. Insgesamt 91 % der Eltern mit Hauptschulabschluss stimmen der Aussage zu, dass der Schulerfolg von der Begabung des Kindes abhängt. Ähnlich hoch ist der Anteil der Eltern mit mittlerem Schulabschluss; er liegt bei 90 %. Der Anteil der Eltern mit Abitur/Hochschulabschluss liegt bei 83 %. Die Ergebnisse lassen zwei Schlussfolgerungen zu: Erstens ist die Überzeugung, dass Schulerfolg entscheidend von individueller Begabung abhängt, insgesamt hoch. Zweitens ist diese Überzeugung bei Eltern mit dem höchsten Schulabschluss tendenziell geringer.

Wenn wir nach der *Bildung der Eltern* als Einflussfaktor auf den Schulerfolg fragen, können wir vergleichsweise große Unterschiede zwischen den Gruppen feststellen: Der Anteil der Eltern mit Hauptschulabschluss beträgt 77 %, der Anteil der Eltern mit mittlerem Schulabschluss liegt bei 89 % und der Anteil der Eltern mit Abitur bzw. Hochschulabschluss liegt bei 93 %. Wenngleich die große Mehrheit der Eltern die Bedeutung der eigenen Bildung für den Schulerfolg der Kinder erkennt, stimmen „bildungsnahe" Eltern der entsprechenden Aussage doch eher zu als „bildungsferne" Eltern. Zu beachten ist aber, dass auch mehr als drei Viertel der Eltern mit niedrigem Schulabschluss der Aussage zustimmen, dass die elterliche Bildung den Schulerfolg des Kindes beeinflusst. Pauschale Aussagen, die der sogenannten „Unterschicht" einen eklatanten Mangel an Bildungsaspiration unterstellen, lassen sich mit diesen Befunden nicht stützen. Eher kann man die hohe Zustimmung als Indiz dafür betrachten, dass Eltern mit niedrigem Schulabschluss wissen, welche Folgen die eigene Bildung für den Schulerfolg ihrer Kinder haben kann. Eng verknüpft damit ist die weiter unten erörterte Frage, welche Chancen das Schulsystem ihren Kindern bietet und welche Grenzen es diesen Kindern setzt.

Auch die Zustimmung zu der Frage, ob die *finanzielle Situation der Familie* den Bildungserfolg der Kinder beeinflusst, unterscheidet sich in Abhängigkeit vom erreichten Schulabschluss: 75 % der Eltern mit Hauptschulabschluss meinen, der Schulerfolg sei stark abhängig von der finanziellen Situation. Im Unterschied dazu stimmen 82 % der Eltern mit mittlerem Schulabschluss dieser Aussage zu. Die Eltern mit dem höchsten Schulabschluss liegen mit einem Anteil von 77 % zwischen den beiden anderen Gruppen.

Man könnte aus diesen Befunden die These ableiten, dass sich die zweite und die dritte Gruppe darin unterscheiden, wie sie Begabung, ökonomisches Kapital und kulturelles Kapital als Einflussfaktoren auf den Schulerfolg gewichten: Während für Eltern mit mittlerem Schulabschluss Begabung und finanzielle Mittel wichtiger sind als für Eltern mit höherem Schulabschluss, ist für diese Eltern vor allem die eigene Bildung von Bedeutung. Die Weitergabe des kulturellen Kapitals ist im Zweifel auch ohne besondere finanzielle Ressourcen möglich. Allerdings könnten die Eltern mit höherem Bildungsabschluss die Bedeutsamkeit der ihnen zur Verfügung stehenden finanziellen Ressourcen systematisch unterschätzen.

Welchen Einfluss haben die *Freunde* auf den Schulerfolg von Heranwachsenden? Diese Frage ist in der Pädagogik lange Zeit vernachlässigt worden. Der pädagogische Blick richtete sich vor allem auf den Erzieher/Lehrer und seinen Zögling/Schüler. Die Beziehungen der Schüler untereinander standen demgegenüber im Verdacht, die Lehrer-Schüler-Beziehung zu stören und einen tendenziell negativen Einfluss auf Heranwachsende auszuüben. Die Sozialisationsforschung der letzten Jahrzehnte hat solche Klischees widerlegt und die Bildungsbedeutsamkeit der Gleichaltrigen herausgearbeitet. Sie zeigt, dass Freundschaften zu Gleichaltrigen den Schulerfolg eines Kindes positiv wie negativ beeinflussen können (vgl. Oswald/Krappmann 2004). In der vorliegenden Befragung sehen 73 % der Eltern mit niedrigem Schulabschluss und 76 % der Eltern mit mittlerem Schulabschluss einen starken Zusammenhang zwischen den Freunden und dem Schulerfolg von Kindern. Der Anteil von Eltern mit höherem Schulabschluss liegt bei 66 %. Da die Unterschiede zwischen den Gruppen relativ gering sind, sollten sie nicht überbewertet werden. Entscheidend ist, dass mehr als zwei Drittel der Eltern meinen, dass Peers den Schulerfolg der Kinder beeinflussen.

Ein interessantes Ergebnis der JAKO-O Bildungsstudie betrifft die Einschätzung des elterlichen Engagements in der Schule (Teilnahme an Sprechtagen, Elternvertretung, Schulveranstaltungen). Im Unterschied zu dem Vorurteil, dass Eltern mit höherem Bildungsabschluss besonders fürsorglich sind und sich auch in schulische Belange einmischen – im englischsprachigen Raum ist die Rede von „helicopter parents" (vgl. Cline/Fay 2006) – zeigt die vorliegende Studie, dass nur 58 % der Befragten mit Abitur oder Hochschulabschluss dem elterlichen Engagement in der Schule einen starken Einfluss auf den Schulerfolg des Kindes einräumen. Bei den beiden anderen Gruppen liegt der Anteil deutlich höher: Der Anteil der Eltern der ersten Gruppe liegt bei 69 %; der Anteil der Eltern der zweiten Gruppe bei 67 %. Fraglich ist hier, ob das schulische Engagement von Eltern mit den höchsten Bildungsabschlüssen enttäuscht wurde, so dass sie ihrer Teilhabe am Schulleben eine vergleichsweise geringe Wirksamkeit attestieren.

6.2.5 Unterschiede zwischen Eltern deutscher und türkischer Staatsangehörigkeit

In der deutschen Bildungsöffentlichkeit wird immer wieder kontrovers diskutiert, ob Eltern mit Migrationshintergrund andere bzw. geringere Bildungsaspirationen haben als Eltern deutscher Herkunft. Anhand der Daten aus der JAKO-O Bildungsstudie ist ein Vergleich zwischen Eltern deutscher und türkischer Staatsangehörigkeit möglich (siehe Abbildung 6.3). Betrachtet man die einzelnen Einflussfaktoren für den Schulerfolg, so zeigen sich sowohl Gemeinsamkeiten als auch Abweichungen zwischen den beiden Elterngruppen.

Von den Befragten deutscher Staatsangehörigkeit (n=2.744) meinen 95 %, dass der Schulerfolg stark von einer *geordneten Familiensituation* abhängt. Bei den Befragten türkischer Staatsangehörigkeit (n=81) liegt der Anteil hingegen bei 81 %. Türkische Eltern betrachten die *Schulqualität* als wichtigsten Faktor für den Schulerfolg des Kindes (93 %). In diesem Punkt gibt es kaum Unterschiede zwischen den Elterngruppen: 92 % der deutschen Befragten nehmen einen starken Einfluss der Schulqualität an. Auch bei der Frage, ob die *Unterstützung der Eltern bei*

Schularbeiten einen maßgeblichen Einfluss auf den Schulerfolg hat, stimmen die befragten Gruppen überein: 92 % der türkischen und der deutschen Eltern nehmen an, dass der Schulerfolg stark von dieser Form elterlichen Engagements abhängt.

**Abb. 6.3   Aspekte, von denen Schulerfolg abhängt
(nach Staatsangehörigkeit)**

**Frage: Wovon hängt in Deutschland der Schulerfolg der Kinder ab?
N=3.000 Befragte**

Ein deutlicher Unterschied zeigt sich beim Vergleich mit einer anderen Form elterlichen Engagements: Bei der Frage, wie stark die elterliche Teilnahme an Sprechtagen, Elternvertretungen und Schulveranstaltungen den Schulerfolg beeinflusst, nehmen 82 % der Befragten türkischer Herkunft einen starken Zusammenhang an. Dem stehen 64 % der Befragten deutscher Herkunft gegenüber. Dieses Ergebnis spricht gegen die von manchen vertretene Auffassung, dass insbesondere Eltern türkischer Herkunft ein Bewusstsein für die Bedeutung des elterlichen Engagements in der Schule fehle oder sie sich ganz einfach nicht für Schulbelange interessieren (vgl. hierzu den Beitrag von Paseka, Kap. 7).

Auch die Frage nach dem Einfluss der Nationalität der Eltern auf den Schulerfolg eines Kindes fördert Unterschiede zutage: Während 67 % der Befragten deutscher Herkunft meinen, dieser Einfluss sei „sehr stark" oder „eher stark", liegt der Anteil von Befragten türkischer Herkunft hier bei 92 %. Möglich ist, dass diese Eltern meinen, ihre eigene sprachlich-nationale Herkunft beeinflusse den Erfolg ihrer Kinder in einer deutschen Schule auf entscheidende Weise. Allerdings bleibt offen, ob sie einen positiven oder negativen Einfluss der Nationalität auf den Schulerfolg annehmen. Vergegenwärtigt man sich noch einmal das im Beitrag von Killus dargelegte Ergebnis, wonach relativ wenige türkische Eltern der Meinung sind, ihre Kinder werden durch die Lehrkräfte gerecht behandelt (vgl. hierzu den Beitrag von Killus, Kap. 5.5), kann vermutet werden, dass türkische Eltern einen negativen Einfluss der Nationalität auf den Schulerfolg annehmen. Ein solcher Eindruck kann entstehen, wenn die sprachlich-nationale Herkunft eines Kindes in der Schule wichtiger genommen wird als seine individuelle Leistung. Eine solche Form der Diskriminierung stünde meritokratischen Prinzipien entgegen. Die Migrations- und Schulforschung kann zeigen, dass Formen institutioneller Diskriminierung in der Schule auftreten – sowohl in offener als auch in verdeckter Form (vgl. Gomolla/Radtke 2007).

6.3   Gerechte Bildungschancen aus Sicht der Eltern

Während wir bisher nach den verschiedenen Faktoren gefragt haben, die nach Meinung der Eltern den Schulerfolg eines Kindes beeinflussen, verschieben wir nun die Perspektive und schauen globaler auf das Schul- und Bildungssystem in Deutschland: In der JAKO-O Bildungsstudie wurden die Eltern auch danach gefragt, für wie *gerecht* sie die Bildungschancen halten, die Kinder in Deutschland alles in allem haben (vgl. hierzu auch den Beitrag von Tillmann, Kap. 4.2).

6.3.1 Sind die Bildungschancen für Kinder gerecht?

Wie Abbildung 6.4 zeigt, antworten 45 % der befragten Eltern, die Bildungschancen in Deutschland seien „eher gerecht", und 41 % meinen, die Bildungschancen seien „eher ungerecht". Als „sehr gerecht" schätzen lediglich 5 % der Eltern die Bildungschancen von Kindern ein. Dass die Bildungschancen „sehr ungerecht" seien, meinen sogar 7 % der Eltern.

Diese Ergebnisse lassen unterschiedliche Lesarten zu. Je nach Perspektive könnte man entweder sagen, dass immerhin die Hälfte der Befragten die Bildungschancen von Kindern für gerecht hält, oder aber darauf hinweisen, dass nur die Hälfte der Befragten von Gerechtigkeit in Bezug auf die Bildungschancen spricht. Ob man nun der einen oder der anderen Lesart zustimmt: Die JAKO-O Bildungsstudie verdeutlicht, dass die Elternschaft in dieser Frage gespalten ist. Angesichts des Anspruchs einer modernen Demokratie, *allen* Kindern und Heranwachsenden gerechte Bildungschancen zu bieten, stellt gut die Hälfte der befragten Eltern der Bildungspolitik kein gutes Zeugnis aus.

Im Folgenden interessiert uns, ob man Unterschiede bei den Antworten und Einschätzungen der Eltern ermitteln kann, wenn man ausgewählte soziodemographische Faktoren in Rechnung stellt. Neben dem Bildungsabschluss und dem Haushaltsnettoeinkommen sollen an dieser Stelle drei Aspekte genauer beleuchtet werden: Wie viele Kinder haben die befragten Eltern? Für wie informiert halten sie sich im Hinblick auf das, was in den Bildungseinrichtungen passiert, die ihr Kind besucht? Und für wie gut halten sie die schulische Ausbildung der Kinder? Die entsprechenden Ergebnisse werden in den Abbildungen 6.4 und 6.5 präsentiert. Bevor sie ausführlich besprochen werden, soll die Aufmerksamkeit zunächst auf die Frage gelenkt werden, ob die Einschätzung der Bildungschancen durch die Eltern mit deren Bildungs- und Einkommensniveau zusammenhängt.

Abb. 6.4   Bildungschancen der Kinder (nach Anzahl der Kinder)

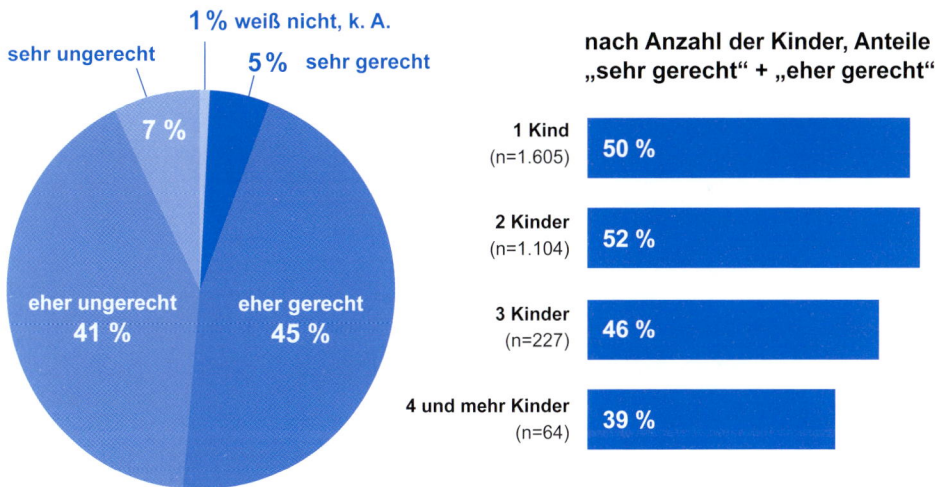

Frage: **Für wie gerecht halten Sie alles in allem die Bildungschancen für die Kinder in
Deutschland?**
N=3.000 Befragte

Zum Bildungs- und Einkommensniveau: Während sich bei dem am Schulabschluss
ermittelten Bildungsniveau der Eltern keine Unterschiede in der Bewertung feststellen
lassen, lässt sich für das Einkommensniveau festhalten, dass Eltern mit dem geringsten Einkommen (bis 1.000 Euro monatlich) die Bildungschancen zu 41 % für „sehr
gerecht" oder „eher gerecht" halten. Im Unterschied dazu liegt der Anteil derjenigen,
die einer solchen Aussage zustimmen, in den drei Gruppen mit höherem Einkommen
bei genau oder etwas mehr als 50 %.

Schaut man sich nun die Eltern, die die Bildungschancen der Kinder als „sehr
gerecht" und „eher gerecht" bewerten, im Hinblick auf die Anzahl der Kinder an,
so ergibt sich das folgende Bild (siehe Abbildung 6.4): 50 % der Eltern *mit einem
Kind* und 52 % der Eltern *mit zwei Kindern* halten die Bildungschancen für „eher gerecht" und „sehr gerecht". Etwas geringer ist der Anteil der Eltern *mit drei Kindern*,
die die Bildungschancen für gerecht halten; er liegt bei 46 %. Der Anteil der Eltern
mit vier und mehr Kindern, die die Bildungschancen für gerecht halten, liegt bei
39 %. Diese Unterschiede lassen verschiedene Interpretationen zu. Einerseits könnte von Bedeutung sein, dass Eltern mit mehr als einem Kind eine vergleichende
Sicht auf Bildungsinstitutionen einnehmen können und deshalb die Chancen, die
das Bildungssystem bietet, kritischer beurteilen. Andererseits ist denkbar, dass Eltern
mit mehreren Kindern ihre zusätzlichen finanziellen Belastungen als ungerecht wahrnehmen. Dies wäre ein Indiz dafür, dass eine stärkere finanzielle Förderung dieser
Familien erfolgen müsste, um die Bildungschancen der Kinder aus diesen Familien
zu verbessern. Welche weiteren Aspekte das Ergebnis beeinflussen, lässt sich aus
Abbildung 6.5 entnehmen:

Abb. 6.5   Bildungschancen der Kinder – weitere Zusammenhänge

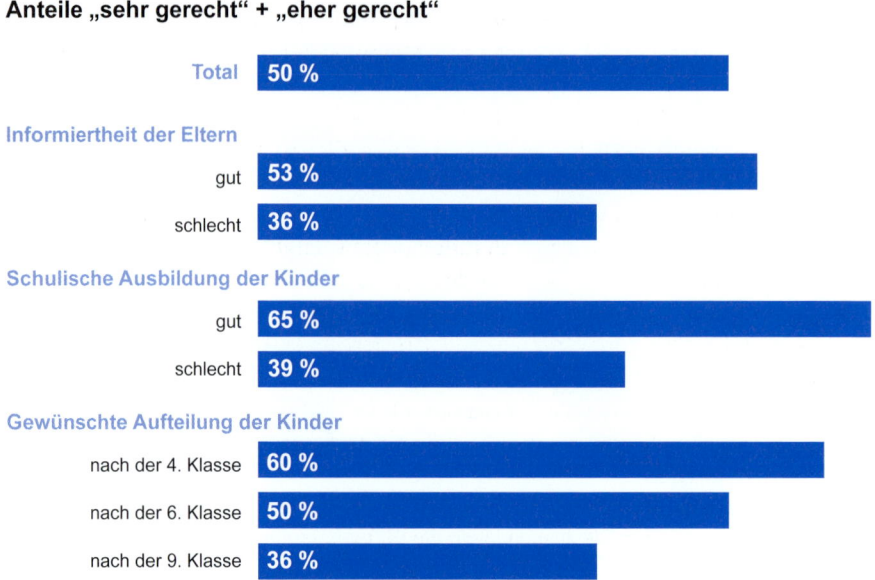

Anteile „sehr gerecht" + „eher gerecht"

Total — 50 %

Informiertheit der Eltern
gut — 53 %
schlecht — 36 %

Schulische Ausbildung der Kinder
gut — 65 %
schlecht — 39 %

Gewünschte Aufteilung der Kinder
nach der 4. Klasse — 60 %
nach der 6. Klasse — 50 %
nach der 9. Klasse — 36 %

Frage: Für wie gerecht halten Sie alles in allem die Bildungschancen für die Kinder in Deutschland?
N=3.000 Befragte

Von den Eltern, die sich selbst als gut informiert halten über das, was in den Bildungseinrichtungen passiert, beurteilt etwas mehr als die Hälfte (53 %) die Bildungschancen als „sehr gerecht" oder „eher gerecht". Von den Eltern, die sich in dieser Hinsicht als schlecht informiert klassifizieren, sind es etwas mehr als ein Drittel (36 %).

Schauen wir abschließend, ob diejenigen Eltern, die die schulische Ausbildung der Kinder für gut halten, auch deren Bildungschancen als gerecht beurteilen. Hier zeigt sich ebenfalls ein Zusammenhang: Von den Eltern, die die schulische Ausbildung als gut einschätzen, beurteilen 65 % die Bildungschancen in Deutschland als gerecht. Von den Eltern, die die schulische Ausbildung der Kinder hingegen für schlecht halten, stimmen nur 39 % der Aussage zu, dass die Bildungschancen für Kinder in Deutschland „sehr gerecht" oder „eher gerecht" sind. Welcher Zusammenhang besteht nun zwischen der Bewertung der Bildungschancen und der Meinung der Eltern, ob Kinder nach der 4., der 6. oder der 9. Klasse auf verschiedene Schulformen verteilt werden sollen? Dies wird im folgenden Abschnitt ausführlich behandelt.

6.3.2 Übergangsentscheidungen und gerechte Bildungschancen

Erhebliche Unterschiede bei der Beurteilung der Bildungschancen können wir feststellen, wenn wir fragen, wann Kinder nach Meinung der Eltern in die verschiedenen Schulformen aufgeteilt werden sollen (vgl. hierzu den Beitrag von Tillmann, Kap. 4.3.2). Von den Eltern, die eine Aufteilung nach der 4. Klasse wünschen, halten 60 % die Bildungschancen für gerecht. Von den Eltern, die eine Aufteilung nach der 6. Klasse wünschen, hält nur die Hälfte die Bildungschancen für gerecht. Von den Eltern, die eine Aufteilung nach der 9. Klasse wünschen, meinen nur 36 %, die Bildungschancen seien gerecht. Diese Befunde deuten darauf hin, dass die Eltern gerechte Bildungschancen mit der Struktur des Schulsystems verbinden: Eltern, die ein traditionelles Schulsystem mit einer frühen Übergangsselektion befürworten, halten die bestehenden Zustände überwiegend für gerecht. Eltern, die eine gemeinsame Schulzeit über sechs Jahre befürworten, spalten sich in zwei etwa gleich große Gruppen auf. Und Eltern, die eine gemeinsame Schulzeit über neun Jahre befürworten, halten das bestehende System und die mit ihm verbundenen Chancen ganz überwiegend für ungerecht.

Unterscheiden sich die Eltern in ihren Einschätzungen je nach Einkommensniveau und Bildungsstand? Schauen wir zunächst, inwieweit verschiedene *Einkommensgruppen* eine Aufteilung *nach der 4. Klasse* wünschen (siehe Tabelle 6.3): In der untersten Gruppe (bis 1.000 Euro monatlich) liegt der Anteil jener Eltern, die die Bildungschancen für gerecht halten, bei 53 %. In den beiden mittleren Einkommensgruppen steigt der Anteil auf 58 % und in der obersten Einkommensgruppe (mehr als 3.000 Euro monatlich) meinen 67 % der Befragten, die Bildungschancen seien gerecht.

Betrachten wir nun die Eltern, die ein gemeinsames Lernen aller Schülerinnen und Schüler über sechs Jahre befürworten und sich eine Aufteilung *nach der 6. Klasse* wünschen, wie sie in einigen Bundesländern bereits praktiziert wird: Die Eltern mit dem geringsten Einkommen meinen zu 36 %, die Bildungschancen seien gerecht. Der Anteil der Eltern aus den drei anderen Gruppen liegt demgegenüber zwischen 51 % und 52 %.

Schauen wir schließlich auf die Eltern, die eine Aufteilung der Schülerinnen und Schüler auf verschiedene Schulformen *nach der 9. Klasse* wünschen: In dieser Gruppe ist der Anteil der Eltern, die die Bildungschancen als gerecht empfinden, deutlich geringer als in den Gruppen, die sich eine Aufteilung nach der 4. oder 6. Klasse wünschen. Das zeigt sich auch dann, wenn wir die Eltern getrennt nach Einkommensgruppen betrachten: 37 % der Eltern aus der untersten Einkommensgruppe halten die Bildungschancen für gerecht. 28 % der Eltern mit einem Einkommen zwischen 1.000 und 2.000 Euro meinen, die Bildungschancen seien gerecht. Dem stehen 43 % und 32 % in den beiden oberen Einkommensgruppen gegenüber.

Tab. 6.3   Bewertung der Bildungschancen nach gewünschter Aufteilung der Kinder auf verschiedene Schulformen und nach Haushaltsnettoeinkommen

Anteile „sehr gerecht" + „eher gerecht"

Einkommensgruppen	Aufteilung der Kinder auf die verschiedenen Schulformen		
	nach der 4. Klasse	nach der 6. Klasse	nach der 9. Klasse
bis 1.000	53 %	36 %	37 %
1.000 bis 2.000	58 %	52 %	28 %
2.000 bis 3.000	58 %	52 %	43 %
über 3.000	67 %	51 %	32 %

Frage: Für wie gerecht halten Sie alles in allem die Bildungschancen in Deutschland?
N=3.000 Befragte

Wenn wir nun schauen, wie die Eltern die Bildungschancen einschätzen und statt des Familieneinkommens die Bildungsabschlüsse betrachten, so fällt auf, dass das Bild einheitlicher ist (siehe Tabelle 6.4). Bei den Eltern, die eine Aufteilung der Schüler nach der 4. Klasse wünschen, liegt der Anteil derjenigen, die die Bildungschancen als gerecht ansehen, zwischen 57 % und 63 % über die verschiedenen Bildungsabschlüsse hinweg. Der entsprechende Anteil liegt bei den Eltern, die eine Aufteilung nach der 6. Klasse präferieren, bei 52 % bzw. 50 %. Größere Unterschiede können wir ermitteln, wenn wir uns die Eltern anschauen, die eine Aufteilung nach der 9. Klasse wünschen. Eltern mit einem niedrigen Bildungsabschluss meinen zu 37 %, die Bildungschancen seien gerecht, Eltern mit mittlerem Bildungsabschluss meinen das zu 40 %. Der Anteil von Eltern mit dem höchsten Bildungsabschluss, die die Bildungschancen für gerecht halten, liegt bei 32 %. Diejenigen Eltern, die für die späteste Aufteilung plädieren, tun dies auch aus Kritik am frühen Übergang. Das zentrale Gerechtigkeitsproblem scheint für gut zwei Drittel dieser Eltern der frühe Übergang von der Grundschule in die weiterführende Schule zu sein.

Tab. 6.4   Bewertung der Bildungschancen nach gewünschter Aufteilung der Kinder auf verschiedene Schulformen und nach Bildungsabschluss

Anteile „sehr gerecht" + „eher gerecht"

Bildungsabschluss	Aufteilung der Kinder auf die verschiedenen Schulformen		
	nach der 4. Klasse	nach der 6. Klasse	nach der 9. Klasse
Volks-/Hauptschule	57 %	52 %	37 %
mittlerer Bildungsabschluss	63 %	50 %	40 %
Abitur/Hochschulabschluss	62 %	50 %	32 %

Frage: Für wie gerecht halten Sie alles in allem die Bildungschancen in Deutschland?
N=3.000 Befragte

Wenn wir die Ergebnisse zum Zusammenhang von Bildungschancen, gewünschter Aufteilung der Kinder und soziodemographischen Merkmalen der Eltern genauer betrachten, zeigt sich erstens, dass diejenigen Eltern, die eine Aufteilung der Kinder nach der 4. Klasse wünschen, die Bildungschancen für Kinder als gerechter einschätzen als Eltern, die einen späteren Übergang befürworten. Umgekehrt heißt das, dass Eltern, die eine Aufteilung frühestens nach der 6. Klasse wünschen, auch die Bildungschancen eher als *ungerecht* wahrnehmen. Dieser Trend ist unabhängig vom Einkommen und Bildungsabschluss der Eltern. Zweitens ist der Anteil derer, die die Bildungschancen als ungerecht empfinden, größer unter denjenigen mit geringem Einkommen als unter denjenigen mit höherem Einkommen. Wer mehr Geld zur Verfügung hat, empfindet die Bildungschancen eher als gerecht als derjenige, der wenig Geld hat. Vor diesem Hintergrund erscheint es plausibel, dass zwei Drittel der Eltern mit dem höchsten Einkommen, die eine Aufteilung nach der 4. Klasse wünschen, die Bildungschancen als gerecht wahrnehmen. Als Fazit lässt sich festhalten, dass die Frage der Bildungschancen aus Sicht der Eltern eng mit dem Übergang von der Grundschule in die weiterführenden Schulen zusammenhängt. Die frühe Selektion erscheint aus Sicht derjenigen, die eine späte Aufteilung der Kinder befürworten, als ungerecht.

6.4 Diskussion

In der gegenwärtigen Schullandschaft wächst die Bedeutung der Elternsicht auf Schule, weil Eltern sowohl bei der Schulwahl größere Freiheiten und Entscheidungsspielräume eingeräumt bekommen als auch in schulische Prozesse gestalterisch einbezogen werden. Diese neuen Einfluss- und Mitsprachemöglichkeiten können als Folge der Neuen Steuerung im Bildungswesen angesehen werden (vgl. Bellmann 2007). Die JAKO-O Bildungsstudie gibt Aufschluss darüber, was Eltern in Deutschland über Schule denken. In diesem Beitrag haben wir uns auf Schulbildung, Schulerfolg und Bildungschancen konzentriert. Wir sind von dem Befund ausgegangen, dass die Eltern einen starken Zusammenhang zwischen Schulbildung und Lebenserfolg annehmen. Daraufhin haben wir untersucht, welche Faktoren aus Sicht der Elternschaft zu einer erfolgreichen Schulbildung von Kindern beitragen. Schließlich fragten wir, ob die Bildungschancen der Kinder von den Eltern als gerecht beurteilt werden. In diesem letzten Abschnitt diskutieren wir zunächst in knapper Form zentrale Ergebnisse und skizzieren anschließend weiterführende Forschungsfragen.

Anhand der Befragung der Eltern zu Schulerfolg und gerechten Bildungschancen können folgende Ergebnisse festgehalten werden:
- *Schulbildung* ist aus Sicht fast aller Eltern der Schlüssel für *Erfolg im Leben*. Eltern mit höherem Einkommen sehen den Zusammenhang etwas weniger eng als Eltern mit niedrigem Einkommen. Zu berücksichtigen ist hier, dass Menschen Erfolg ganz unterschiedlich beurteilen können: Während für die einen der berufliche Aufstieg (auch im Vergleich zu den eigenen Eltern) wichtig ist, geben sich die anderen mit dem Erhalt des Status quo zufrieden. Zugleich ist zu bedenken, dass Akademiker kaum noch Aufstiegschancen haben, da sie in gewissem Sinne bereits „oben angekommen" sind. Angesichts so unterschiedlicher Sichtweisen bleibt in

dieser Studie offen, was die Eltern konkret unter einem erfolgreichen Leben verstehen.

– Der *Schulerfolg* ist nach Meinung der Eltern nicht von einem einzelnen Faktor abhängig. Die JAKO-O Bildungsstudie zeigt vielmehr, dass aus Elternsicht ein ganzes Bündel von Faktoren den Schulerfolg von Kindern beeinflusst. Dies deutet darauf hin, dass Eltern wissen, dass für den Schulerfolg nicht allein die (Qualität von) Schule verantwortlich ist. Vielmehr scheint es unter den Eltern ein ausgeprägtes Verständnis dafür zu geben, dass auch oder gerade sie als Eltern gefordert sind, ihre Kinder in der Schule zu unterstützen. Interessant ist hierbei, dass verschiedene Komplexe von Einflussfaktoren eine Rolle spielen. Neben den erwähnten Faktoren, die von den Eltern direkt zu beeinflussen sind, indem sie ihre Kinder aktiv unterstützen, führen die Eltern auch individuelle Merkmale des Kindes („Begabung") sowie das kulturelle und ökonomische Kapital der Familie an.

– Die *Bildungschancen* der Kinder nimmt die Hälfte der Eltern als gerecht wahr, die andere Hälfte schätzt die Chancen als ungerecht ein. Ein genauerer Blick hat gezeigt, dass die Mehrheit der Eltern mit sehr geringem Einkommen die Bildungschancen als ungerecht einschätzt. Zudem zeigt sich, dass die Wahrnehmung der Bildungschancen eng damit zusammenhängt, wie man die Schulstruktur in Deutschland beurteilt. Eltern, die sich eine gemeinsame Schule für alle Kinder bis zur 9. Klasse wünschen, beurteilen die Bildungschancen in Deutschland besonders häufig als ungerecht. Einen Gegenpol stellen Eltern mit einem sehr hohen Einkommen dar, die eine Aufteilung nach der 4. Klasse favorisieren: Sie halten die Bildungschancen überwiegend für gerecht. Unter der Prämisse, dass die Bildungspolitik bestrebt sein sollte, eine hohe Akzeptanz bei Grundfragen des Bildungssystems zu erzielen, müssen die hier dargestellten Ergebnisse zur Bildungsgerechtigkeit alarmieren. Sie zeigen, dass ein beträchtlicher Teil der Elternschaft eine Abkehr von der vierjährigen Grundschule präferiert.

Diese Ergebnisse deuten darauf hin, dass die Schule als Bildungsinstitution, die entscheidende Kenntnisse und Fähigkeiten für das zukünftige Leben vermittelt, bei den Eltern unumstritten ist. Auch wenn die Vorstellung, dass die Schule zur Vorbereitung auf das spätere Leben dient, selbst problematisch sein kann, akzeptieren fast alle Befragten sie. Sie teilen damit eine Grundidee moderner Bildungssysteme: Dass Bildung ein Schlüssel zum individuellen (und auch zum gesellschaftlichen) Wohlstand ist.

Auch wenn die Eltern die Bedeutung schulischer Bildung keineswegs in Frage stellen, zeigen die Ergebnisse der JAKO-O Bildungsstudie, dass sie mit dem bestehenden Schulsystem und seinen Strukturen nur zum Teil zufrieden sind und Reformbedarf sehen. Die sich hier andeutende Diskrepanz könnten zukünftige Elternbefragungen vertiefend analysieren. Sie müssten deutlicher herausarbeiten können, was die Eltern genau unter gerechten Bildungschancen verstehen.

Dass die überwiegende Mehrheit der befragten Eltern ein ganzes Bündel von Einflussfaktoren auf den Schulerfolg für wichtig erachtet, ist ein Befund, der aus Sicht der empirischen Bildungs- und Ungleichheitsforschung überrascht. Deren Ergebnisse zeigen immer wieder, dass die Indikatoren sozialer Herkunft (Einkommen und Bildungsabschluss der Eltern) besonders aussagekräftig sind für die Erklärung von Unterschieden des Schulerfolgs von Kindern. Die Eltern räumen diesen Faktoren zwar eine große Bedeutung ein; aus ihrer Sicht haben andere Faktoren aber eine größere Relevanz: Sie gewichten gerade jene Aspekte, welche sie selbst gestalten und beeinflussen können, besonders stark. Daneben spielt die (Qualität der) Schule aus Sicht der Elternschaft eine entscheidende Rolle. Für zukünftige Elternbefragungen erscheint es vor diesem Hintergrund sinnvoll, einen stärkeren und expliziteren Bezug zu Befunden und Konzepten bildungssoziologischer Forschung herzustellen, um zu präziseren Aussagen zu gelangen.

Dass die Mehrheit der Eltern einem ganzen Bündel von Faktoren starken Einfluss auf den Bildungserfolg von Kindern attestiert, deutet auf ein weiteres Problem: Zu klären wäre, wie sich die verschiedenen Bereiche von Einflussfaktoren zueinander verhalten. Dies betrifft insbesondere die Gewichtung der Ressourcen sozialer Herkunft und der individuellen Ressourcen (Stichwort „Begabung"). Die Ergebnisse der JAKO-O Bildungsstudie sprechen dafür, dass das Konzept der Begabung für Eltern große Erklärungskraft für schulischen Erfolg oder Misserfolg besitzt. Zukünftige Elternbefragungen könnten den Stellenwert der Begabung präziser herausarbeiten. Zu fragen wäre hier beispielsweise, was Eltern konkret unter Begabung verstehen: Ist sie ererbt oder erlernt? Hängt sie von „natürlichen" oder auch von sozialen Faktoren ab? Die Brisanz der Überzeugung, dass der Schulerfolg entscheidend von Begabung abhängt, besteht darin, dass sie sozial ungleiche Bildungschancen legitimieren kann, wenn sie eine „natürliche" Erklärung individueller Leistungsunterschiede vornimmt (vgl. Solga 2005, S. 21, Lenhardt 2002).

Diese Fragen leiten über zu einem weiteren Problemkomplex, der sich auf die Gerechtigkeit von Bildungschancen bezieht. Die vorliegenden Ergebnisse deuten darauf hin, dass die Elternschaft Gerechtigkeitsdefizite in der Schulstruktur identifiziert. Die damit eingenommene Makroperspektive auf schulische Bildung ließe sich ergänzen, indem die Sicht der Eltern auf Mikrostrukturen schulischer Bildung (z. B. konkrete Bewertungs- und Förderungspraxen im Unterricht) in weitere Befragungen deutlicher einbezogen wird.

Literatur

Bellmann, J. (2007): Das Monopol des Marktes - Wettbewerbssteuerung im Schulsystem. In: Berliner Debatte Initial 18, H. 6, S. 58-71

Binz, C./Schneider, N.F./Seiffge-Krenke, I. (2010): Familie und Schulerfolg. Ein Literaturüberblick zum Einfluss der Familiensituation auf Schulleistungen. In: Zeitschrift für Soziologie der Erziehung und Sozialisation 30, H. 3, S. 280-294

Cline, F./Fay, J. (2006): Parenting Teens with Love and Logic. Preparing Adolescents for Responsible Adulthood. Colorado Springs: Pinon Press

Ehmke, T./Jude, N. (2010): Soziale Herkunft und Kompetenzerwerb. In: Klieme, E. et al. (Hrsg.): PISA 2009. Bilanz nach einem Jahrzehnt. Münster: Waxmann, S. 232-254

Giesinger, J. (2007): Was heißt Bildungsgerechtigkeit? In: Zeitschrift für Pädagogik 53, H. 3, S. 362-381

Giesinger, J. (2008): Begabtenförderung und Bildungsgerechtigkeit. In: Ullrich, H./Strunck, S. (Hrsg.): Begabtenförderung an Gymnasien. Entwicklungen, Befunde, Perspektiven. Wiesbaden: VS-Verlag, S. 271-291

Giesinger, J. (2011): Bildung als öffentliches Gut und das Problem der Gerechtigkeit. In: Zeitschrift für Pädagogik 57, H. 3, S. 421-437

Gomolla, M./Radtke, F.-O. (2007): Institutionelle Diskriminierung. Die Herstellung ethnischer Differenz in der Schule. Wiesbaden: VS-Verlag

Hopf, W. (2010): Freiheit, Leistung, Ungleichheit. Bildung und soziale Herkunft in Deutschland. Weinheim: Juventa

Kersting, W. (2007): Facetten der Gerechtigkeit. In: Leviathan 35, H. 2, S. 193-211

Klieme, E. et al. (2003): Zur Entwicklung nationaler Bildungsstandards. Berlin: Bundesministerium für Bildung und Forschung

Kneist, S. (2011): Lehrer verzweifeln am Bildungspaket. In: Der Tagesspiegel vom 19.05.2011. http://www.tagesspiegel.de/berlin/lehrer-verzweifeln-am-bildungspaket/4191546.html (Zugriff: 08.06.2011)

Lenhardt, G. (2002): Die verspätete Entwicklung der deutschen Schule. In: Pädagogische Korrespondenz 29, S. 5-22

Lohfeld, W. (Hrsg.) (2008): Gute Schulen in schlechter Gesellschaft. Wiesbaden: VS-Verlag

Meier, U. (2004): Familie, Freundesgruppe, Schülerverhalten und Kompetenzerwerb. In: Schümer, Gundel (Hrsg.): Die Institution Schule und die Lebenswelt der Schüler. Wiesbaden: VS-Verlag, S. 187-216

Nicht, J./Müller, T. (2009): Kompetenzen als Humankapital. Über die Wahlverwandtschaft zweier Leitkonzepte zeitgenössischer Bildungsreform. In: Berliner Debatte Initial 20, H. 3, S. 30-44

Oswald, H./Krappmann, L. (2004): Soziale Ungleichheit in der Schulklasse und Schulerfolg. Eine Untersuchung in dritten und fünften Klassen Berliner Grundschulen. In: Zeitschrift für Erziehungswissenschaft 7, H. 4, S. 479-496

Pollack, R. (2010): Kaum Bewegung, viel Ungleichheit: Eine Studie zu sozialem Auf- und Abstieg in Deutschland. Köln. http://www.boell.de/downloads/201010_Studie_Soziale_Mobilitaet.pdf (Zugriff: 28.05.2011)

Quenzel, G./Hurrelmann, K. (2010): Geschlecht und Schulerfolg: Ein soziales Stratifikationsmuster kehrt sich um. In: Kölner Zeitschrift für Soziologie und Sozialpsychologie 62, H. 1, S. 61-91

Solga, H. (2005): Meritokratie – die moderne Legitimation ungleicher Bildungschancen. In: Berger, P.A./Kahlert, H. (Hrsg.): Institutionalisierte Ungleichheiten. Wie das Bildungswesen Chancen blockiert. Weinheim: Juventa, S. 19-38

Stojanov, K. (2008): Bildungsgerechtigkeit als Freiheitseinschränkung? Kritische Anmerkungen zum Gebrauch der Gerechtigkeitskategorie in der empirischen Bildungsforschung. In: Zeitschrift für Pädagogik 54, H. 4, S. 516-531

Tenorth, H.-E. (2004): Stichwort: „Grundbildung" und „Basiskompetenzen". Herkunft, Bedeutung und Probleme im Kontext allgemeiner Bildung. In: Zeitschrift für Erziehungswissenschaft 7, H. 2, S. 169-182

Angelika Paseka

7 Wozu ist die Schule da? – die Aufgaben der Schule und die Mitarbeit der Eltern

Über Aufgaben und damit auch Pflichten von Schule und Eltern zu reden, ist ein heißes Thema, das – zumindest in der Alltagspresse – von gegenseitigen Schuldzuweisungen geprägt wird. Mit Hilfe der Daten aus der JAKO-O Bildungsstudie soll nun versucht werden, systematisch diesen Bereich aufzuarbeiten und aus drei Perspektiven zu beleuchten: Zunächst werden allgemeine Einschätzungen über Schule aus Elternsicht thematisiert, und zwar im Hinblick auf die Wichtigkeit von Schule generell sowie den Nutzen von Schule für einen zukünftigen Beruf (7.1). In einem zweiten Schritt wird die Zufriedenheit der Eltern mit Schule erfasst und danach gefragt, ob aus deren Sicht Schule ihren Aufgaben nachkommt oder diese – zumindest teilweise – an die Eltern delegiert (7.2). Schließlich geht es um die konkrete Unterstützung und Mitarbeit durch die Eltern bei Leistungen, die von der Schule gefordert werden (7.3).

7.1 Aufgaben der Schule

„Wozu ist die Schule eigentlich da?" Diese Frage wird nicht nur im privaten Bereich, sondern auch öffentlich und teilweise sehr erhitzt diskutiert. Und die Antworten? Die finden sich in literarisch sehr unterschiedlichen und kreativen Formaten. Hier einige Beispiele:

Hartmut von Hentig lässt seinen Neffen Tobias die Frage stellen: „Warum muss ich zur Schule gehen?" Statt einer schnellen Antwort schreibt er ihm mehrere Briefe und nähert sich dem Thema in Form von Geschichten. Zunächst erzählt er von Antonio, Pietro und Ludovico. Schule ist für sie ein Schonraum, in dem sie sich entwickeln können und Anregungen erhalten, die ihnen aufgrund ihres prekären familiären Umfelds sonst vorenthalten wären. Schule ist für sie die einzige Chance auf einen sozialen Aufstieg. Hentig nennt aber auch noch drei weitere Funktion: Schule vermittelt Fertigkeiten, die man für das Leben in einer großen Gemeinschaft benötigt – Lesen, Schreiben und Rechnen, aber auch fremde Sprachen und Geschichte. Schule hilft weiters, ein „guter Bürger" zu werden und am politischen Leben Anteil nehmen zu können. Schließlich ermöglicht Schule „Bildung", durch die sich erkennen lässt, was gut, schön und wahr ist (von Hentig 2001).

In seinen Geschichten vom Herrn Keuner lässt Bertolt Brecht (1959) ebenfalls ein Kind eine Frage stellen: „Wenn die Haie Menschen wären, wären sie dann netter zu den kleinen Fischen?" Bei der Beantwortung gibt es einige Hinweise auf die Schule: „Es gäbe natürlich auch Schulen in den großen Kästen. In diesen Schulen würden die Fischlein lernen, wie man in den Rachen der Haifische schwimmt. Sie würden z.B. Geographie brauchen, damit sie die großen Haifische, die faul irgendwo rumliegen, finden könnten. Die Hauptsache wäre natürlich die moralische Ausbildung der

Fischlein. Sie würden unterrichtet werden, dass es das Größte und Schönste sei, wenn ein Fischlein sich freiwillig aufopfert, und sie alle an die Haifische glauben müssten, vor allem, wenn sie sagten, sie würden für eine schöne Zukunft sorgen. Man würde den Fischlein beibringen, dass diese Zukunft nur gesichert sei, wenn sie Gehorsam lernten. Vor allen niedrigen, materialistischen, egoistischen und marxistischen Neigungen müssten sich die Fischlein hüten, und es sofort melden, wenn eines von ihnen solche Neigungen verriete." In dieser Parabel wird Schule als Trainingslager beschrieben, in dem auf die Ansprüche der „Wirklichkeit" vorbereitet werden soll. Dazu wird Wissen vermittelt, aber auch Normen und Werte, moralische und ästhetische Regeln sowie Disziplin und Gehorsam stehen auf dem Stundenplan.

Weitaus nüchterner und sachlicher fallen die Antworten des Soziologen Helmut Fend (2006) aus. Aus einer gesellschaftlichen Perspektive hat Schule vier Funktionen zu erfüllen: (1) die kulturelle Reproduktion von grundlegendem Wissen (wie Sprache und Schrift) und basalen Wertorientierungen, (2) die Vermittlung von Fertigkeiten und Kenntnissen, die zur Ausübung von Arbeit befähigen und die Wettbewerbsfähigkeit eines Landes sichern, (3) die Verteilung von Positionen durch die Vergabe von Zertifikaten und (4) die Reproduktion von sozialen Werten, Normen und Weltsichten, die die existierenden gesellschaftlichen und politischen Verhältnisse stabilisieren helfen.

Aus der Perspektive der Subjekte bietet das Schulsystem den Mitgliedern einer Gesellschaft individuelle Handlungs- und Entwicklungschancen: (1) durch Enkulturation werden die gesellschaftliche Teilhabe sowie eine sinnstiftende Identität ermöglicht; (2) durch Qualifikation können berufliches Wissen und Fertigkeiten erworben und damit der Lebensunterhalt gewährleistet werden; (3) durch die Allokation im gesellschaftlichen Gefüge wird Lebensplanung möglich; (4) durch Integration und Legitimation können Individuen eine anerkannte soziale Identität entwickeln und an gesellschaftlichen Prozessen partizipieren.

Vergleicht man die kindgerechten Ausführungen eines Hartmut von Hentig, der für eine subjektbezogene Sichtweise auf Schule steht und den Gewinn für das Individuum fokussiert, bzw. die gesellschaftskritischen Überlegungen eines Bertolt Brecht, der eine funktionale und auf den gesellschaftlichen Nutzen hin orientierte Sichtweise darstellt, mit jenen von Helmut Fend, so liegen deren Antworten nicht so weit auseinander. Das gesellschaftliche Interesse an Schule ist groß – daran hat sich seit Einführung der Schulpflicht im 18. Jahrhundert nichts geändert. Der Staat investiert folglich eine Menge Geld in den Bildungsbereich (ob genug, das wäre eine andere Frage). Schule hat „Zulieferungsfunktion" für den ökonomischen Bereich, konkret den Arbeitsmarkt, von Fend als *Qualifikationsfunktion* bezeichnet, und *Enkulturationsfunktion,* denn es werden dort Normen und Werte sowie Grundfertigkeiten vermittelt, die als zentrale Säulen einer Gesellschaft gelten. Schule hat aber auch Platzierungsfunktion, weil über Zertifikate Weichen gestellt werden, die den weiteren Lebensweg bestimmen (nach Fend: *Allokationsfunktion*). Gleichzeitig „gewinnt" das Individuum, denn in einer hochkomplexen Gesellschaft reichen die familiäre Sozialisation und Erziehung nicht aus. Für die Akzeptanz als vollwertiges Mitglied bedarf es des Erwerbs von Wissen, Fertigkeiten und Haltungen, die ein Agieren als anerkannter Akteur ermöglichen. Die *Anerkennung* der Notwendigkeit von Schule, der dort zu produzierenden Leistungen sowie der daraus resultierenden Ungleichheiten wird von Fend unter dem Begriff *Integrationsfunktion* gefasst. In der älteren Fassung seiner Theorie der Schule resümiert er: Die Herstellung einer Passung zwischen subjektiven Erwartungen und objektiven Ab- und Anschlussmöglichkeiten ist ein wichtiger Teil des staatlichen Auftrags an Schule (Fend 1981, S. 46f.).

Welche Bedeutung attestieren Eltern der Schule? Aus dem vorliegenden Datenmaterial der JAKO-O Bildungsstudie kann deren Einschätzung zu zwei Aspekten, der Integrations- und Qualifikationsfunktion von Schule, rekonstruiert werden.

7.1.1 Wichtigkeit von Schule für das weitere Leben

Ulrich Beck hat in seinem Buch „Risikogesellschaft" (1986) auf die veränderte Rolle der Schule in modernisierten Gesellschaften hingewiesen. Einerseits hat das Bildungssystem seine statusverteilende Funktion eingebüßt. Ein Abschluss reicht nicht mehr aus, um ein bestimmtes Einkommen zu erreichen, gleichzeitig ist die Ausbildung aber auch nicht überflüssig geworden. „Die Zertifikate, die im Bildungssystem vergeben werden, sind keine Schlüssel mehr zum Beschäftigungssystem, sondern nur noch Schlüssel zu den Vorzimmern, in denen die Schlüssel zu den Türen des Beschäftigungssystems verteilt werden" (Beck 1986, S. 245). Wer allerdings nicht in das Vorzimmer gelangt, bleibt bei der weiteren Verteilung unberücksichtigt. Mit anderen Worten: Fehlende Bildungsabschlüsse werden zu einem Ausschließungskriterium. Schule hat daher aus subjektiver Sichtweise einen hohen Stellenwert für das weitere Leben und die individuelle Lebensplanung. Aus gesellschaftlicher Perspektive kommt der Schule damit eine wichtige Allokationsfunktion zu. Sie entscheidet über Aufstiegsmöglichkeiten und die Platzierung der Individuen in der gesellschaftlichen Statuspyramide. Sehen das Eltern auch so?

Um daher die Wichtigkeit von Schule und deren Stellenwert für das persönliche Vorankommen zu ermitteln, soll an dieser Stelle nochmals die Frage „Wie wichtig ist eine gute Schulbildung für den späteren Lebenserfolg der Kinder?" aufgegriffen und im Kontext der Funktionen und Aufgaben von Schule neu interpretiert werden (vgl. hierzu den Beitrag von Nicht, der sich ausführlich mit der Wichtigkeit von Schulbildung für den späteren Lebenserfolg beschäftigt; Kap. 6). Vier Antwortmöglichkeiten von „sehr wichtig" bis „völlig unwichtig" standen den Befragten zur Verfügung. Das Ergebnis fällt sehr eindeutig aus: Für 85 % der Befragten ist Schulbildung „sehr wichtig" und für 14 % „wichtig", d. h. 99 % der Befragten attestieren ihr einen zentralen Stellenwert in der Lebensbiographie und für ein erfolgreiches Leben. Die hohe Anerkennungsquote verweist darauf, dass Schule und ihre Platzierungsfunktion akzeptiert werden. Damit ist es Schule gelungen, ihre Integrationsfunktion zu erfüllen.

Eine kürzlich abgeschlossene Befragung von Grundschulkindern kommt zu einem sehr ähnlichen Ergebnis. Die Auswertung von 420 Interviews mit Kindern der dritten und vierten Jahrgangsstufe ergab, dass diese Schule als unverzichtbare und wichtige Einrichtung anerkennen und sich mit ihr bzw. deren Ansprüchen identifizieren. „Man lernt in der Schule nach Maßgaben der Schule für die Schule, die als Teil des Lebens gleichzeitig als eine Vorbereitung ‚für das Leben' angesehen und akzeptiert wird" (Fölling-Albers/Meidenbauer 2010, S. 244). Den dort zu lernenden Inhalten, aber auch Anerkennungsritualen, wie Lob und Tadel, sowie den sozialen Formaten wird weitgehend unhinterfragt ein hoher Stellenwert zugesprochen.

Zumindest Grundschulkinder stellen damit die zentralen Säulen von Schule nicht in Frage (Fölling-Albers/Haider/Haider 2008, S. 341). Eltern und Kinder scheinen sich einig: Schule ist wichtig für die individuelle Biographie und die Akzeptanz in der Gesellschaft.

Wie in Kapitel 6 bereits ausgeführt wurde, zeigen sich in der Detailanalyse einige klare Unterschiede nach *sozialer Schichtzugehörigkeit* der Befragten. Diese wird in der Regel über drei Indikatoren erschlossen: Einkommen, Bildungsabschluss und Beruf. Aus diesen lässt sich der gesellschaftliche Status von Personen erkennen, der Auswirkungen auf viele Lebensbereiche, aber auch Einstellungen und Überzeugungen hat.

Im vorliegenden Fragebogen wurden zwei Informationen abgefragt (Einkommen und höchster Bildungsabschluss), die Rückschlüsse auf die soziale Schicht zulassen. Es zeigt sich: Personen, die über weniger als 1.000 Euro als Haushaltsnettoeinkommen verfügen, schätzen die Schulbildung besonders wichtig ein, ebenso jene, die über einen geringen Bildungsabschluss verfügen (Zustimmung von 88 % bzw. 94 % in der Kategorie „sehr wichtig"). Umgekehrt ist aus den Daten abzulesen: Die Zustimmung jener, die sich den obersten Einkommens- und Bildungskategorien zuordnen lassen, fällt deutlich geringer aus (Zustimmung von 80 % bzw. 78 % in der Kategorie „sehr wichtig").

Des Weiteren sind Unterschiede nach *Staatsangehörigkeit* erkennbar: Türkische Eltern attestieren der Schulbildung einen besonders hohen Stellenwert (99 % geben „sehr wichtig" an), ebenso Eltern mit anderer Staatsangehörigkeit (94 % Zustimmung), während deutsche Eltern wesentlich seltener die Kategorie „sehr wichtig" wählen (84 %). Dies passt gut zu dem von Tillmann dargelegten Befund, wonach die Betonung von Leistung als bildungspolitisches Ziel von türkischen Eltern verhältnismäßig stark befürwortet wird (vgl. den Beitrag von Tillmann, Kap. 4.2.1). Der hohe Stellenwert von Bildung und Schule bei türkischen Eltern konnte aber auch im Rahmen anderer Untersuchungen herausgearbeitet werde (Karakaşoğlu/Öztürk 2007, S. 162).

Insgesamt gilt daher: Personen, die sich in der gesellschaftlichen Statuspyramide „unten" befinden, ordnen der Schulbildung einen besonders hohen Stellenwert für den Lebenserfolg zu. Pointiert ausgedrückt: Sie erkennen die Wichtigkeit, in das Vorzimmer zu gelangen, und die Schule ist für sie *der* Schlüssel dazu. Personen, die in der Statuspyramide weiter oben stehen, ist Schulbildung zwar auch wichtig, aber sie wissen bzw. haben es bereits in ihrer eigenen Biografie erfahren, dass Schulbildung alleine nicht ausreicht und auch noch weitere Schlüssel notwendig sind, um eine gesellschaftlich anerkannte Position zu erlangen, wie z. B. Netzwerke und außerschulische Erfahrungen. Sie sind daher etwas skeptischer.

Es zeigen sich schließlich noch *regionale* Unterschiede. In Bayern und Baden-Württemberg fällt die Zustimmung am geringsten aus. In diesen Bundesländern halten 80 % der befragten Eltern Schule für „sehr wichtig". In drei weiteren Regionen wird die Bedeutung der Schulbildung hingegen besonders hoch eingeschätzt, und zwar in Nordrhein-Westfalen (90 % „sehr wichtig"), im Nordosten, d. h. Mecklenburg-Vorpommern, Sachsen-Anhalt und Brandenburg (90 %), und Südosten, d. h. Thüringen und Sachsen (89 %). Speziell die Gebiete im Osten sind in wirtschaftlicher Hinsicht als eher schwach einzuschätzen. Von den Befragten aus diesen Regionen wird die Wichtigkeit von Schulbildung besonders hervorgehoben, denn sie scheint aus ihrer Sicht eine gewisse Schutzfunktion innezuhaben. Diejenigen, die mindestens Abitur oder einen höheren Abschluss an einer tertiären Bildungseinrichtung (z. B. Universität oder Fachhochschule) schaffen, haben gegenüber denjenigen, die bereits früher das Bildungssystem verlassen, einen Startvorteil bei der Suche nach den knapp vorhandenen Arbeitsplätzen. Die Wahrscheinlichkeit einen Job zu bekommen und sich so auf dem Arbeitsmarkt positionieren zu können, wird – wenn gute Abschlüsse vorliegen – höher eingeschätzt. Schule wird damit in ihrer Allokationsfunktion erkannt und anerkannt. Damit kommt diese ihrer Integrationsfunktion im Sinne einer Anerkennung zentraler gesellschaftlicher Verteilungsmechanismen klar nach.

7.1.2 Vorbereitung auf das Berufsleben

Erwerbsarbeit hat in der modernisierten Gesellschaft nach wie vor einen zentralen Stellenwert und bestimmt über den Ausschluss bzw. die Teilhabe an einem gesellschaftlich anerkannten Leben. Gleichzeitig hat sie jedoch an Sicherheiten und Schutzfunktion eingebüßt. Die Kontinuität eines Arbeitsplatzes in einem Betrieb oder an einem Standort ist ebenso wie Vollarbeitszeit nicht mehr sichergestellt. Stattdessen dominieren Flexibilisierung hinsichtlich Arbeitszeit, Arbeitsort, Arbeitsumfang, Arbeitsvertrag oder Arbeitsbereich. Es zeigt sich eine Spaltung des Arbeitsmarktes entlang des Kriteriums Risiko: Während sich das Risiko eines Verlustes von Erwerbsarbeit für Personen, die einen Arbeitsplatz auf dem ersten oder „Normalarbeitsmarkt" erhalten, noch relativ gering ist, gestaltet sich die Situation für Personen des zweiten oder „flexibel-pluralen" Arbeitsmarktes zunehmend prekär (Beck 1986, S. 228). Daher ist es für jede/n Einzelne/n wichtig, durch eine gute berufliche Ausbildung die Wahrscheinlichkeit auf einen zukünftigen Platz auf dem ersten Arbeitsmarkt zu erhöhen.

Um Einschätzungen zur Qualifikationsfunktion von Schule zu erfahren, wurden die Eltern daher danach gefragt, wie gut aus ihrer Sicht die Kinder und Jugendlichen in der Schule für das Berufsleben ausgebildet werden. Etwa 42 % der Befragten meinen, dass Schule „sehr gut" bzw. „eher gut" dieser Funktion nachkommt, während 53 % dies eher bis sehr skeptisch einschätzen. Die Meinung der Eltern über die Vorbereitung auf den Arbeitsmarkt ist also geteilt (siehe Abbildung 7.1).

Das Geschlecht der Befragten ist bei der Beantwortung ebenso wenig von Bedeutung wie deren Alter. Die Vermutung, dass sich die *regionale* Herkunft auf die Antworten auswirkt, konnte nur teilweise bestätigt werden. Während ein Ost-West-Vergleich keine nennenswerten Ergebnisse produziert, zeigen sich einige interessante Aspekte im Vergleich nach Bundesländern. Deutlich mehr Befragte aus Berlin (51 %) sind mit der Vorbereitung auf das Berufsleben zufrieden, während die Befragten aus Rheinland-Pfalz und dem Saarland (40 %) sowie dem Nordwesten (38 %), d. h. Bremen, Hamburg, Schleswig-Holstein und Niedersachsen, die Ausbildung für einen Beruf schlechter einschätzen. Das könnte mit der regionalen Wirtschaftslage zusammenhängen, die den Arbeitsmarkt und damit die Chancen von Schulabgängern auf einen passenden Arbeitsplatz bestimmen, oder mit den jeweiligen Schulformen und Schulreformen, die in Deutschland von Bundesland zu Bundesland unterschiedlich sind. Die Daten können darauf keine Antwort geben.

Abb. 7.1 **Beurteilung der schulischen Ausbildung für das Berufsleben (nach Staatsangehörigkeit)**

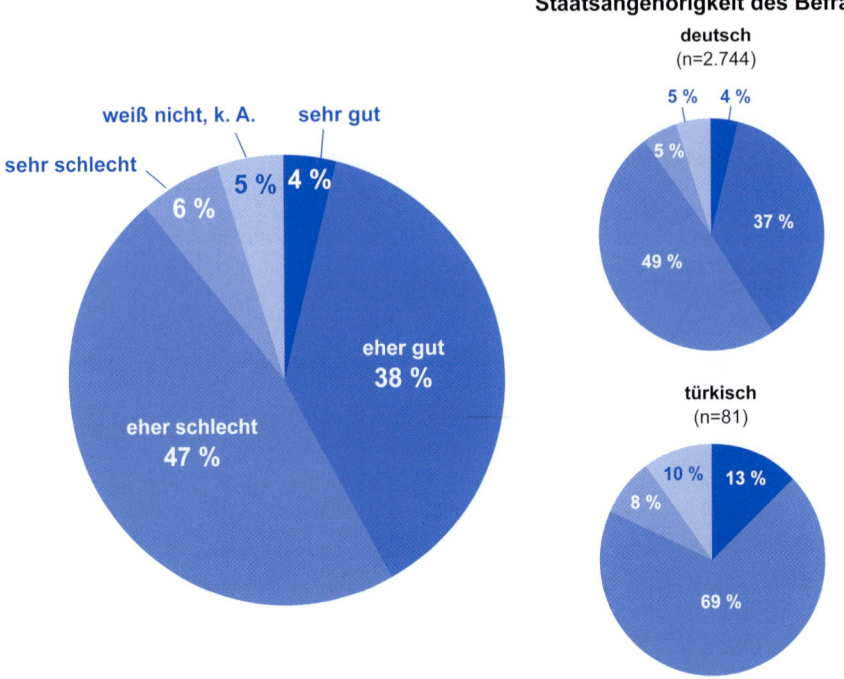

Frage: Wie gut werden die Kinder heute in der Schule für das Berufsleben ausgebildet?
N=3.000 Befragte

Deutlich hingegen ist der Einfluss der *sozialen Schichtzugehörigkeit*. Die Aufschlüsselung nach Indikatoren zeigt folgendes Ergebnis: Je höher der Bildungsabschluss, desto kritischer wird die Vorbereitung auf das Berufsleben beurteilt. Das kann mit unterschiedlichen Erwartungen zusammenhängen (siehe oben), aber auch mit den persönlichen Erfahrungen. In einer weiteren Detailanalyse wurde der Bildungsabschluss der Eltern noch mit dem Haushaltsnettoeinkommen in Beziehung gesetzt. So entschlüsselt sich ein differenzierteres Bild: Befragte mit einem Einkommen unter 1.000 Euro schätzen über alle Bildungsabschlüsse hinweg die Vorbereitung auf das Berufsleben schlechter ein als jene, die mehr verdienen.

Oder anders gesagt: Jene, die in der Einkommenshierarchie unten stehen, konnten in den eigenen Biografien vermutlich ihren Bildungsabschluss nicht entsprechend verwerten. Die Enttäuschung ist dann offensichtlich groß. Auch für die eigenen Kinder schätzen sie in Folge die Leistungen der Schule im Hinblick auf die Berufsvorbereitung geringer ein als andere Einkommensgruppen. Eine solche Interpretation wird gestützt durch die Tatsache, dass jene, die das Schulsystem für gerecht halten, deutlich häufiger höhere Zufriedenheitswerte angeben. Das lässt sich anhand der Ergebnisse in Tabelle 7.1 zeigen: Fast 60 % der Befragten, die die Bildungschancen in Deutschland „sehr gerecht" oder „eher gerecht" halten, schätzen auch die Vorbereitung auf das Berufsleben „sehr gut" oder „eher gut" ein.

Umgekehrt halten 70 %, derjenigen, die die Bildungschancen für wenig gerecht verteilt ansehen, auch die berufliche Vorbereitung für eher schlecht. Zu dieser Gruppe zählen fast 1.000 Befragte und diese macht damit ein Drittel der in der JAKO-O Bildungsstudie erfassten Personen aus. Das ist eine beträchtliche Anzahl und sollte den für Bildungspolitik Zuständigen zu denken geben.

Tab. 7.1   Zufriedenheit mit der Vorbereitung auf das Berufsleben in Abhängigkeit von der Einstellung zur Gerechtigkeit von Schule

Gerechtigkeit der Bildungschancen	Vorbereitung auf das Berufsleben		
	sehr gut/eher gut	sehr schlecht/ eher schlecht	Summe
sehr gerecht/eher gerecht	57 %	43 %	100 %
sehr ungerecht/eher ungerecht	31 %	70 %	100 %

Frage 1: Wie gut werden die Kinder heute in der Schule für das Berufsleben vorbereitet?
Frage 2: Für wie gerecht halten Sie alles in allem die Bildungschancen für die Kinder in Deutschland?
N=3.000 Befragte

Ein weiterer Faktor für die Beurteilung der Ausbildung ist die *Staatsangehörigkeit* der Befragten. Türkische Eltern unterscheiden sich markant von deutschen Eltern bzw. solchen mit einer anderen Staatsangehörigkeit. Sie schätzen die Vorbereitung auf die Arbeitswelt und den Beruf deutlich besser ein (82 % halten diese für „sehr gut" oder „gut" versus 40 % der deutschen Eltern) und halten das deutsche Schulwesen für gerechter als alle anderen Gruppen (66 % „sehr" oder „eher gerecht" versus 50 % der deutschen Eltern). Das deutet auf die großen Hoffnungen der türkischen Eltern hin, die diese mit Schule verbinden. Verblüffend ist, dass vor allem jene türkischen Eltern, die über ein geringes Haushaltsnettoeinkommen verfügen, die Vorbereitung auf die Arbeitswelt besser beurteilen, ebenso wie jene, die über einen geringen Bildungsabschluss verfügen. Die Stichprobe ist zwar relativ klein (nur 81 Eltern mit türkischem Pass konnten erfasst werden), weshalb die Ergebnisse vorsichtig zu interpretieren sind. Dennoch weisen die Daten auf Differenzen *innerhalb* der türkischen Befragungsgruppe hin und zwar entlang beider Indikatoren für soziale Schicht. Tendenziell lässt sich feststellen: Je niedriger das Einkommen und je niedriger das Bildungsniveau der türkischen Eltern, desto höher scheint die Zufriedenheit mit der Vorbereitung auf die Berufswelt durch die Schule. Diese Ergebnisse decken sich mit Ergebnissen einer qualitativen Fallstudie (Yada 2010, S. 37) und lassen erkennen, dass es das einheitliche Bild der türkischen Familie, wie es vielfach in den Medien gezeichnet wird, nicht gibt. Es gibt offenbar Unterschiede innerhalb dieser Gruppe, die sich durch die soziale Schicht erklären lassen. Diese Risse gilt es in weiteren Untersuchungen zu verfolgen.

7.2   Zufriedenheit mit den Leistungen der Schule

Über die Zufriedenheit der Lehrpersonen mit den Eltern gibt es widersprüchliche Aussagen. Nach Ulich (1996) werden Eltern von den Lehrpersonen meist als uninteressiert wahrgenommen. Dies wird durch die aktuelle Allensbach-Studie zur Schul- und Bildungspolitik in Deutschland bestätigt (Institut für Demoskopie Allensbach 2011, S. 13f.). Nur 31 % der 536 in dieser Untersuchung befragten Lehrpersonen haben die Erfahrung gemacht, dass Eltern ihre Kinder fördern und unterstützen, wo immer sie können. Umgekehrt gelesen heißt das: Zwei Drittel der Lehrkräfte erleben Eltern, die – aus ihrer Sicht – ihre Kinder nicht ausreichend unterstützen. So wundert es nicht, wenn sich die befragten Lehrpersonen wünschen, dass die Eltern sich mehr für die Schule engagieren. Auf der anderen Seite beklagen sich Lehrkräfte immer wieder, dass Eltern zu viel Einsatz zeigen und versuchen, Einfluss auf Schule und Unterricht zu nehmen. In der Allensbach-Studie sind dies 52 % der befragten Lehrpersonen (ebd., S. 12). Ulich kommt zu dem Schluss: „In der Wahrnehmung der Lehrer/innen bewegen sich die Eltern offensichtlich zwischen der Szylla der Interesselosigkeit, des Unverständnisses, und der Charybdis eines übergroßen Engagements, das schnell zur Einmischung wird" (Ulich 1996, S. 131).

Lehrer und Lehrerinnen sind also offensichtlich nicht wirklich zufrieden mit dem Einsatz der Eltern für ihre Kinder und die Schule. Und umgekehrt? Wie zufrieden sind die Eltern mit der Leistung von Schule? Um dies herauszufinden, wurde den Befragten folgende Aussage vorgelegt: „Eltern müssen vieles von dem leisten, was eigentlich Aufgabe der Schule ist." Das Ergebnis ist für die Schule wenig schmeichelhaft. Fast zwei Drittel der Eltern (67 %) stimmten dieser Aussage zu. Oder anders gesagt: Nur jeder dritte befragte Elternteil attestiert der Schule, dass sie die ihr zugeschriebenen Aufgaben tatsächlich erfüllt. Besonders kritisch sehen Mütter die Situation (siehe Abbildung 7.2). Das verwundert nicht, angesichts der Tatsache, dass sie es sind, die wegen der Kinder real zurückstecken und teilweise auf eine berufliche Karriere verzichten (vgl. hierzu den Beitrag von Horstkemper, Kap. 8.3.2).

Abb. 7.2   Zufriedenheit mit der Leistung von Schule (nach Geschlecht)

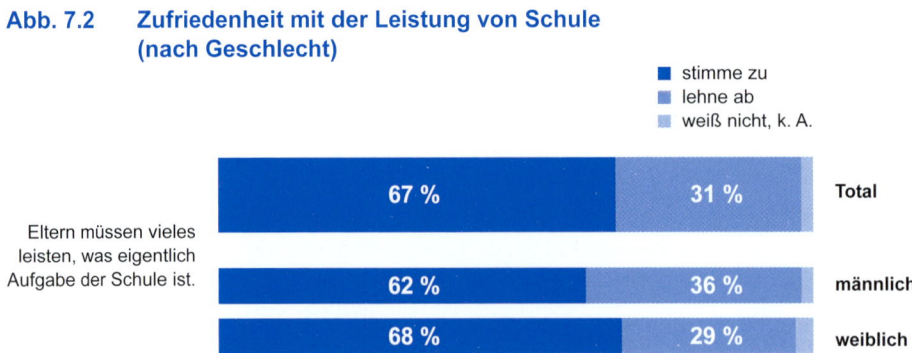

Frage: Stimmen Sie der folgenden Aussage zu oder lehnen Sie diese ab?
N=3.000 Befragte

Detailanalysen bringen weitere interessante Ergebnisse hervor: Jene Eltern, die sich fast immer oder häufig überfordert fühlen, stimmen der Aussage wesentlich häufiger zu (82 % Zustimmung versus 61 % Zustimmung durch jene, die sich „selten" oder „nie" überfordert fühlen). Diese haben möglicherweise hohe Erwartungen an die Schule, die sie nicht erfüllt sehen. Sie versuchen daher, Defizite zu kompensieren und nehmen große Anstrengungen auf sich, denen sie sich nicht ausreichend gewachsen sehen. Auch diejenigen, die das deutsche Schulwesen für ungerecht halten, sind eher der Meinung, vieles von dem leisten zu müssen, was eigentlich zu den Aufgaben von Schule gehört (73 % versus 61 % Zustimmung). Sie fühlen sich in stärkerem Ausmaß als andere verpflichtet, Defizite und Ungerechtigkeiten, die sie dem Schulsystem unterstellen bzw. die sie erleben, auszugleichen.

Ein weiteres Ergebnis lässt Schlüsse auf den Umgang mit Heterogenität an Schulen zu. Sowohl jene Eltern, die ihre Kinder im Unterricht für *unterfordert* halten, als auch jene, die eine *Überforderung* feststellen, stimmen der Aussage häufiger zu. Fast drei Viertel der Eltern jeder dieser Gruppen meinen, dass sie Aufgaben übernehmen müssen, die eigentlich in den Zuständigkeitsbereich von Schule fallen. Die Zustimmung jener Eltern, deren Kinder „gerade richtig" gefordert werden, ist deutlich niedriger (65 %). Provokant gesagt: Eltern, die Kinder haben, die nicht der „Norm" entsprechen, weil sie entweder sehr gut bis hochbegabt sind oder weil sie mit den Leistungsanforderungen der Schule weniger gut zurechtkommen, sehen sich von der Schule stärker im Stich gelassen als Eltern von „normal" begabten Kindern. Das deutet darauf hin, dass die Angebote der Schule und der Unterricht nach wie vor auf fiktive „Mittelköpfe" ausgerichtet sind, während jene, die aus der Norm fallen, nicht in gleichem Ausmaße angesprochen werden (Wischer 2007, S. 422). Schule hat sich offensichtlich auf die Heterogenität ihrer Schüler und Schülerinnen noch immer nicht ausreichend eingestellt. Die Illusion von Schulklassen als „homogenen Lerngruppen" geistert nach wie vor durch die Schulgänge und stellt viele Eltern vor Probleme (Reh 2005).

Ob Eltern nun meinen, Aufgaben der Schule übernehmen zu müssen, hängt weiters von deren *Bildungsabschlüssen* ab. Jene, die über einen höheren Bildungsabschluss verfügen, bejahen seltener die Aussage „Eltern müssen vieles von dem leisten, was eigentlich Aufgabe der Schule ist." als die anderen Befragten (63 % versus fast 70 % der Personen, die über kein Abitur verfügen). Sie ordnen – wie gezeigt werden konnte – der Schule nicht so eine hohe Wichtigkeit zu, haben daher auch geringere Erwartungen und fühlen sich in Folge auch weniger gefordert.

Interessant ist, dass auch *türkische* Eltern seltener meinen, Aufgaben, die eigentlich Sache der Schule sind, übernehmen zu müssen (58 % versus 66 % der deutschen Eltern). Sie halten Schule nicht nur für sehr wichtig und attestieren ihr eine hohe Bedeutung für den Lebenserfolg ihrer Kinder, sondern meinen auch, dass Schule ihren Aufgaben gut nachkommt und sehen folglich deutlich seltener die Notwendigkeit von sich aus weitere Eigenleistungen zu erbringen. Die erfassten türkischen Eltern haben offensichtlich ein hohes Vertrauen in deutsche Schulen und dass diese ihre Kinder angemessen fördern.

7.3   Elterliche Mitarbeit in der Schule

Wie bereits ausgeführt, beklagen Lehrpersonen seit Jahren, dass Eltern oftmals zu wenig Zeit für ihre Kinder und deren schulisches Vorankommen haben. Dieser Eindruck deckt sich mit den Ergebnissen der aktuellen Allensbach-Studie: 41 % der befragten Lehrer und Lehrerinnen geben an, dass sich die Eltern zu wenig für die schulischen Leistungen ihrer Kinder interessieren. Helge Pepperling, Vorsitzende des Deutschen Lehrerverbandes in Hamburg, spricht das aus, was viele Lehrkräfte denken: „Viele Schüler werden heute nicht ausreichend von ihren Eltern auf die Schule vorbereitet" (zitiert im Hamburger Abendblatt vom 20. April 2011, Paulsen/Unger 2011).

Die elterliche Mitarbeit in der Schule soll in zwei Schritten erschlossen werden: Zunächst wird die gesetzliche Regelung der Aufgabenbereiche erläutert und nach der prinzipiellen Bereitschaft der Eltern zur Mitarbeit gefragt, in einem zweiten Schritt danach, was Eltern konkret tun.

7.3.1 Gesetzliche Regelung und prinzipielle Bereitschaft zur Mitarbeit

Wie ist die Aufgabenteilung zwischen Eltern und Schule gesetzlich geregelt? Im Grundgesetz wird eine klare Verantwortung der Eltern für die Erziehung und Betreuung ihrer Kinder formuliert (Grundgesetz, Artikel 6, Absatz 2). Dort heißt es: „Pflege und Erziehung der Kinder sind das natürliche Recht der Eltern und die zuvörderst ihnen obliegende Pflicht. Über ihre Betätigung wacht die staatliche Gemeinschaft." Damit ist die Verantwortung der Eltern klar festgelegt. Sie sind diejenigen, die primär Erziehungsfunktion innehaben und für die Vermittlung von grundlegenden Fertigkeiten und Haltungen, die eine Teilhabe an der Gesellschaft erst möglich machen (wie z. B. Sprache, Anstandsregeln, Höflichkeitsnormen), verantwortlich sind. Dem Staat kommt zwar eine Kontrollfunktion zu, aber – entsprechend dem Subsidiaritätsprinzip – darf er erst dann einschreiten, wenn Eltern ihrer Pflicht nicht nachkommen können oder wollen. Mit dem Artikel 7, Absatz 1, ist festgelegt: „Das gesamte Schulwesen steht unter der Aufsicht des Staates." Die Schulhoheit und damit die Verantwortung für Lernprozesse und die Vermittlung von fachlichen Kompetenzen wird der Schule zugestanden (Rödl 1993, S. 20f.).

Daraus ergibt sich: Schule und Elternhaus sind aufeinander angewiesen, was sich in einem Modell der überlappenden Sphären fassen lässt (Wild/Lorenz 2010, S. 150). Da es um die Entwicklung eines Kindes und dessen Wohl geht, haben Eltern, als Vertreter/innen des familiären Subsystems, und Lehrpersonen, als Vertreter/innen des schulischen Subsystems, in gemeinsamer Verantwortung um die Erziehung und Bildung der Kinder zu kooperieren.

Wie sieht diese Kooperation aus der Sicht der Eltern aus? In der JAKO-O Bildungsstudie wurde den Eltern folgendes Item vorgelegt, dem zugestimmt bzw. das abgelehnt werden konnte: „Ich fühle mich verpflichtet, mich intensiv um die schulischen Leistungen meiner Kinder zu kümmern." Dieser Aussage stimmten 94 % der Befragten zu. Oder anders gesagt: Nahezu alle Eltern sind sich ihrer Aufgabe bewusst und akzeptieren ihre Verantwortung. Dies kann wieder als Hinweis darauf gelesen werden, dass Schule ihrer Integrationsfunktion nachkommt (Fend 2006).

Die Zustimmung zu dieser Aussage ist sehr hoch und Differenzen nach Subgruppen treten nur hinsichtlich zweier Aspekte auf: nach *Bildungsabschluss* und *Staatsangehörigkeit*. Eltern, die maximal einen mittleren Schulabschluss haben, akzeptieren diese Aussage häufiger als jene mit Abitur oder einer höheren Ausbildung (95 % versus 91 %). Auch türkische Eltern fühlen sich in außerordentlich hohem Maße verpflichtet, sich intensiv um das schulische Vorankommen ihrer Kinder zu kümmern: 99 % stimmen der Aussage zu, bei den deutschen Eltern ist die Zustimmung doch etwas niedriger (94 %). Trotz der kleinen Stichprobe bei Personen mit türkischer Staatsangehörigkeit deuten die Daten darauf hin, dass die oftmals unterstellte Annahme, wonach türkische Eltern der Schule desinteressiert gegenüber stünden, nicht aufrechterhalten werden kann.

7.3.2 Konkrete Mitarbeit von Eltern

Sich seiner Aufgabe bewusst zu sein, ist eine Sache; eine andere, konkret anzupacken und tatsächlich Unterstützungsleistungen zu erbringen. Eltern von schulpflichtigen Kindern wurden daher gefragt: „Wie stark beschäftigen Sie sich selbst mit der Schule und den Schularbeiten Ihres Kindes?" Vier Einschätzungen waren vorgegeben: „sehr intensiv", „intensiv", „eher gering", „so gut wie nie". Das Ergebnis ist eindeutig: Acht von zehn Eltern geben an, sich sehr oder eher intensiv mit Schule zu beschäftigen. Damit steht dieses Ergebnis doch in einem deutlichen Widerspruch zu den Klagen der Lehrpersonen (siehe oben).

Abb. 7.3   Beschäftigung mit der Schule der Kinder

Frage: **Und wie stark beschäftigen Sie sich selbst mit der Schule und den Schularbeiten Ihres Kindes?**
n=2.523 Eltern eines schulpflichtigen Kindes

Die intensive Beschäftigung mit schulischen Angelegenheiten ist generell sehr hoch (siehe Abbildung 7.3). Dennoch zeigen sich im Detail Differenzen. Wenig verblüffend ist das Ergebnis, dass jene, die vollzeitberufstätig sind, sich tendenziell weniger um die Schule kümmern als jene, die teilzeitbeschäftigt sind oder keiner Erwerbsarbeit nachgehen. Es zeigen sich weiters deutliche Unterschiede nach besuchter Schule der Kinder: 84 % der Grundschuleltern beschäftigen sich „sehr intensiv" oder „eher intensiv" mit schulischen Angelegenheiten, 76 % der Hauptschuleltern und 66 % der Gymnasialeltern. Oder anders gesagt: Das elterliche Engagement differiert mit dem *Alter der Kinder* und mit der besuchten *Schulform*. Je jünger die Kinder, desto eher sehen sich die Eltern verpflichtet, sich um Lernfortschritte und schulische Angelegenheiten kümmern zu müssen. Und: Eltern, deren Kinder ein Gymnasium besuchen, gehen offensichtlich viel häufiger davon aus, dass ihre Kinder die dort zu leistenden Anforderungen alleine bewältigen können, während Hauptschuleltern meinen, dass ihre Kinder vermehrt Unterstützung benötigen.

Nach *Bildung* der Eltern zeigt sich ein ähnliches Phänomen wie weiter oben beschrieben: Eltern mit höherer Bildung (Abitur und mehr) fühlen sich seltener verpflichtet, sich um die Schule ihrer Kinder zu kümmern, und sie tun dies dann auch weniger intensiv (75 % intensive Beschäftigung versus 79 % in den anderen Gruppen). Dieses Ergebnis deutet darauf hin, dass es Disparitäten in den Erziehungseinstellungen gibt, die von der Bildungshöhe der Eltern und damit der sozialen Schicht abhängen. Die Analysen von René Levy et al. aus der Schweiz (1998) kommen zu dem Ergebnis, dass Eltern, die sich aufgrund ihres Berufes der oberen Mittelschicht zuordnen lassen (z.B. freie Berufe, leitende Positionen), bei der Erziehung ihrer Kinder Werte wie Unabhängigkeit und Verantwortungsbewusstsein stärker betonen, während unqualifizierte Arbeiter mehr Wert auf Eigenschaften wie Gehorsam und Konformität legen (Levy et al. 1998, S. 60f.). Die Tatsache, dass sich Eltern mit einem höheren Bildungsabschluss hinsichtlich der schulischen Angelegenheiten ihrer Kinder mehr zurücknehmen, kann daher so gedeutet werden, dass für diese die Erziehung zu Selbständigkeit und Eigenverantwortung sehr wichtig ist. Schule fällt in den Verantwortungsbereich der Kinder, in den sich diese Eltern weniger intensiv einmischen wollen.

Hinsichtlich des *Geschlechts* der Befragten gibt es ein unerwartetes Ergebnis: Die Zustimmung der Mütter in der Kategorie „sehr intensive Beschäftigung" ist zwar deutlich höher als jene der Väter (37 % versus 23 %), aber weitere 54 % der befragten Väter (und 42 % der Mütter) geben an, sich zumindest „intensiv" um die schulischen Angelegenheiten ihrer Kinder zu kümmern. Angesichts der Erfahrungen von vielen Lehrkräften, die bei Elternabenden fast ausschließlich auf Mütter treffen, verblüffen diese Werte. Man könnte nun ins Kalkül ziehen, dass gerade Väter sozial erwünschte Antworten gegeben haben, denn die Übernahme von mehr Verantwortung bei der Erziehung der Kinder wird seit Jahren nicht nur thematisiert, sondern auch gefordert – auch in den Medien. Trotz dieser Einschränkung kann aber angesichts dieser Daten nicht (mehr) generell davon ausgegangen werden, dass Schule fast ausschließlich Angelegenheit von Müttern ist (Schratz-Hadwich 1995).

In der JAKO-O Bildungsstudie wurden zusätzlich einige konkrete Aspekte der Unterstützung und Mitarbeit von Eltern abgefragt, wobei zwischen Zustimmung und Ablehnung gewählt werden konnte. Zwei Aussagen beziehen sich auf unspezifische Versorgungsleistungen der Eltern („bin zu Hause, wenn das Kind nach Hause kommt", „leiste Fahrdienste"), zwei weitere auf die konkrete Unterstützung von schulischen Leistungen („erarbeite bzw. kontrolliere Schulaufgaben", „helfe gezielt vor Klassenarbeiten und Referaten").

Abb. 7.4   Unterstützungsleistungen von Eltern mit schulpflichtigen Kindern

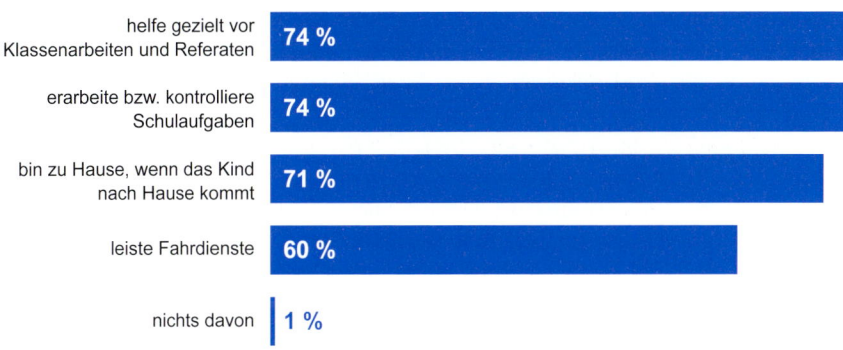

Frage: Was von dem Folgenden tun Sie im Zusammenhang mit dem Schulbesuch Ihres Kindes?
n=2.523 Eltern eines schulpflichtigen Kindes

Die vorliegenden Ergebnisse stehen im deutlichen Gegensatz zu den Klagen vieler Lehrer und Lehrerinnen hinsichtlich eines Rückzugs von Eltern aus der Erziehungsverantwortung, wie sie ihnen vom Grundgesetz überantwortet wird, denn 71 % der befragten Eltern sind zu Hause, wenn ihre Kinder von der Schule heimkommen und versorgen sie somit im gewohnten familiären Umfeld. *Mütter* sind dafür deutlich häufiger zuständig (80 % versus 49 % der Väter), allerdings ist der Anteil an Männern, die diese Versorgungsleistung übernehmen, doch recht hoch. Ebenso sind teilzeit- und nicht-berufstätige Eltern sowie solche mit niedrigem Bildungsniveau häufiger zuhause. Konkret heißt das: 94 % der nicht-berufstätigen und 83 % der teilzeitberufstätigen Eltern warten auf ihre Kinder, wenn sie nachhause kommen, aber nur 46 % der Vollzeit-Berufstätigen. Bei einem höheren Bildungsabschluss (Abitur und mehr) sind es zwar immerhin 64 % der Befragten, die ihre Kinder persönlich versorgen, aber deutlich weniger als in den anderen Subgruppen (75 % bei maximal Hauptschulabschluss und 70 % bei Personen mit mittlerer Reife). Wie lassen sich diese Unterschiede erklären? Hier könnten grundlegende *Einstellungen* zur Kinderbetreuung eine Rolle spielen. Jene, die meinen, die Anwesenheit eines Elternteils sei für die Entwicklung ihrer Kinder wichtig, werden Vollzeitjobs eher ablehnen, um mehr Zeit für ihren Nachwuchs aufbringen zu können bzw. für diesen da zu sein. Eine solche Vorstellung ist unter jenen, die eine höhere Bildung erworben haben, offensichtlich viel seltener. Daraus lässt sich schließen, dass eine Betreuung durch andere für diese Subgruppe eher vorstellbar ist.

Zu den unspezifischen Versorgungsleistungen gehören auch Fahrdienste, die von 60 % der Eltern übernommen werden. Das können Fahrten zum Nachmittagsunterricht sein, aber auch zu Freunden bzw. Freundinnen oder zu weiteren Freizeitaktivitäten. Dabei wirken sich Bildung und Einkommen der Befragten aus:

Eltern mit höherer Bildung übernehmen häufiger Fahrdienste (65 % versus 58 % der Personen mit maximal Hauptschulabschluss). Weitere statistische Analyse zeigen: Je höher das Einkommen, desto häufiger werden Kinder gefahren. Während zwei Drittel der Eltern, die mehr als 3.000 Euro verdienen, Chauffeur-Dienste übernehmen, trifft dies nur auf die Hälfte jener Eltern zu, die sich am unteren Rand der Einkommenspyramide befinden und weniger als 1.000 Euro verdienen. Das deckt sich mit Erkenntnissen aus der Kindheitsforschung (Kränzl-Nagl/Mierendorff 2007). Die Ansprüche an Bildung bzw. die Vorstellung, was für ein Vorankommen der Kinder gut wäre, aber auch die finanziellen Möglichkeiten, dies tun zu können, variieren nach *sozialer Schicht*. In Familien aus höheren sozialen Schichten wird ein zusätzlicher Aufwand gerne in Kauf genommen, während die bloße Versorgung und Anwesenheit an Dritte delegiert werden.

Wie sieht es mit der schulischen Unterstützung aus? In den beiden Aussagen geht es erstens um die regelmäßig zu leistenden Hausaufgaben, zweitens um die Unterstützung von zusätzlichen Anforderungen, wie Klassenarbeiten, Tests, Referaten und ähnlichem. Aus bisherigen Untersuchungen weiß man, dass Eltern, Lehrkräfte, aber auch Schüler/innen mehrheitlich Hausaufgaben als wichtig ansehen. Sie gelten als wesentlicher Indikator für regelmäßige Mitarbeit und Leistungsfähigkeit. Bisherige Ergebnisse deuten darauf hin, dass der Großteil der Kinder Unterstützung bekommt, allerdings finden sich zum Umfang der Hilfestellung erst wenige Hinweise (Wild/Lorenz 2010, S. 120f.). Aus der JAKO-O Bildungsstudie lässt sich nun das Ausmaß der Hilfe beim häuslichen Lernen erkennen: 74 % der Eltern von schulpflichtigen Kindern betreuen und kontrollieren Schulaufgaben bzw. unterstützen gezielt vor Prüfungen und Präsentationen. Welche Faktoren bestimmen eine solche Hilfestellung?

Das *Geschlecht* der Befragten wirkt sich unterschiedlich aus. Während sowohl Mütter als auch Väter in gleichem Ausmaß angeben, vor Klassenarbeiten oder Referaten mit Rat und Tat ihren Kindern zur Seite zu stehen, geben mehr Väter an, sich um die Kontrolle der Hausaufgaben zu kümmern (79 % versus 71 % der Mütter). Während also die generelle Versorgungsleistung nach wie vor verstärkt Aufgabe der Mütter ist (siehe oben), nehmen die Väter im Hinblick auf Schule ihre Verantwortung für die Kinder offensichtlich sehr ernst und übernehmen auch die regelmäßige Betreuung und Kontrolle von schulischen Anforderungen.

Ein zweiter Faktor ist der *Bildungsabschluss* der Eltern: Während die punktuelle Unterstützung vor Referaten oder Prüfungen allen Eltern gleich wichtig ist, sinkt die Bereitschaft zur Betreuung von Hausaufgaben mit steigendem Bildungsniveau. Je höher der Bildungsabschluss der Eltern, desto geringer ist also deren Unterstützung bei den Schulaufgaben. Während 79 % der Eltern mit maximal Hauptschulabschluss Schulaufgaben betreuen und kontrollieren, tun dies nur 68 % mit höherer Bildung. Wie bereits ausgeführt wurde, ist den Befragten mit einem höheren Bildungsabschluss Schule nicht nur weniger wichtig, sie sind auch offensichtlich weniger bereit sich in die Pflicht nehmen zu lassen. Dazu gehört, dass sie sich häufiger weigern, Hausaufgaben zu betreuen und zu kontrollieren. Das dokumentiert eine kritische Haltung dieser Elterngruppe gegenüber Erwartungen von Lehrpersonen bzw. Schule allgemein, deutet aber gleichzeitig auf unterschiedliche Erziehungsvorstellungen hin (Levy et al. 1998, S. 60f.).

Ein dritter Faktor ist die besuchte *Schule des Kindes*: 83 % der Grundschuleltern und 80 % der Hauptschuleltern helfen ihren Kindern bei den anfallenden Hausaufgaben, aber nur 50 % jener Eltern, deren Kind(er) ein Gymnasium besuchen. Unterstützung im Falle von Klassenarbeiten und ähnlichem erfahren 76 % der Grundschulkinder, 80 % der Hauptschüler/innen und 66 % der Schüler/innen an Gymnasien. Das zeigt deutlich: Eltern nehmen zum einen bei den jüngeren Kindern ihre Aufgabe sehr genau wahr, zum anderen unterstützen Hauptschuleltern ihre Kinder deutlich mehr bei schulischen Belangen als dies Gymnasialeltern tun. Vernachlässigen Gymnasialeltern ihre Kinder? Das wäre nur eine Lesart und diese erscheint – von Einzelfällen abgesehen – wenig plausibel und lässt sich durch die vorhandenen Daten auch nicht stützen. Vielmehr bieten sich die folgenden Überlegungen an. Zum einen könnte die Ursache im Leistungsverhalten der Kinder liegen. Jene Kinder, die Gymnasien besuchen, gelten als leistungsstärker. Sie schaffen es daher möglicherweise viel häufiger, ihre Hausaufgaben allein zu bewältigen, und fordern von sich aus keine Hilfe durch die Eltern an. Zum anderen könnten die Gründe bei den Eltern liegen. Gymnasialeltern könnten andere Erziehungsvorstellung haben und ihren Sprösslingen mehr Selbständigkeit zutrauen (Levy et al. 1998). Sie antizipieren gleichzeitig, dass ihre Kinder dieser Verantwortung auch gewachsen sind und versuchen sich daher – mehr oder weniger bewusst – bei der Betreuung von schulischen Aufgaben zurückzunehmen. Keine Unterschiede finden sich hingegen nach *Staatsangehörigkeit*, d. h. das Ausmaß der elterlichen Hilfe beim Lernen divergiert nicht zwischen deutschen und türkischen Eltern.

Allerdings: Diese Ergebnisse hinsichtlich des Ausmaßes der elterlichen Unterstützung beim häuslichen Lernen sagen noch nichts über die Art und Angemessenheit der Hilfestellung aus. So gibt die Hälfte der in der Allensbach-Studie befragten Lehrpersonen an, dass Eltern ihren Kindern bei den Hausaufgaben nicht helfen können (Institut für Demoskopie Allensbach 2011, S. 13). Genauere Hinweise finden sich in der Bielefelder Mathematik-Studie, in der Familien über einen Zeitraum von sechs Jahren begleitet und die speziellen Lernarrangements bzw. die Art der häuslichen Hausaufgabenhilfe analysiert wurden (Wild/Remy 2002, Wild/Gerber 2007). Hinsichtlich des Umfangs der Lernbetreuung decken sich die Ergebnisse mit den Daten der JAKO-O Bildungsstudie: Nur ein sehr kleiner Teil der Eltern zeigt völliges Desinteresse betreffend Hausaufgabenbetreuung. Kinder, die ein Gymnasium besuchen, werden weniger kontrolliert und unterstützt.

Gleichzeitig kommen die Autorinnen zu dem Schluss, dass nur in einer Minderheit der Fälle von einer optimalen Lernhilfe gesprochen werden kann. Eine solche ist dann gegeben, wenn die Eltern als Ansprechpartner zwar vorhanden sind, sich aber im Hintergrund halten und nur auf Nachfragen des Kindes bzw. bei Schwierigkeiten anleitend eingreifen. Die Verantwortung wird dabei zunehmend dem Kind überlassen, selbstbestimmtes Lernen damit gefördert. Im Großteil der Familien konnte eine suboptimale Lernbetreuung festgestellt werden, die sich durch ein Nebeneinander von pädagogisch mehr oder weniger zielführenden Strategien charakterisieren lässt. Vielfach greifen Eltern zu stark ein und geben eine „Überdosis" an Hilfestellung, die dem eigentlichen pädagogisch-didaktischen Konzept von Hausaufgaben widerspricht. Die Schlussfolgerung der Autorinnen: Eltern wissen zu wenig darüber Bescheid, wie den Kindern optimal geholfen werden kann, und würden von Seite der Schule Hilfestellung benötigen.

Die Bielefelder Mathematik-Studie ist allerdings nicht repräsentativ, denn es wurden vor allem Eltern der oberen Mittelschicht und Oberschicht befragt. Unvollständige Familien fehlen ebenso wie Familien mit Migrationshintergrund. Die JAKO-O Bildungsstudie, die deutlich größer und repräsentativ angelegt ist, würde sich sehr gut dazu eignen, diese interessanten Fragestellungen im nächsten Befragungsdurchgang aufzunehmen, um die Rolle der Eltern bei der Hausaufgabenbetreuung genauer analysieren zu können.

7.4   Zusammenfassung

In der JAKO-O Bildungsstudie zeigten sich betreffend Wahrnehmung von Schule einige bemerkenswerte Ergebnisse: Eltern akzeptieren in einem sehr hohen Ausmaß die Wichtigkeit von Schule für den Lebensweg ihrer Kinder. Schule wird damit in ihrer gesellschaftlichen Funktion und Bedeutung nicht in Frage gestellt. Geteilter Meinung sind die Befragten allerdings hinsichtlich der vermittelten beruflichen Qualifikationen. Und nur ein Drittel der befragten Eltern attestiert der Schule, dass sie ihren Aufgaben nachkommt, d.h. zwei Drittel sind mit der Leistung der Schule unzufrieden.

Gleichzeitig muss das elterliche Engagement für Schule aufgrund der vorliegenden Daten als sehr hoch eingeschätzt werden. Nahezu alle Eltern fühlen sich verpflichtet, sich um schulische Belange zu kümmern und damit der ihnen vom Gesetz zugewiesenen Aufgabe nachzukommen. Acht von zehn Befragten beschäftigen sich zudem intensiv mit den Lernfortschritten ihrer Kinder. Auch wenn Lehrkräfte klagen: Drei von vier Eltern helfen bei den häuslichen Schulaufgaben, egal ob sie regelmäßig anfallen oder punktuell zu erledigen sind. Von Vernachlässigung der Kinder kann keine Rede sein – immerhin sieben von zehn Befragten geben an zuhause zu sein, wenn ihr Kind aus der Schule kommt.

Ein Ergebnisse deutet auf einen Einstellungswandel hin: *Väter* sind sich offensichtlich ihrer Wichtigkeit in der Erziehung zunehmend bewusst und übernehmen Betreuungsaufgaben, sowohl was die Anwesenheit als auch die Unterstützung bei schulischen Anforderungen betrifft. Möglicherweise fordern die Mütter die Übernahme der Verantwortung aber auch zunehmend ein (vgl. Beitrag von Horstkemper, Kap. 8). Die „Schattenarbeit", die von Eltern verlangt wird, ist also nicht mehr alleine Sache von Müttern, wie das in früheren Arbeiten immer wieder betont wird (Schratz-Hadwich 1995), sondern betrifft nun auch die Väter.

Die *soziale* Lage der Befragten hat auf das Antwortverhalten an mehreren Stellen einen großen Einfluss, aber nicht durchgängig. Jene, die sich in einer eher prekären Situation befinden, weil sie nur über geringe Bildung verfügen, ein geringes Einkommen haben oder in einer Region leben, in der der Arbeitsmarkt angespannt ist, anerkennen die Wichtigkeit von Schule in besonders hohem Ausmaß. Das inkludiert die Hoffnung, dass sich ihre Kinder durch Schulbildung ihre Position verbessern können. Gerade Eltern mit niedrigen Bildungsabschlüssen beschäftigen sich daher sehr intensiv mit den schulischen Anforderungen und helfen ihren Kindern bei der Bewältigung von Hausaufgaben und anderen schulischen Anforderungen.

Unterschiede zwischen den Eltern mit deutscher und türkischer *Staatsangehörigkeit* werden ebenfalls sichtbar, gleichzeitig gibt es aber viel Übereinstimmung:

Was besonders auffällt, sind der hohe Stellenwert, den türkische Eltern der Schule einräumen, sowohl generell als auch im Hinblick auf die beruflichen Chancen, und die große Zufriedenheit mit Schule. Sie fühlen sich in hohem Maße verpflichtet, sich um das schulische Vorankommen ihrer Kinder zu kümmern, hinsichtlich der konkreten Unterstützungsleistungen tauchen aber dann keine Unterschiede zu den deutschen Eltern auf. Pauschalurteile betreffend mangelnder Hilfestellung lassen sich somit nicht bestätigen – türkische Eltern sind genauso wie deutsche bereit, ihren Kindern beim Lernen zu helfen und tun dies nach eigenen Angaben auch. Viele türkisch-stämmige Familien haben in der Zwischenzeit die deutsche Staatsbürgerschaft erhalten, ob sich diese von jenen mit türkischem Pass unterscheiden, wäre eine interessante Fragestellung für eine Folgeuntersuchung.

Die vielen Detailergebnisse lassen sich so verdichten: Eltern weisen der Schule einen hohen Stellenwert für das persönliche Vorankommen ihrer Kinder zu, sind allerdings wenig zufrieden mit der konkreten Umsetzung und meinen hier ausgleichend wirken zu müssen. Folglich sind sie auch bereit, eine Menge an Zeit und Engagement zu investieren, um ihren Kindern dennoch gute Chancen zu ermöglichen. Aus der Sicht der Eltern gilt: Ohne uns würde Schule letztendlich nicht so gut funktionieren, wie sie – ihrem gesellschaftlichen Auftrag entsprechend – vorgibt zu funktionieren!

Literatur

Beck, U. (1986): Risikogesellschaft. Auf dem Weg in eine andere Moderne. Frankfurt am Main: Suhrkamp

Brecht, B. (1959): Geschichten vom Herrn Keuner. Hannover: Fackelträger-Verlag

Fend, H. (1981): Theorie der Schule, 2. Auflage. München: Urban & Schwarzenberg

Fend, H. (2006): Neue Theorie der Schule. Einführung in das Verstehen von Bildungssystemen. Wiesbaden: VS-Verlag

Fölling-Albers, M./Haider, M./Haider, Th. (2008): Wie rekonstruieren Grundschüler/innen ihren Unterricht? In: Unterrichtswissenschaft 36, H. 4, S. 327-345

Fölling-Albers, M./Meidenbauer, K. (2010): Was erinnern Schüler/innen vom Unterricht? In: Zeitschrift für Pädagogik 56, H. 2, S. 229-248

Grundgesetz für die Bundesrepublik Deutschland (1949, in der Fassung vom 21. Juli 2010). http://www.gesetze-im-internet.de/bundesrecht/gg/gesamt.pdf (Zugriff: 18.05.2011)

von Hentig, H. (2001): Warum muss ich zur Schule gehen? Eine Antwort an Tobias in Briefen. Weinheim: Beltz

Institut für Demoskopie Allensbach (2011): Schul- und Bildungspolitik in Deutschland 2011. http://www.vodafone-stiftung.de/publikationmodul/detail/24.html (Zugriff: 18.05.2011)

Karakaşoğlu, Y./Öztürk, Halit (2007): Erziehung und Aufwachsen junger Muslime in Deutschland. Islamisches Erziehungsideal und empirische Wirklichkeit in der Migrationsgesellschaft. In: Wensierski, H.-J./Lübcke, C. (Hrsg.): Junge Muslime in Deutschland. Lebenslagen, Aufwachsprozesse und Jugendkulturen. Opladen & Farmington Hills: Verlag Barbara Budrich, S. 157-172

Kränzl-Nagl, R./Mierendorff, J. (2007): Kindheit im Wandel. Annäherungen an ein komplexes Phänomen. In: SWS-Rundschau 47, H. 1, S. 3-25

Levy, R./Joye, D./Guve, O./Kaufmann, V. (1998): Alle gleich? Soziale Schichtung, Verhalten und Wahrnehmung. Zürich: Seismo-Verlag

Paulsen, N./Unger, Ch. (2011): Materialistisch und unkonzentriert. In: Hamburger Abendblatt vom 20. April 2011, 3

Reh, S. (2005): Warum fällt es Lehrerinnen und Lehrern so schwer, mit Heterogenität um-
zugehen? Historische und empirische Deutungen. In: Die Deutsche Schule 97, H.1, S.
76-86

Rödl, B. (1993): Lehrer-Eltern-Kooperation in der Grundschule. Erfahrungen und
Reflexionen. Frankfurt am Main u. a.: Lang

Schratz-Hadwich, B. (1995): Mütter und Schule – ein gestörtes Verhältnis? Oder: Schattenarbeit zwischen Reproduktion und Schulentwicklung. In: Lassnigg, L./Paseka, A.
(Hrsg.): Schule weiblich – Schule männlich. Zum Geschlechterverhältnis im Bildungswesen. Innsbruck: StudienVerlag, S. 215-233

Ulich, K. (1993): Schule als Familienproblem. Konfliktfelder zwischen Schülern, Eltern und
Lehrern. Frankfurt am Main: Fischer

Ulich, K. (1996): Beruf Lehrer/in. Arbeitsbelastungen, Beziehungskonflikte, Zufriedenheit.
Weinheim: Beltz

Wild, E./Gerber, J. (2007): Charakteristika und Determinanten der Hausaufgabenpraxis in
Deutschland von der vierten zur siebten Klassenstufe. In: Zeitschrift für Erziehungswissenschaft 10, H. 3, S. 356-380

Wild, E./Lorenz, F. (2010): Elternhaus und Schule. Paderborn: Ferdinand Schöningh

Wild, E./Remy, K. (2002): Quantität und Qualität der elterlichen Hausaufgabenbetreuung
von Drittklässlern in Mathematik. In: Zeitschrift für Pädagogik, 45. Beiheft, S. 276-290

Wischer, B. (2007): Wie sollen LehrerInnen mit Heterogenität umgehen? Über „program-
matische Fallen" im aktuellen Reformdiskurs. In: Die Deutsche Schule 99, H. 4, S. 422-
432

Yada, S. (2010): „Das Fremde ist wie eine Wunde in mir …" Gespräche mit türkischen
Eltern über ihre Lebenssituation in Deutschland und den Schulerfolg ihrer Kinder. In:
Deutsch als Zweitsprache, H. 1, S. 33-38

Marianne Horstkemper

8 Eltern – gefordert und überfordert?

8.1 Einleitung

Wurde in den fünfziger Jahren des letzten Jahrhunderts angesichts der gestiegenen Bedeutung institutionalisierter Bildungs- und Ausbildungssysteme zunächst die These von einem „Funktionsverlust" der Familie diskutiert, so sprach man in den folgenden Jahrzehnten von einer Funktions*verlagerung* – hin zur „eigentlichen" Aufgabe der Erziehung und Sozialisation, die ihrerseits höchst bildungsrelevante Wirkungen zeigen: „Eltern richten Erwartungen und Forderungen an die Kinder und setzen Grenzen, die diesen als wichtige Orientierungshilfen dienen" (Böhnisch 2002, S. 284). Die Leistungen der Familien bestehen dabei weniger in der Vermittlung von Einzelkompetenzen, sondern in der Gestaltung des Aufwachsens in emotionaler Sicherheit und Geborgenheit. Dies sichert den Aufbau von Vertrauen in die Umwelt und die eigene Kraft, auf deren Basis die Zuwendung zur Welt und zur Auseinandersetzung mit Sachen gelingen kann. Gleichzeitig werden soziale Basiskompetenzen vermittelt, Anstrengungsbereitschaft und Bildungsmotivation geprägt und damit unterschiedliche Bildungsoptionen eröffnet und unterstützt.

All dies geschieht keineswegs ausschließlich in bewussten Erziehungshandlungen, sondern es wird geprägt in den Erfahrungen des alltäglichen Miteinanders. Wesentliche Teile der Erziehungsarbeit sind eingebettet in eine Vielfalt anderer Tätigkeiten, vom Einkaufen, Kochen, gemeinsamen Essen über Verwandtenbesuche, Freizeitaktivitäten bis hin zu gemeinsamem sozialem oder politischem Engagement. „Die Erfahrung von Familie ist damit das Medium, über das das Kind bildungsrelevante Sozialisationserfahrungen macht" (ebd., S. 285).

Nun haben sich diese Erfahrungen von Kindern in den vergangenen Jahrzehnten massiv verändert: Geburtenkontrolle, Bildungsexpansion und veränderte Geschlechterverhältnisse haben dazu geführt, dass die deutlich weniger werdenden Kinder deutlich mehr Aufmerksamkeit beanspruchen und erhalten (Schütze 2002). Erziehungsziele und Erziehungspraktiken haben sich geändert. Indikatoren dafür sind steigende Bildungsaspirationen der Eltern für ihre Kinder (IFS-Umfrage 2004), eine deutlich stärkere Betonung von Selbstständigkeit und Entwicklung des freien Willens im Vergleich zu Gehorsam und Unterordnung (Reuband 1997) und nicht zuletzt die Pluralisierung von Lebensformen, die den Mythos von der „Normalität" der Kernfamilie Vater-Mutter-Kind(er) mit klarer familialer Arbeitsteilung aufgebrochen hat (Nave-Herz 2006).

Wild/Lorenz (2010, S. 33) verweisen auf die hohen Ansprüche einer „verantworteten Elternschaft", die von Eltern sehr viel stärker als früher ein kindgerechtes und kindzentriertes Verhalten fordert – und die gleichzeitig die Notwendigkeit von „Elternbildung und -beratung" begründen. Sie weisen darauf hin, dass sich die steigenden schulischen und beruflichen Aspirationen von Eltern auch in enormen zeitlichen und/oder finanziellen Aufwendungen spiegeln, die sie investieren in

Unterstützung bei den Hausaufgaben, für Nachhilfe und zusätzliche Bildungsangebote für ihre Kinder. Dies zeige, „dass in einer vergleichsweise hoch gebildeten Elterngeneration der Wunsch vorherrschend wird, das eigene Kind in seiner schulischen Laufbahn bestmöglich zu fördern" (ebd., S. 34). Darüber hinaus herrscht eine steigende Nachfrage nach Beratungs- und Unterstützungsangeboten durch Experten, nach Elternratgebern und einschlägigen Zeitschriften. Die explosionsartig wachsende Zahl von Magazinen, Buchveröffentlichungen, Fernsehbeiträgen und öffentlichen Veranstaltungen zum Thema Erziehung signalisiert dabei aber vermutlich nicht lediglich einen realen Unterstützungsbedarf der Kinder und Jugendlichen, sondern wohl vor allem auch den gehörigen Druck, den viele Eltern empfinden. Sie richten hohe Erwartungen an sich selbst, an die jeweiligen Partner und geben in Situationen der Überforderung diesen Druck auch häufig an die Kinder weiter. Kinderärzte und -therapeuten warnen vor dem Hintergrund ihrer Erfahrungen jedenfalls inzwischen zunehmend vor dieser Kehrseite der besonderen Herausforderungen einer Erziehung in der Moderne (Largo/Beglinger 2009).

Im Folgenden soll die in der JAKO-O Bildungsstudie ermittelte Perspektive der Eltern vorgestellt und in den Kontext des aktuellen Forschungsstandes eingeordnet werden. Dabei kommen in einem ersten Schritt die konkreten Betreuungsaktivitäten in den Blick, wenn Kindergarten und Schule ihre Pforten geschlossen haben. Dazu gehört auch die Einschätzung der Zusammenarbeit mit solchen öffentlichen Institutionen der Erziehung und Bildung. Im zweiten Schritt wenden wir uns dann der Bewertung der eigenen Situation zu. Welche Selbstansprüche und Selbstbewertungen formulieren die Eltern? Welche Bilanz ziehen sie angesichts des skizzierten Spannungsverhältnisses von Herausforderung und Überforderung?

8.2. Betreuung zwischen Privatsache und öffentlicher Verantwortung

Anders als in den meisten europäischen Ländern ist die Schule in Deutschland ganz überwiegend als Halbtagsschule organisiert. Auch Kindergärten enden häufig bereits recht früh und haben wenig flexible Öffnungszeiten. So kommt denn auch die DJI-Kinderbetreuungsstudie (Bien/Rauschenbach/Riedel 2007, S. 26) zu einer pointierten Zusammenfassung zum Stand öffentlicher Kinderbetreuung: „Zu wenig und zu unflexibel".

Dabei unterscheidet sich allerdings die Betreuungsinfrastruktur zwischen den alten (westlichen) und den neuen (östlichen) Bundesländern ganz erheblich: Der 12. Kinder- und Jugendbericht dokumentiert, dass es im Westen weiterhin einen deutlichen Nachholbedarf gibt, obwohl die 1996 erfolgte gesetzliche Verankerung des Rechtsanspruchs auf einen Kindergartenplatz zu einem Ausbau der Kapazitäten für Kinder zwischen drei Jahren und dem Schuleintritt geführt hat – allerdings häufig eben nur in Form von Halbtagsplätzen (Deutscher Bundestag 2005). Auch der Ausbau von Ganztagsschulen in unterschiedlichen Organisationsformen ist zwar in Angriff genommen worden, bleibt aber weit hinter den Wünschen der Eltern zurück (vgl. hierzu den Beitrag von Tillmann, Kap. 4).

Dennoch konstatiert auch der Leiter des Deutschen Jugendinstituts in seiner einleitenden Skizze zu der bereits zitierten DJI-Kinderbetreuungsstudie, Deutschland befinde sich „in punkto Kinderbetreuung in einem fundamentalen Umbruch" (Rauschenbach 2007, S. 10). Dabei verweist er auf einen grundlegenden Mentalitätswechsel: „Im Deutschland des Jahres 2006 wird inzwischen nicht mehr ernsthaft über Gefährdungen, Nachteile oder sonstige negative Einflüsse eines Kindergartens für Kinder debattiert. Stattdessen wird leidenschaftlich und kontrovers darüber nachgedacht, ob nicht sogar eine Kindergartenpflicht, analog zur Schulpflicht, eingeführt werden muss, um auf diesem Wege sicherzustellen, dass auch tatsächlich ausnahmslos alle Kinder zumindest die beiden letzten Jahre vor der Einschulung eine Kindertageseinrichtung besuchen. Schon allein diese Debatte über eine Kindergartenpflicht – der zumindest nicht mehr aus prinzipiellen Bedenken gegen eine öffentliche Betreuung widersprochen wird – markiert, dass gegenwärtig ein ebenso tief greifendes wie folgenreiches Umdenken stattfindet" (ebd., S. 10f.). Er spricht daher vom „Ende der unumstößlichen privaten Alleinzuständigkeit bei der Kinderbetreuung" (ebd., S. 12) sowie von einem „unaufhaltsame(n) Aufstieg der öffentlichen Betreuung" (ebd., S. 13), wenn auch mit weiterhin – vor allem im Westen – aufzuzeigenden Versorgungslücken. Dennoch lässt sich nach seiner Einschätzung die Entwicklung der letzten 15 Jahre dahingehend bilanzieren, „dass das Thema Kinderbetreuung nunmehr auch im politischen Raum nicht mehr länger als eine Privatangelegenheit von Eltern, insbesondere von Müttern betrachtet und behandelt wird. Kinderbetreuung wird daher in Zukunft in einem neuen Zusammenspiel von privater und öffentlicher Zuständigkeit beziehungsweise Verantwortung zu gestalten und zu organisieren sein" (ebd., S. 16).

8.2.1 Wer trägt die Hauptlast der Betreuung?

Abbildung 8.1 zeigt, dass auch heute noch die Eltern den größten Teil der Betreuungsarbeit zu leisten haben, wenn Kindergarten und Schulen ihre Pforten schließen: 79 % sind es über alle Befragtengruppen hinweg, lediglich 5 % können auf private Unterstützung durch Großeltern oder andere Verwandte bzw. im Freundeskreis zurückgreifen und nur 10 % finden diese durch öffentliche Betreuung in Hort, Schule oder sonstigen Einrichtungen.

Erwartungsgemäß stellt sich dies in jungen Familien noch einmal schärfer dar. Bei Kindergartenkindern sind sogar in 92 % der Fälle Vater bzw. Mutter für die Betreuung zuständig. Zwar engagieren sich hier Großeltern und Verwandte etwas stärker (7 %), dafür stehen aber über den Kindergarten hinaus nur für sehr wenige (4 %) weitere Möglichkeiten öffentlicher Betreuung zur Verfügung. Bei Schulkindern hingegen werden immerhin 12 % der Eltern von nachmittäglichen Angeboten in Schule oder Hort unterstützt.

Bei Eltern von *Grundschulkindern* geben inzwischen sogar 20 % an, dass ihr Kind eine Ganztagsschule besucht. Dies geht zum erheblichen Teil auf das das breit ausgebaute Angebot in den östlichen Bundesländern zurück (vgl. hierzu den Beitrag von Tillmann, Kap. 4.4). Bei Kindern in weiterführenden Schulen geht der Anteil von Eltern, die solche Unterstützung angeben, auf 6 % zurück. Private Lösungen

Abb. 8.1   Betreuung der Kinder am Nachmittag (nach besuchter Einrichtung)

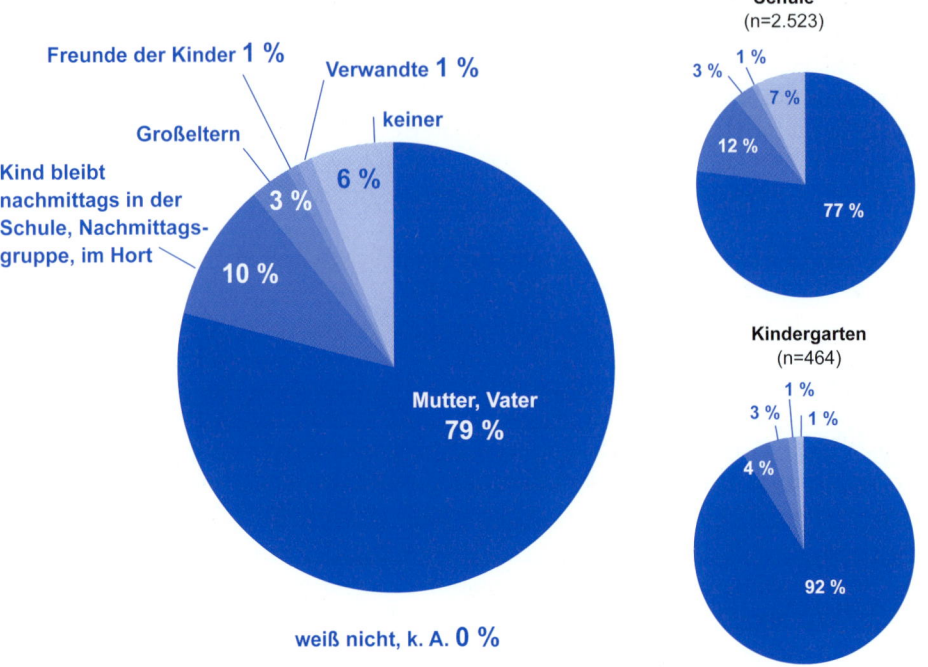

Frage: Wer betreut Ihr Kind direkt nach Schulschluss/Kindergartenschluss?
n=2.987 Eltern von Kindern, die Vorschule, Kindergarten oder Schule besuchen

Tab. 8.1   Betreuung der Kinder am Nachmittag (nach Region)

Betreuung am Nachmittag durch …	West n=2.550	Ost n=437	Gesamt n=2.987
Mutter, Vater	83 %	59 %	79 %
Großeltern, Verwandte	4 %	5 %	4 %
Freunde	1 %	–	1 %
öffentliche Betreuung in Hort, Schule etc.	8 %	26 %	10 %
niemand	5 %	10 %	6 %

Frage: Wer betreut Ihr Kind direkt nach Schulschluss/Kindergartenschluss?
n=2.987 Eltern von Kindern, die Vorschule, Kindergarten oder Schule besuchen

im Familien- und Freundeskreis spielen sowohl im Grundschulbereich wie auch im Bereich weiterführender Schulen eine gleichermaßen nachgeordnete Rolle.

Ins Auge fallen die in Tabelle 8.1 dokumentierten Ost-West-Unterschiede: Während im Westen der Bundesrepublik 83 % der Befragten die nachmittägliche Betreuung ihrer Kinder selbst übernehmen, gilt dies im Osten „nur" für 59 %. Entsprechend kehrt sich das Bild im Bereich öffentlicher Betreuung um: Während in den neuen Ländern immerhin gut ein Viertel der Befragten öffentliche Betreuung in Anspruch nimmt, liegt der Prozentsatz in den alten Ländern unter 10 %. Weit schärfer als zwischen den verschiedenen Stufen des Bildungsbereichs zeigen sich aber Unterschiede zwischen unterschiedlichen Formen des familiären Zusammenlebens (siehe Tabelle 8.2).

Tab. 8.2   Betreuung der Kinder am Nachmittag (nach unterschiedlichen Familienmodellen)

Betreuung am Nachmittag durch ...	ein Partner voll berufstätig, der andere nicht erwerbstätig (n=668)	ein Partner voll berufstätig, der andere teilzeitbeschäftigt (n=1.310)	beide Eltern voll berufstätig (n=353)	Allein- erziehende (n=539)	Gesamt (n=2.987)
Mutter, Vater	94 %	86 %	52 %	63 %	79 %
Großeltern, Verwandte	–	2 %	11 %	6 %	4 %
Freunde	–	–	–	3 %	1 %
öffentliche Betreuung in Hort, Schule etc.	5 %	7 %	20 %	16 %	10 %
niemand	1 %	4 %	16 %	11 %	6 %

Frage: Wer betreut Ihr Kind direkt nach Schulschluss/Kindergartenschluss?
n=2.987 Eltern von Kindern, die Vorschule, Kindergarten oder Schule besuchen

Am höchsten fällt die elterliche Betreuungszuständigkeit in den Familien aus, die in dem lange Zeit als Idealfall postulierten Organisationsmodell leben. Darin übernimmt ein Partner mit vollzeitiger Berufstätigkeit die „Ernährerfunktion", während der (oder in den meisten Fällen eher die) andere für die Kinderversorgung zuständig und deshalb nicht berufstätig ist. Hier gibt es offensichtlich keine nennenswerten privaten Unterstützungslösungen, auch öffentliche Betreuung wird nur minimal genutzt. Spiegelbildlich dazu fällt die elterliche Betreuung am geringsten in den Familien aus, in denen beide Partner voll berufstätig sind. Sie nutzen sowohl im privaten als auch im öffentlichen Bereich am stärksten Unterstützung. Das ist wenig überraschend, weil dies vermutlich erst die Voraussetzung für die vollberufliche Integration beider Partner schafft, solange die Kinder noch klein sind. Der hohe Anteil derjenigen, die angeben, dass niemand für Kinderbetreuung zuständig ist, dürfte damit zu erklären sein, dass in vielen dieser Familien die Eltern erst dann beide voll berufstätig sind, wenn die Kinder so selbstständig sind, dass sie keine Betreuung mehr brauchen.

Auch in der Gruppe der Alleinerziehenden, die zu 91 % aus Frauen und nur zu 9 % aus Männern besteht, wird sowohl im privaten wie auch im öffentlichen Bereich vergleichsweise stärker Unterstützung in Anspruch genommen. Das entspricht den Ergebnissen der DJI-Kinderbetreuungsstudie, die vor allem die Bedeutung der Betreuung durch Großeltern hervorhebt (Bien/Rauschenbach/Riedel 2007, S. 195ff.) und auf die Privilegierung von Alleinerziehenden bei der Vergabe von Plätzen in Ganztagseinrichtungen verweist (ebd., S. 197). Dennoch übersteige gerade in dieser Gruppe bisher der Bedarf ganz deutlich das Angebot.

Insgesamt lässt sich festhalten, dass alle hier befragten Eltern sehr intensiv in die Betreuung ihrer Kinder eingebunden sind. Dies gilt ganz besonders für die Eltern von Kindern im Vorschulalter und für Alleinerziehende. Für sie gibt es nach Schluss des Kindergartens bestenfalls Unterstützung im Familien- und Freundeskreis. Sie sind also darauf angewiesen, privat Ressourcen zu erschließen. Das spiegelt sich auch deutlich in höherem Zeitdruck und stärkeren Überforderungsgefühlen, wie in Kapitel 8.3 noch gezeigt werden wird.

8.2.2 Eltern kommunizieren intensiv mit Bildungs- und Betreuungsinstitutionen

Ein gelungenes Zusammenspiel von Eltern und öffentlichen Einrichtungen setzt voraus, dass Informationen ausgetauscht und Mitgestaltungsmöglichkeiten eröffnet werden. Die Eltern wurden gebeten einzuschätzen, „wie gut sie informiert sind" über das, was in Schule bzw. Kindergarten passiert (siehe Abbildung 8.2). Aus Sicht der Eltern scheint der Informationsfluss durchaus zufriedenstellend, lediglich 16 % aller befragten Eltern ordnen sich den beiden Kategorien „eher schlecht" oder gar „sehr schlecht" zu. Das gilt für den Kindergartenbereich ebenso wie für die Schule und zieht sich auch durch sämtliche Befragtengruppen: Weder hinsichtlich Alter, Geschlecht noch in Abhängigkeit von Bildungsabschluss oder von Haushaltsnettoeinkommen finden sich größere Unterschiede.

Tendenziell zeigen sich Eltern, die selbst über einen hohen Bildungsabschluss verfügen, besonders gut informiert. Eltern von Hauptschülern, Alleinerziehende sowie Befragte türkischer Herkunft fühlen sich dagegen etwas weniger gut informiert; aber auch hier liegt der Prozentsatz derjenigen, die sich im Positivbereich finden, in der Regel bei etwa 80 %. Das geht offensichtlich einher mit aktiver Teilnahme an Veranstaltungen von Schule und Kindergarten, seien dies nun Elternabende und -sprechtage oder auch Feste und sonstige Aktivitäten. Über 90 % der Eltern nutzen die meisten oder sogar fast alle solcher Gelegenheiten.

Solche Ergebnisse geben allerdings zum einen Anlass, über das Problem sozial erwünschter Antworten nachzudenken (z. B. Ulber/Lenzen 2004, S. 203), zum anderen aber auch über Selektionseffekte in standardisierten Befragungen: Erreicht man mit diesem Instrument möglicherweise stärker diejenigen, die dem Bildungsbereich hohe Bedeutung beimessen und seinen Einrichtungen aufgeschlossen gegenüberstehen? Das spricht jedoch keineswegs für prinzipielle Zweifel an der Aussagekraft der Daten. Zum einen haben wir es hier mit einer repräsentativen Stichprobe zu tun, die gegen

Abb. 8.2   Informiertheit über das, was in der Schule bzw. im Kindergarten passiert (nach besuchter Einrichtung)

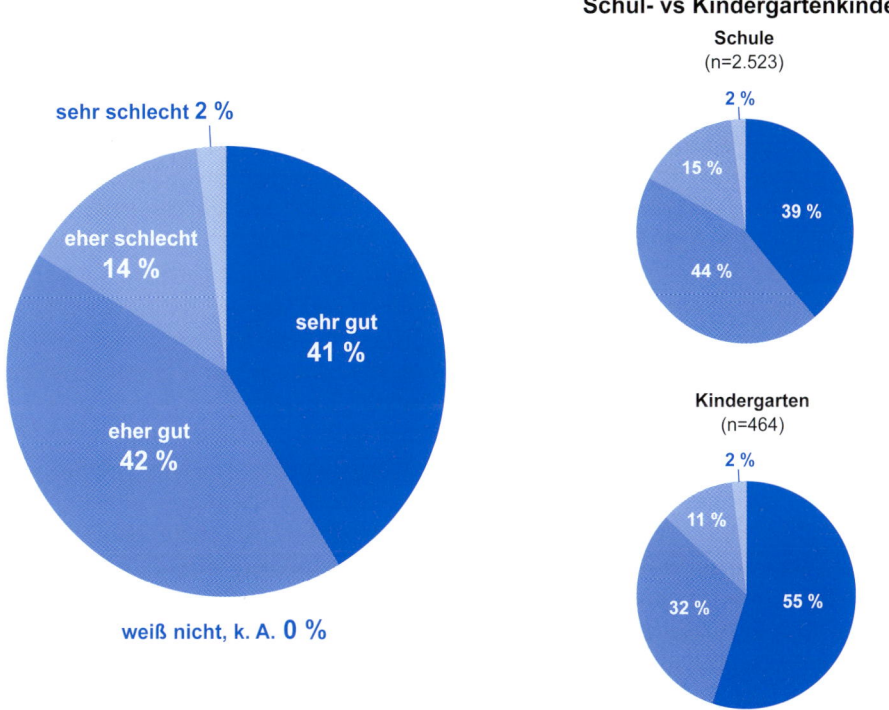

Frage: Wie gut sind Sie informiert über das, was in der Schule/im Kindergarten Ihres Kindes passiert?
n=2.987 Eltern von Kindern, die Vorschule, Kindergarten oder Schule besuchen

solche Verzerrungen besser gefeit ist als lokal begrenzte und eher zufällig zustande gekommene Ad-hoc-Stichproben. Zum anderen sind die Ergebnisse auch durchaus in sich stimmig; denn ein sehr plausibler Zusammenhang kristallisiert sich heraus: Diejenigen Eltern schulpflichtiger Kinder, die sich fast immer oder häufig durch die damit verbundenen Aufgaben überfordert fühlen, klagen am stärksten (28 %) über Informationsdefizite. Wir greifen diesen Aspekt von Überforderung in Kapitel 8.3 wieder auf.

Die hier dokumentierte relativ hohe Zufriedenheit mit dem eigenen Informationsgrad sagt allerdings noch nichts aus über das jeweilige Anspruchsniveau, vor dem diese Bewertung erfolgt und ob es hier tatsächlich zu einem wechselseitigen Austausch kommt. In kritischen Bestandsaufnahmen und Auseinandersetzungen mit den Kooperationsbeziehungen zwischen Schule und Elternhaus (z. B. Sacher 2008, Wild/Lorenz 2010) wird darauf verwiesen, dass sowohl Eltern als auch Lehrkräfte die oft konstatierte Beschränkung der Kommunikation auf punktuelle Gespräche an Elternabenden oder Elternsprechtagen in zweifacher Weise als unbefriedigend erleben: *inhaltlich*, weil es häufig eher defizitorientiert um Lern- und Erziehungsprobleme gehe und *atmosphärisch*, weil es sich nur selten um Gespräche „auf Augenhöhe" handle, sondern eher die Lehrkräfte ihre Sicht der Dinge mitteilten. Sacher (2009, S. 522) greift in seiner zusammenfassenden Darstellung diese Kritik auf: „Die meisten Lehrkräfte betrachten anscheinend Information über die Leistungen der Schüler und ihr Verhalten im Unterricht als ‚Holschuld‘ und Informationen über das außerschulische Leben und die familiäre Umwelt ihrer Schülerinnen und Schüler als ‚Bringschuld‘ der Eltern, statt jeweils selbst die Initiative zu ergreifen. Auch sehr aufgeschlossene Schulen und Lehrkräfte organisieren den Informationsaustausch mit den Eltern meist nur unidirektional, indem sie zwar Schule und Unterricht für sie transparent machen, aber nicht in demselben Maße auch von den Eltern Informationen über die Schülerinnen und Schüler erbitten, die für eine erfolgreiche Unterrichts- und Erziehungsarbeit in der Schule unverzichtbar sind". Ob eine solche Asymmetrie von den an der JAKO-O Bildungsstudie beteiligten Eltern auch gesehen wird, lässt sich nicht beantworten, weil die Fragestellung sich hier auf den Informationsgrad der Eltern konzentrierte. *Woher* sie die Informationen beziehen, wurde dabei nicht erfragt. Die Kinder und Jugendlichen selbst stellen dafür erfahrungsgemäß neben den Aktivitäten der Lehrkräfte ebenfalls eine wichtige Quelle dar. Die Schule ist in Deutschland wie in anderen Nationen in vielen Familiengesprächen das Thema Nr. 1 (Epstein 1987, Ulich 1993). Ebenso gilt allerdings national wie international die Feststellung, dass mit zunehmendem Alter der Nachwuchs häufig nicht eben auskunftsfreudiger wird, sondern mit wachsender Schuldistanz wechselseitige Einblicke der sich überlappenden Sphären Schule-Elternhaus zuweilen eher zu verhindern sucht. Eine direkte Kommunikation zwischen Lehrkräften und Eltern behält insofern über die gesamte Schulzeit hinweg einen hohen Stellenwert. Das gilt besonders dann, wenn Schülerinnen und Schüler den Anforderungen der Schule nicht immer problemlos gewachsen sind.

8.2.3 Schulkinder brauchen und bekommen häusliche Unterstützung

Damit ist ein Spannungsfeld angesprochen, über das zwischen Eltern und Schulvertretern – und auch in der bildungspolitisch interessierten Öffentlichkeit – immer wieder heftig diskutiert wird (vgl. hierzu den Beitrag von Paseka, Kap. 7). Zuspitzen lässt sich die Kontroverse auf das Problem, ob und in welchem Ausmaß häusliche Unterstützung legitimerweise von der Schule gefordert werden darf, oder ob dies als unzulässige Abwälzung ihrer Aufgaben auf die Eltern, insbesondere die Mütter, zu betrachten ist (die zusammenfassende Darstellung bei Wild/Lorenz 2010, S. 144 ff.).

In der JAKO-O Bildungsstudie erklären die weitaus meisten Eltern schulpflichtiger Kinder (74 %), dass sie sich verpflichtet fühlen, sich intensiv um deren schulische Belange zu kümmern. Normativ wird der Anspruch auf aktive Mitwirkung also weitgehend akzeptiert. In der Realität sieht sich die Mehrheit der Eltern denn auch sehr klar vor die Notwendigkeit gestellt, die Kinder auf unterschiedliche Weise zu unterstützen, wie Abbildung 8.3 dokumentiert. Nur gut die Hälfte aller Schulkinder kommt allein mit den Anforderungen der Schule zurecht. Ein Drittel braucht die Unterstützung von Eltern und Geschwistern und gut 10 % bekommen Nachhilfe. Erwartungsgemäß erhöht sich der Unterstützungsbedarf in der weiterführenden Schule im Vergleich zur Grundschulzeit. Gleichzeitig nimmt die Bedeutung familiärer Unterstützung ab und die formalisierter Nachhilfe zu.

**Abb. 8.3   Notwendigkeit häuslicher Unterstützung beim Lernen
schulpflichtiger Kinder (nach Schulform)**

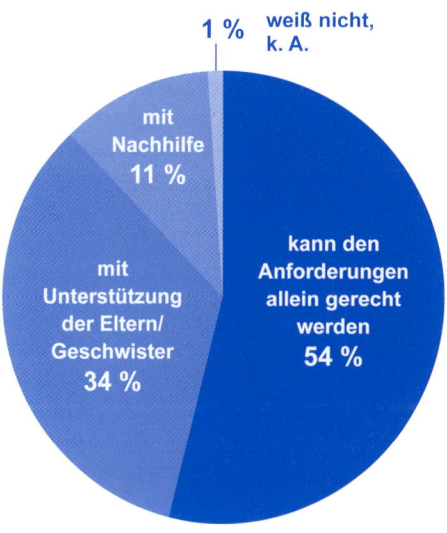

Eltern mit mindestens einem Kind in ...

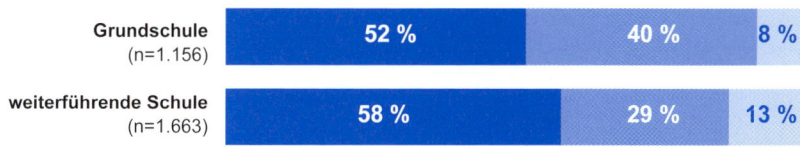

Frage: **Kann Ihr Kind den Anforderungen der Schule ohne elterliche Unterstützung
gerecht werden oder benötigt das Kind die regelmäßige Unterstützung von
Eltern bzw. Geschwistern oder Nachhilfe?**
n=2.523 Eltern eines schulpflichtigen Kindes

Über das gesamte Alters- und Schulspektrum hinweg bekommt ein Viertel aller
Schulkinder im Laufe seiner Schulzeit entweder regelmäßig oder mindestens hin und
wieder Nachhilfeunterricht (siehe Abbildung 8.4). Das bedeutet, dass viele Eltern eigene Zeit und/oder Geld aufbringen müssen, um den Schulerfolg ihrer Kinder zu
flankieren.

In den westlichen Bundesländern wird dies im Vergleich zu den östlichen offenbar etwas häufiger durch externe Nachhilfe geregelt, während in den neuen
Ländern die innerfamiliäre Unterstützung stärker ausgeprägt ist (siehe Tabelle 8.3).
Dramatische Unterschiede zeigen sich hier jedoch nicht. Das gilt ebenfalls, wenn
man sozioökonomische Kriterien wie Bildungsstatus, Haushaltsnettoeinkommen und
Staatsangehörigkeit (deutsch vs. türkisch) in die Analyse einbezieht. Selbst hinsichtlich der verschiedenen Schularten lässt sich allenfalls für die Hauptschule ein etwas
geringerer Stellenwert externer Nachhilfe konstatieren, während im Gymnasium die
innerfamiliale Unterstützung etwas weniger zum Tragen kommt.

Abb. 8.4   Häufigkeit von Nachhilfe

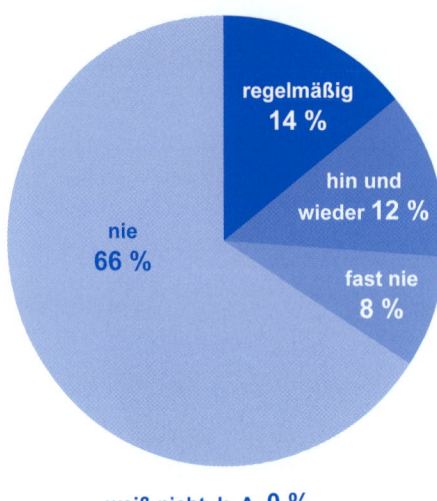

regelmäßig
14 %

hin und
wieder 12 %

nie
66 %

fast nie
8 %

weiß nicht, k. A. 0 %

**Frage: Bekommt oder bekam Ihr Kind Nachhilfe durch einen Nachhilfelehrer oder Schüler?
Wie häufig ist das der Fall?**
n=2.523 Eltern eines schulpflichtigen Kindes

**Tab. 8.3   Notwendigkeit häuslicher Unterstützung beim Lernen
schulpflichtiger Kinder (nach Region)**

häusliche Unterstützung	West (n=2.165)	Ost (n=358)	Gesamt (n=2.523)
kann den schulischen Anforderungen allein gerecht werden	55 %	52 %	54 %
mit Unterstützung der Eltern/ Geschwister	32 %	43 %	34 %
mit Nachhilfe	12 %	5 %	11 %
keine Angabe	1 %	–	1 %

**Frage: Kann Ihr Kind den Anforderungen der Schule ohne elterliche Unterstützung gerecht
werden oder benötigt das Kind die regelmäßige Unterstützung von Eltern bzw.
Geschwistern oder Nachhilfe?**
n=2.523 Eltern eines schulpflichtigen Kindes

Damit lässt sich bilanzieren, dass über alle Bevölkerungsgruppen hinweg etwa ein Drittel der Eltern regelmäßig die eigenen Kinder im schulischen Bereich selbst unterstützt und etwa ein Viertel mindestens ab und an externe Hilfe beschafft. Dafür werden persönlicher Zeitdruck und finanzielle Beanspruchungen in Kauf genommen. Erklärbar wird dies zum einen durch die hohe Bedeutung, die schulischer Bildung für den weiteren Lebensweg zugemessen wird (vgl. hierzu den Beitrag von Nicht, Kap. 6, sowie den von Paseka, Kap. 7). Zum anderen betonen Eltern aber auch immer wieder, dass es ihnen wichtig ist, sich intensiv mit der Situation ihres Kindes in der Schule zu befassen, an seinen Erfahrungen teilzunehmen und es in seiner Leistungs- und Persönlichkeitsentwicklung zu unterstützen. Ein Beispiel aus einer Schweizer Studie, in der Interviews mit Müttern geführt wurden, vermag das zu illustrieren: „Arbeiten mit meinem Kind muss ich zu Hause, ich will dies auch. Ich will es nicht abgeben. Ich gebe das Kind nicht zur Schule und bin froh, dass ich es los bin und ich nichts mehr mit der Erziehung oder anderem zu tun habe" (Neuenschwander et al. 2005, S. 58).

Eben dazu erhoffen Eltern sich auch gezielte Hinweise und Beratung – und dies nicht allein aus Ratgeberliteratur und spezifischen Bildungs- und Beratungsangeboten öffentlicher und privater Anbieter, sondern auch ganz direkt von der Schule ihres Kindes. Dass dies dringend notwendig wäre, lässt sich einer der seltenen Untersuchungen entnehmen, die der Frage nach der Qualität der häuslichen Unterstützung nachgegangen ist. So kommen Wild/Remy (2002) in ihrer Studie zur elterlichen Betreuung von Mathematikhausaufgaben bei Drittklässlern zu dem Ergebnis, dass über 80 % der Kinder nicht optimal betreut werden, wenn man als Kriterium die Förderung selbstregulierten Lernens heranzieht. Das deutet darauf hin, dass die Schule zwar offensichtlich mit der häuslichen Unterstützung in hohem Maße rechnet, in die Elternbildung aber nicht hinreichend investiert (Sacher 2009). Die Eltern benötigen jedenfalls eine gezielte Stärkung ihrer Kompetenzen, wenn sie ihre Kinder wirksam fördern können sollen. Wenn Schule und Eltern eine „Erziehungspartnerschaft in sozialer Verantwortung" eingehen wollen, so heben Wild/Lorenz (2010, S. 158) hervor, dann müsse „über eine Steigerung des Informationsflusses zwischen Eltern und Lehrern eine Stärkung des gegenseitigen Vertrauens und eine bessere Abstimmung der pädagogischen Maßnahmen (dazu führen), dass Schulen in der Erfüllung ihres Bildungsauftrags und Eltern in ihrer Erziehungsfunktion unterstützt werden."

8.2.4 Zwischenfazit

Heutige Eltern von Kindern und Jugendlichen sehen sich vor große Herausforderungen gestellt. Die Betreuung und Erziehung des Nachwuchses, die Begleitung und Unterstützung seiner Bildungserfahrungen fordern zeitliches und finanzielles Engagement, das immer noch sehr stark auf die Mobilisierung privater Ressourcen setzt. Die Unterstützung durch Angebote öffentlicher – auch ganztägiger – Betreuung ist nach wie vor ausbaubedürftig. Das gilt insbesondere für Familien mit Kindern im Kindergarten- und Grundschulalter. Die hier präsentierten Daten der JAKO-O Bildungsstudie belegen dies aktuell, sie zeigen gleichzeitig aber auch, dass Eltern die damit verbundenen Herausforderungen engagiert annehmen. Wie sie ihre eigene Situation vor dem Hintergrund der objektiven Belastungen bewerten, wie sie die daraus resultierende Beanspruchung einschätzen, das soll im folgenden Kapitel näher beleuchtet werden.

8.3 Herausforderung oder Überforderung: Wie bewerten Eltern ihre Situation?

Ob eine Situation als mehr oder weniger stark belastend und beanspruchend erlebt wird, hängt nicht in erster Linie von objektiv beschreibbaren Merkmalen und Faktoren ab. Von zentraler Bedeutung ist die Frage, wie solche Merkmale subjektiv erlebt und verarbeitet werden. Diese Erkenntnis wird vor allen Dingen von Familienforschern betont, die das elterliche Wohlbefinden als wichtige Ressource für eine optimale Förderung ihrer Kinder betrachten (Bertram/Spieß 2010). Sie untersuchen dabei sowohl Fragen der allgemeinen Lebenszufriedenheit als auch das Wohlbefinden in spezifischen Bereichen, etwa in der Erwerbstätigkeit oder auch hinsichtlich der Einbettung in soziale Netzwerke. Im Zentrum dieser Perspektive steht die Annahme, dass Wohlbefinden nicht zuletzt davon abhängt, ob sich Eltern – unter Einbeziehung familialer und familienpolitischer Unterstützung – hinreichend in der Lage sehen, ihren Kindern möglichst gute Bedingungen des Aufwachsens zu sichern. Dies ist selbstverständlich nicht unabhängig von Faktoren wie einer gesicherten ökonomischen Basis und akzeptablen Zeitbudgets – aber was als „gesichert" oder „akzeptabel" erlebt wird, kann subjektiv deutlich variieren. Deshalb liegen den folgenden Analysen die subjektiven Bewertungen von Eltern ihrer eigenen Situation zugrunde.

8.3.1 Zeit wird als knappes Gut erlebt

Gut die Hälfte aller Befragten (55 %) fühlt sich oft unter Zeitdruck (ohne Abbildung). Väter erleben ihn – vermutlich durch ihren in der Regel höheren Einbezug in die Berufstätigkeit – etwas häufiger (62 %) als Mütter (53 %). Das Alter der Kinder scheint dabei weniger eine Rolle zu spielen; denn Eltern, die ausschließlich Kinder im Kindergartenalter haben, liegen mit 59 % nur knapp höher als alle Befragten. Eltern, deren Kinder alle im schulpflichtigen Alter sind (53 %), liegen leicht darunter. Etwas stärker belastet fühlen sich diejenigen, die Kinder in beiden Altersgruppen haben (63 %).

Sehr viel deutlicher zeigen sich dagegen Zusammenhänge mit dem Ausmaß der Berufstätigkeit: Wenn beide Eltern Vollzeit erwerbstätig sind, liegt der Prozentsatz derjenigen, die sich oft unter Zeitdruck fühlen, bei 71 %; und auch wenn der Partner des vollbeschäftigten Elternteils eine Teilzeitbeschäftigung hat, liegt der Prozentsatz mit 64 % immer noch spürbar höher. Diejenigen Befragten, die selbst nicht berufstätig sind, empfinden deutlich weniger Zeitdruck. Der Anteil liegt aber dennoch bei etwa einem Drittel, unabhängig davon, in welchem Ausmaß der jeweilige Partner erwerbstätig ist. Alleinerziehende empfinden – was auf den ersten Blick erstaunen mag – kaum mehr Zeitdruck als Eltern in Paarbeziehungen. Dies erklärt sich möglicherweise zum Teil daraus, dass der Anteil alleinerziehender Eltern in den neuen Ländern nach wie vor höher liegt als im Westen (25 % im Vergleich zu 19 %) und man dort auf die bessere infrastrukturelle Unterstützung zurückgreifen kann.

Allerdings betont der vom Bundesministerium für Familie, Senioren, Frauen und Jugend herausgegebene Familienreport 2010, dass in *allen* Familienkonstellationen das Aufwachsen von Kindern „häufig eingebettet ist in ein Unterstützungsnetz insbesondere der Großmütter und Großväter sowie anderer Verwandter, die die Eltern bei der Kinderbetreuung oder im Fall von Krankheit unterstützen" (BMFSFJ 2010, S. 41). Auch wenn man nicht in einem Haushalt lebt, unterstützen sich die Generationen – und zwar sowohl in Krisenfällen, wie Krankheit oder Spitzenbelastungen, als auch bei der alltäglichen Betreuung. Gestützt auf den Ravensburger Kindersurvey heben Bertram und Spieß (2010, S. 4) hervor, dass dies jedoch nicht als *Ersatz* für fehlende öffentlich geförderte Betreuungseinrichtungen angelegt sei, sondern dass erst die *Kombination* privater und öffentlicher Unterstützung die zunehmende „Entgrenzung der Arbeitszeit" auffangen könne.

Trotz erlebten Zeitdrucks versichern in der JAKO-O Bildungsstudie 93 % aller Eltern, sich intensiv mit der Erziehung zu beschäftigen (ohne Abbildung), Mütter mit 95 % etwas mehr als Väter (88 %). Bei solch hohen Zustimmungswerten verwundert es nicht, dass sich ansonsten kaum Unterschiede zwischen Subgruppen zeigen, weder hinsichtlich Alter, Bildungsabschluss oder sozialer Lage. Auch über alle Bundesländer hinweg herrscht hier große Übereinstimmung – und die Intensität der Beschäftigung nimmt auch mit dem Alter der Kinder nicht ab. Solch hohe Werte signalisieren die Bedeutung, die Eltern ihrer Familie zumessen. Das entspricht den Ergebnissen anderer repräsentativer Studien. So gaben 99 % Prozent der Eltern mit minderjährigen Kindern an, es sei ihnen wichtig oder sehr wichtig, Zeit mit der Familie zu verbringen (BMFSFJ 2010, S. 42). Und auch dort geht ein hoher Teil der Eltern davon aus, dass das vorhandene Zeitbudget dafür ausreicht (67 % der Mütter und 55 % der Väter). Zeitnot entsteht auch nach den dortigen Analysen vor allem durch berufliche Belastungen und durch ungünstige und unflexible Arbeitszeiten. Die Vereinbarkeit von Berufs- und Familientätigkeit stellt insofern nach wie vor ein schwieriges Problem dar. Allerdings ist das Bewusstsein dafür gestiegen, dass es nicht lediglich die Frauen, sondern beide Geschlechter betrifft.

8.3.2 Vereinbarkeit von Beruf und Familie wird von Vätern und Müttern gewünscht – aber nicht gleichermaßen realisiert

Bertram/Spieß (2010, S. 4) haben Gemeinsamkeiten und Unterschiede in den Sichtweisen von Müttern und Vätern bei den präferierten Lösungsansätzen aufgezeigt: Die Mehrzahl der Mütter neigt einem adaptiven Familienmodell zu, in dem sie beide Bereiche miteinander ausbalancieren können. Über die Hälfte von ihnen würde gern Teilzeit arbeiten. Bei Vätern ist dagegen eine überwiegende bis ausschließliche Berufsorientierung viel stärker ausgeprägt. Gut 80 % sind Vollzeitbeschäftigt und möchten dies auch gern sein. Aber sowohl Väter *und* Mütter legen großen Wert auf gemeinsames bzw. abwechselndes Handeln als Paar innerhalb der Familie. Anders als früher wird nicht ein längerfristiger Ausstieg der Mutter aus dem Beruf für die optimale Lösung gehalten, sondern ein sequenzielles Modell befürwortet, das in der Zeit des Aufwachsens der Kinder parallel Fürsorge für die Familie *und* Berufstätigkeit ermöglicht. Die zunehmende Nutzung der Elternzeit durch Väter nach der Einführung des Elterngeldes ist ein Indikator dafür (BMFJFS 2010, S. 101).

Dennoch ist nicht zu übersehen, dass solch „modernisierte Lebenslaufvorstellungen" bei Frauen deutlich stärker ausgeprägt sind als bei Männern. Der Familienreport 2010 (BMFSFJ 2010, S. 45) bezieht sich auf eine repräsentative Studie von Volz und Zulehner (2009), wonach 41 % Frauen, die eine gleichberechtigte familiäre Arbeitsteilung und Berufstätigkeit der Frau befürworten, nur 13 % Männer gegenüber stehen, die das ebenso sehen. Gleichzeitig wird dort die Brigitte-Studie (2009) mit folgendem Ergebnis zitiert: Für die größte Gruppe der jungen Frauen zwischen 17 und 30 Jahren sei die wichtigste Eigenschaft des künftigen „richtigen" Partners, dass er Zeit für die Familie habe. Mit Recht lässt sich schlussfolgern, dass Paarfindungs- und Familiengründungsprozesse bei solchen Einstellungsunterschieden nicht unproblematisch verlaufen werden und dringend sowohl durch familien- wie bildungspolitische Maßnahmen unterstützt werden sollten.

Es sind auch nicht lediglich Einstellungsunterschiede zu verzeichnen, sondern ihnen entsprechen ebenso klare Verhaltensunterschiede. Real sind es nach wie vor ganz überwiegend die Mütter, die zurückstecken. In der JAKO-O Bildungsstudie stimmen 56 % der weiblichen Befragten der Frage zu: „Ich habe wegen der Kinder auf einen Teil meiner beruflichen Karriere verzichtet." Von den befragten Vätern sagen dies lediglich 18 % (ohne Abbildung). Insbesondere jüngere und besonders gut ausgebildete Eltern sind von solchem Karriereverzicht betroffen: Bei den unter 35-jährigen und unter denjenigen, die Abitur oder Hochschulabschlüsse erreicht haben, stimmt die Hälfte dieser Aussage zu. Es bleibt abzuwarten, ob dies im weiteren Lebensverlauf in einem sequenziellen Modell, das lediglich kürzere Phasen der Reduktion beruflichen Engagements vorsieht, besser aufgeholt werden kann, als dies im früheren sogenannten „Drei-Phasen-Modell" (Berufseintritt – längere Phase des Berufsausstiegs – Wiedereingliederung) gelungen ist. Abhängen wird dies nicht zuletzt davon, ob die Bemühungen um mehr Familienfreundlichkeit bei der Gestaltung von Arbeitsplätzen – und zwar für Frauen wie für Männer – tatsächlich greifen. Sie können z. B. Maßnahmen zur Arbeitszeitflexibilisierung, Kontakthalteprogramme, Weiterbildungsangebote und Eingliederungshilfen für Rückkehrerinnen und Rückkehrer oder auch Angebote betrieblicher Kinderbetreuung, Einrichtung von Telearbeitsplätzen etc. umfassen. Zwar haben Personalverantwortliche in Deutschland inzwischen realisiert, dass solche Bemühungen wichtige Erfolgsfaktoren für die Rekrutierung und Bindung von Fachkräften darstellen (BMFSFJ 2010, S. 108), die an Bedeutung auch noch zunehmen werden. Dennoch ist die Frage nicht leicht zu beantworten, wer solche Maßnahmen ohne negative Folgen nutzen kann.

In einer Studie zur familienfreundlichen Gestaltung der Erwerbsarbeit in Rheinland-Pfalz (Schneider/Häuser/Ruppenthal o.J., S. 8) sehen die befragten Frauen und Männer dies kritisch: Nur 22 % glauben, dass man durch die Nutzung von Teilzeitarbeit oder Elternzeit beruflich *nicht* benachteiligt wird. In Experteninterviews, die im Rahmen dieser Studie durchgeführt wurden, wurde diese Einschätzung durchaus gestützt: Führungskräften werden selten familienfreundliche Maßnahmen angeboten, sie nutzen sie wenig und die Nutzung wird auch nicht gerne gesehen (ebd., S. 7). Vor dem Hintergrund solcher Ergebnisse verwundert die überaus positive Einschätzung im Familienreport 2010 (BMFSFJ 2010, S. 111): „Nicht zuletzt durch eine offensive ökonomische Argumentation hat sich auch in der Wirtschaft beim

Thema Familienfreundlichkeit ein Mentalitätswandel vollzogen. (…) Vorgesetzte und Kolleginnen bzw. Kollegen realisieren, dass auch Männer mit Betreuungspflichten betraut sind und Zeit für ihre Familie brauchen. Diese Dynamik trägt dazu bei, die noch immer stark verankerte Mentalität der ‚Rund-um-die-Uhr-Verfügbarkeit' und Anwesenheitskultur in der Arbeitswelt langsam, aber nachhaltig aufzubrechen. Einhellig gehen Personalverantwortliche davon aus, dass väterliche Eltern(geld)zeiten, teilzeitbeschäftigte Männer und eine familienbewusste Arbeitsorganisation von Vätern zunehmend zur Normalität im betrieblichen Alltag werden." Zweifellos hat sich einiges bewegt – und die Elternzeitregelung hat sich dabei als „Türöffner" für veränderte Einstellungen und verändertes Verhalten auf Arbeitgeber- wie Arbeitnehmerseite erwiesen. Dennoch ist nicht zu übersehen, dass es in der Realität immer noch stärker die Mütter sind, die viel in eine bessere Balance zwischen Berufs- und Familientätigkeit investieren. Und sie tun dies in klarem Bewusstsein der Notwendigkeit zur (mindestens zeitweisen) Reduktion eigener beruflicher Ansprüche und der damit verbundenen Risiken. Immerhin gewinnen sie dadurch im Vergleich zu den Männern etwas mehr Entlastung von zeitlichem Druck. Ob dies gleichsam bezahlt wird mit geringerem Wohlbefinden im beruflichen Bereich, ist damit noch nicht geklärt. Wenn die Reduktion eigener Ansprüche zudem nicht hinreichend aufgewogen wird durch eine tatsächlich stärker partnerschaftliche Bewältigung der Familienaufgaben, kommt die angestrebte zeitliche Entlastung möglicherweise weniger als erhofft zum Tragen. Die Grenze zur Überforderung wird dann gelegentlich deutlich überschritten.

8.3.3 Überforderungsgefühle sind verhältnismäßig selten

Angesichts der oben skizzierten – in der Regel offenbar recht gut funktionierenden Netzwerke – verwundert es nicht, dass trotz eines anstrengenden Alltags es nur bei einem kleineren Teil der Befragten zum Gefühl von Überforderung kommt. Erfragt wurde dies in der JAKO-O Bildungsstudie in dreifacher Weise:

(i) In sehr allgemeiner Form ging es zunächst um die Beantwortung – lediglich mit der Antwortvorgabe „ja" und „nein" versehene – Frage: „Ich fühle mich oft einfach überfordert". Sie lässt sich als Indikator für hohe Beanspruchung heranziehen, die bis hin zu Erschöpfung und Burnout führen kann. Dieser Frage stimmten immerhin 20 % aller Eltern zu (ohne Abbildung). Das betrifft also etwa ein Fünftel, wobei Mütter mit einem Anteil von 23 % deutlich stärker vertreten sind als die Väter (15 %). Erstaunlich ist dies insofern, als sie sich nach eigener Einschätzung ja zeitlich weniger belastet fühlen. Zeitdruck scheint demnach nicht die einzige oder die Hauptquelle von Überforderungsempfindungen zu sein. Alter und Bildungsabschluss spielen in dieser Hinsicht offensichtlich eine moderierende Rolle: Je jünger die Befragten sind und je niedriger ihr Bildungsabschluss, desto häufiger schätzen sie sich selbst als oft überfordert ein. Geringere Lebenserfahrung und größere Unsicherheit, ob man den hohen Ansprüchen von Elternschaft gewachsen ist, scheinen hier stressverstärkend zu wirken. Eltern mit höheren Bildungsabschlüssen können dies vermutlich durch die vorn bereits angesprochene Ratgeberliteratur, den Austausch mit Gleichgesinnten und Inanspruchnahme von Beratungs- und spezifischen Bildungsangeboten besser abfangen. In der Gruppe derjenigen, die Abitur oder einen Hochschulabschluss erreicht

Abb. 8.5 **Überforderung der Eltern angesichts schulischer Anforderungen (nach Bildungsabschluss)**

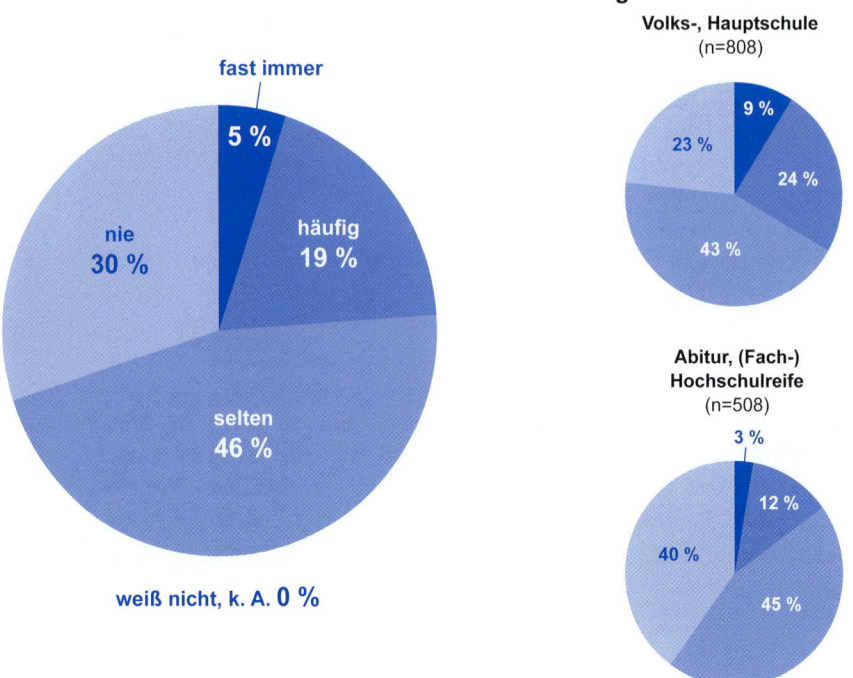

Bildungsabschluss des Befragten

Volks-, Hauptschule
(n=808)

Abitur, (Fach-)
Hochschulreife
(n=508)

fast immer

5 %

häufig
19 %

nie
30 %

selten
46 %

weiß nicht, k. A. 0 %

Frage: **Fühlen Sie sich mit den Aufgaben als Elternteil eines schulpflichtigen Kindes**
fast immer, häufig, selten oder nie überfordert?
n=2.523 Eltern eines schulpflichtigen Kindes

hat, sehen sich nur 15 % überfordert – mit 33 % sind es in der Gruppe derjenigen, die lediglich einen Volks- bzw. Hauptschulabschluss erreicht haben, etwa doppelt so viel.

(ii) Zum zweiten wurde mit zwei Fragen explizit nach *Versagensgefühlen in der Erziehung* gefragt. Auch dabei lauteten die Antwortvorgaben jeweils „ja" und „nein". Je 12 % der Eltern fürchten oft, in der Erziehung zu versagen oder haben das Gefühl, die eigenen Kinder kaum (noch) zu erreichen (ohne Abbildung). Letzteres betrifft eher Jugendliche in der Sekundarstufe, die sich von Jugendgruppen, Medien und Internet oft stärker beeinflussen lassen als von den eigenen Eltern. Auch hier ist der Anteil überforderter Eltern mit 18 % besonders hoch in der Gruppe mit dem niedrigsten Bildungsabschluss, in der mit dem höchsten Abschluss erleben dies lediglich 7 % so.

(iii) Die dritte Frage schließlich bezieht sich spezifisch auf Überforderungsempfindungen, die sich aus der Situation *schulpflichtiger* Kinder ergeben. Hier konnten die Eltern zwischen den vier Antwortvorgaben „fast immer", „häufig", „selten" oder „nie" wählen. Dabei zeigt sich, dass die Schule mit ihren Unterstützungsansprüchen deutlich mehr Eltern an den Rand ihrer Möglichkeiten zu bringen scheint (siehe Abbildung 8.5). Insgesamt 24 % fühlen sich „fast immer" oder „häufig" mit den Aufgaben als Elternteil eines schulpflichtigen Kindes überfordert, nur bei 30 % ist das

Abb. 8.6   Überforderung der Eltern angesichts schulischer Anforderungen (nach Staatsangehörigkeit)

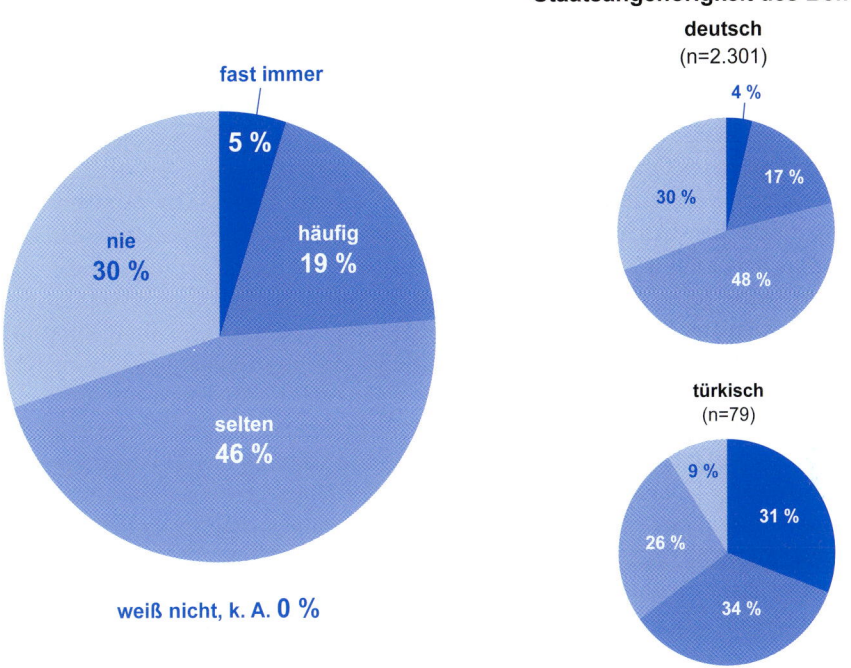

Frage: Fühlen Sie sich mit den Aufgaben als Elternteil eines schulpflichtigen Kindes fast immer, häufig, selten oder nie überfordert?
n=2.523 Eltern eines schulpflichtigen Kindes

„nie" der Fall. Auch dabei zeigt sich ein klarer Zusammenhang zum Bildungsgrad: Die Überforderung geht mit steigendem Bildungsgrad deutlich zurück. Ein Drittel aller Befragten mit Hauptschulabschluss fühlt sich „fast immer" oder „häufig" überfordert, das sind mehr als doppelt so viele wie bei den Eltern mit Abitur oder akademischem Abschluss (15 %). In Kapitel 8.2.2 wurde bereits darauf verwiesen, dass sich die Gruppe derjenigen, die den beiden oberen Kategorien („fast immer" oder „häufig") zustimmen, stärker über Informationsdefizite klagen. Gleichzeitig sind ihre Selbstansprüche sogar etwas höher als im Durchschnitt der Befragten: 77 % fühlen sich verpflichtet, sich intensiv um die Schule zu kümmern.

Noch deutlicher kristallisiert sich eine solche Kluft bei den türkischen Eltern heraus, die hier exemplarisch als eine Gruppe von Eltern mit anderer Staatsangehörigkeit betrachtet werden. Auch sie fühlen sich auf der einen Seite stark verpflichtet, sich intensiv um die Schule zu kümmern (97 % bejahen diese Frage, bei den deutschen Eltern tun dies nur 73 %). Auf der anderen Seite fühlen sie sich aber deutlich stärker überfordert, ihre Kinder auch wirksam zu unterstützen (siehe Abbildung 8.6). Sie erklären zu 31 %, dass sie sich „fast immer" überfordert fühlen – während bei den deutschen Eltern dies lediglich 4 % äußern. Es ist nicht verwunderlich, dass eine so massive Differenz zwischen Selbstansprüchen und eigenen Möglichkeiten

Überforderungsgefühle auslöst. Die Frage ist, ob die Schulen dies ihrerseits wahrnehmen, dem wirksam begegnen und damit einen Beitrag zur Verbesserung von Bildungserfolg und Chancengleichheit bei Kindern mit Migrationshintergrund leisten können (vgl. hierzu den Beitrag von Nicht, Kap. 6).

Im Familienreport (BMFSFJ 2010, S. 92) wird auf die Notwendigkeit verwiesen, über schulische Beratung hinaus Familien mit Migrationshintergrund eine alltagsnahe Unterstützung durch Familienbildungs- und Beratungsstellen zu ermöglichen. Damit sollte es besser gelingen, die Bildungsaspirationen dieser Eltern aufzugreifen, ihnen umfänglicheres Orientierungswissen über das deutsche Bildungssystem zu vermitteln und eine Vernetzung mit Institutionen im lokalen Umfeld der Familien herzustellen, die die hier beschriebene Kluft verringern könnte. Angesichts der kritischen Aussagen in Abschnitt 8.2.3 zu den eher zögerlichen Anstrengungen der Schule, die Elternarbeit ernst zu nehmen und auszubauen, gilt diese Forderung aber keineswegs nur für Familien mit Migrationshintergrund. Die Einbeziehung und Bündelung lokaler Kräfte in den Kommunen, seien es die Träger der Jugendhilfe, Jugendverbände oder auch Zusammenarbeit mit Betrieben, Stiftungen oder Institutionen der Aus- und Weiterbildung könnte insgesamt die Zusammenarbeit von Schule und Eltern wirksam flankieren und voranbringen. Neben konkreter Unterstützung bei Betreuungs- und Bildungsaufgaben – nicht zuletzt auch in finanzieller Hinsicht – gewinnen Aufgaben der Elternbildung dabei ebenso an Bedeutung wie familienbewusste Gestaltung von Arbeitsplätzen.

Mit dem Ergebnis ihrer eigenen Anstrengungen sind die Eltern der JAKO-O Bildungsstudie im Übrigen mit ganz überwältigender Mehrheit zufrieden: 97 % glauben, ein guter Vater/eine gute Mutter zu sein. Solche nur knapp die 100 %-Grenze verfehlende Zustimmung lässt keinen Raum für Unterschiede irgendwelcher Art. Ein solches Ergebnis spricht gleichzeitig dafür, dass Eltern aus einer so positiven Bewertung eines für ihr Wohlbefinden sehr wichtigen Bereichs ein hohes Maß an Befriedigung und Bestätigung ziehen. Das wiederum ist ein wirksamer Schutzfaktor: Auch durch hohe Ansprüche sehen sie sich nicht in eine Situation von Überforderung oder gar Hilflosigkeit gesetzt.

8.3.4 Zwischenfazit

Zusammenfassend lässt sich festhalten, dass Eltern insgesamt ihre Situation eher positiv im Sinne von Herausforderungen beschreiben, auf die sie sich gern und intensiv einlassen. Der weitaus größte Teil sieht sich dazu auch in der Lage und kann dabei auf familiale Netzwerke zurückgreifen, die über den eigenen Haushalt und die Generationengrenzen hinweg reichen. Das gilt erfreulicherweise für fast alle hier erfragten Aspekte durchgängig in allen Subgruppen der Befragung, ob man nun nach Alter, Geschlecht, Familienform oder ökonomischem Status differenziert. Einzig in Abhängigkeit vom Bildungsgrad lässt sich aufzeigen, dass Überforderungs- und Versagensgefühle etwas stärker von denjenigen artikuliert werden, die lediglich über einen Hauptschulabschluss verfügen. Sie könnten von der geforderten Bündelung lokaler und regionaler Kräfte mit Sicherheit ebenso profitieren wie Familien mit Migrationshintergrund.

8.4 Eltern als wichtige Ressource für die Gestaltung des Bildungssystems

Welches Resümee lässt sich nun aus der hier präsentierten Nachzeichnung der Elternsicht ziehen? Zum einen dürfte deutlich geworden sein, dass sich Eltern insgesamt als motivierte und belastbare Partner präsentiert haben, die gemeinsam mit Bildungsinstitutionen wie Kindergarten und Schule die Verantwortung für Erziehung und Bildung der Kinder übernehmen wollen und dies nach eigener Einschätzung in aller Regel auch erfolgreich tun. Davon sind auch diejenigen nicht ausgenommen, die von diesen Einrichtungen häufig als eher problematisch wahrgenommen und auch so etikettiert werden – etwa Alleinerziehende oder Familien mit Migrationshintergrund. Es mag überraschen, dass auch in diesen Gruppen so deutlich positive Haltungen und Einschätzungen formuliert werden und sollte Anlass sein, in anschließenden Befragungen solche Fragen differenzierter zu beleuchten.

Dennoch ist dieses Ergebnis zunächst einmal als Aktivposten festzuhalten. Es ordnet sich gut ein in die auch in den übrigen Analysen dieses Bandes entfaltete Sicht der Dinge. Zugleich drängt sich die Frage auf, ob diejenigen, die für innovative Entwicklungen in diesem Bereich verantwortlich zeichnen, dieses Potenzial bislang in hinreichendem Maße wahrnehmen und erschließen. Wild/Lorenz (2010, S. 147f.) skizzieren in ihrem Exkurs zu Einstellungen und Praktiken der Elternarbeit deutscher Lehrkräfte Hinweise auf positive Veränderungen in deren Selbstverständnis, wenn man dies mit früheren Erkenntnissen vergleicht (z.B. Pekrun 2001). Anders als früher gehe inzwischen ein hoher Prozentsatz (zwischen 60 und 80 %) davon aus, dass Eltern bei entsprechenden Bemühungen von Seiten der Schule zu regelmäßigem schulischem Engagement bereit wären. Dies galt umso stärker, je mehr die Lehrerinnen und Lehrer von einem egalitären Verantwortungsmodell ausgehen. Gemeint ist damit, dass sowohl Eltern als auch Lehrkräfte gemeinsam für die Realisierung von allgemeinen Erziehungszielen (z.B. hinsichtlich des Sozialverhaltens) und auch für die Vermittlung überfachlicher Kompetenzen (z.B. der Fähigkeiten zu Planung und Selbstregulierung) zuständig sind. Eltern werden in diesem Fall keineswegs als „erziehungsunwillig" betrachtet, sondern ernst genommen und unterstützt in ihren Bemühungen, die hohen Ansprüche zu verwirklichen, die sich aus den oben angesprochenen gewandelten Erziehungsleitbildern ergeben.

Wie auf dieser Basis eine produktive und erweiterte Kooperation zwischen Elternhaus, Schule und anderen Institutionen vor Ort aussehen könnte, kann hier nicht systematisch ausgeführt werden. Es soll aber wenigstens an einem Beispiel knapp illustriert werden: Das „Familien-Bündnis Bad Kreuznach" bietet eine Anlaufstelle, die sich um alle Fragen kümmert, die sich rund um das Thema Familie ranken. Es will Eltern und Kindern den Alltag erleichtern, die Kinderfreundlichkeit in der Region stärken und die Balance von Familie und Beruf verbessern. Dazu haben sich viele Akteure aus unterschiedlichen Bereichen zusammengeschlossen. Sie kommen aus Ämtern und Fachausschüssen, Verbänden und Vereinen, Kirchen und Gewerkschaften, Unternehmen, Kammern, Schulen, Familienbildungsstätten, der Telefonseelsorge – die Liste ist lang. Koordiniert wird dieses Bündnis von der Gleichstellungsbeauftragten der Stadt. Die Internetseite informiert über ganz unterschiedliche Angebote (www.familien-kreuznach.de). Vom

Erwerb eines „Babysitter-Führerscheins", über Computer-Kurse für Jugendliche und Erwachsene bis hin zu Informationsveranstaltungen über die lokale Schullandschaft und Betreuungsmöglichkeiten in Kindergärten und Kindertagesstätten bis zur Unterstützung bei der Beschaffung von Schulbüchern reicht die Palette. Eine Ehrenamtsbörse und Kontaktvermittlung zu Selbsthilfegruppen unterstützt diejenigen, die in Krisensituationen Hilfe brauchen, Unternehmen öffnen in den Ferien ihre Pforten für interessierte Schülerinnen und Schüler, die sich über Ausbildungsmöglichkeiten informieren möchten. Und in Zusammenarbeit mit den Grundschulen, dem Kinderschutzbund, vielen Vereinen und Institutionen gelingt es dort, auch während sämtlicher Ferienwochen des Schuljahres eine ganztägige Betreuung der Kinder zu sichern. In Vorträgen und Veranstaltungen diskutieren Eltern, Lehrkräfte und Erzieher/innen aktuelle pädagogische Fragen. Gleichzeitig entsteht dadurch ein Forum, vor dem Schulen ihre Bedürfnisse – z. B. nach Ausbau der Schulsozialarbeit – vorbringen und um breite Unterstützung werben können.

Diese kurze Skizzierung kann lediglich andeuten, in welcher Weise die Orientierung auf die Bedürfnisse von Eltern und die konkrete Zusammenarbeit in Projekten, die ihren Beratungs- und Unterstützungsbedarf berücksichtigen, auch und gerade die Bildungsinstitutionen in ihrer Entwicklung voranbringen kann. Der Dialog mit den Eltern und mit vielen Partnern, die sich für die Qualitätsentwicklung im Bildungssystem engagieren wollen, erweist sich dabei als notwendig und hilfreich. Es gibt gute Gründe, ihn künftig weiter auszubauen.

Literatur

Bertram, H./Spieß, C. K. (2010): Elterliches Wohlbefinden, öffentliche Unterstützung und die Zukunft der Kinder – der Ravensburger Elternsurvey. Kurzfassung der Ergebnisse. http://www.ravensburger.de/content/wcm/mediadata/PDF/Stiftung/Studie%20 Elternsurvey%202010.pdf (Zugriff: 4.6.2011)

Bien, W./Rauschenbach, Th./Riedel, B. (Hrsg.) (2007): Wer betreut Deutschlands Kinder? Berlin: Cornelsen Verlag Scriptor

BMFSFJ (Hrsg.) (2010): Familien Report 2010. Leistungen – Wirkungen – Trends. Bonn

Böhnisch, L. (2002): Familie und Bildung. In: Tippelt, R. (Hrsg.): Handbuch Bildungsforschung. Opladen: Leske + Budrich, S. 284-292

Brigitte (Hrsg.) (2009): Brigitte-Studie im Krisenjahr. Frauen auf dem Sprung. Das Update. Hamburg: Brigitte-Verlag

Deutscher Bundestag (Hrsg.) (2005): Zwölfter Kinder- und Jugendbericht. Bericht über die Lebenssituation junger Menschen und die Leistungen der Kinder- und Jugendhilfe in Deutschland. Drucksache 15/6014. Berlin

Epstein, J. L. (1987): Toward a theory of family-school connections: Teacher practices and parent involvement. In: Hurrelmann, K./Kaufmann, F./Lösel, F. (Eds.): Social interventions: Potential and constraints. New York: De Gruyter, S. 121-136

IFS-Umfrage (2004): Die Schule im Spiegel der öffentlichen Meinung – Ergebnisse der 13. IFS-Repräsentativbefragung der bundesdeutschen Bevölkerung. In: Holtappels, H. G. et al: (Hrsg.): Jahrbuch der Schulentwicklung Band 13. Weinheim: Juventa, S. 13-50

Largo, R. H./Beglinger, M. (2009): Schülerjahre – Wie Kinder besser lernen. München: Piper

Nave-Herz, R. (2006): Ehe- und Familiensoziologie: Eine Einführung in Geschichte, theoretische Ansätze und empirische Befunde. Weinheim: Juventa

Neuenschwander, M. P./Balmer, T./Gasser-Dutoit/Golt, S./Hirt, U./Ryser, H./Wartenweiler, H. (2005): Schule und Familie. Bern: Haupt Verlag

Pekrun, R. (2001): Familie, Schule und Entwicklung. In: Walper, S./Pektrun, R. (Hrsg.): Familie und Entwicklung. Aktuelle Perspektiven der Familienpsychologie. Göttingen: Hogrefe, S. 84-105

Rauschenbach, Th. (2007): Wer betreut Deutschlands Kinder? Eine einleitende Skizze. In: Bien, W./Rauschenbach, Th./Riedel, B. (Hrsg.): Wer betreut Deutschlands Kinder? Berlin: Cornelsen Verlag Scriptor, S. 10-24

Reuband, K.-H. (1997): Aushandeln statt Gehorsam. Erziehungsziele und Erziehungspraktiken in den alten und neuen Bundesländern im Wandel. In: Böhnisch, L./Lenz, K. (Hrsg.): Familien. Weinheim: Juventa, S. 129-153

Sacher, W. (2008): Elternarbeit. Gestaltungsmöglichkeiten und Grundlagen für alle Schularten, Bad Heilbrunn: Klinkhardt

Sacher, W. (2009): Elternarbeit – Partnerschaft zwischen Schule und Familie. In: Blömeke, S. et al. (Hrsg.): Handbuch Schule. Bad Heilbrunn: Klinkhardt, S. 519-526

Schneider, N. F./Häuser, J. C./Ruppenthal S. M. (o. J.): Familienfreundliche Gestaltung der Erwerbsarbeit in Rheinland-Pfalz – Gegenwart und Zukunft. Kurzbericht zur Studie im Auftrag des Ministeriums für Arbeit, Soziales, Familie und Gesundheit des Landes Rheinland-Pfalz. Universität Mainz: http://www.familienfreundlichkeit-rlp.soziologie.uni-mainz.de/Doku-mente/Kurzbericht_Familienfreundlichkeit.pdf (Zugriff: 4.6.2011)

Schütze, Y. (2002): Zur Veränderung des Eltern-Kind-Verhältnis seit der Nachkriegszeit. In: Nave-Herz, R. (Hrsg.): Kontinuität und Wandel der Familie in Deutschland. Stuttgart: Lucius, S. 71-98

Ulber, D./Lenzen, D. (2004): Schulqualität aus Elternsicht – Ergebnisse einer Befragung Berliner Eltern. In: Pädagogische Rundschau 58, H. 2, S. 197-205

Ulich, K. (1993): Schule als Familienproblem. Frankfurt/M.: Fischer

Volz, R./Zulehner, P.M. (2009): Männer in Bewegung: Zehn Jahre Männerentwicklung in Deutschland. BMFSFJ Forschungsreihe Band 6. Baden-Baden

Wild, E./Lorenz, F. (2010): Elternhaus und Schule. Paderborn: Schöningh

Wild, E./Remy, K. (2002): Quantität und Qualität der elterlichen Hausaufgabenbetreuung von Drittklässlern in Mathematik. In: Prenzel, M./Doll, J. (Hrsg.): Bildungsqualität von Schule. 45. Beiheft der Zeitschrift für Pädagogik. Weinheim: Beltz, S. 276-290

www.familien-kreuznach.de: Internetseite „Familien-Bündnis Bad Kreuznach". (Zugriff: 4.6.2011)

Renate Hendricks

9 Schule muss sich verändern – nur mit Eltern ist Schule neu zu denken

Irrungen und Wirrungen – zehn Jahre nach PISA ist das Schulsystem in Deutschland für Eltern unübersichtlicher denn je. Dabei haben sich die politischen Positionen über die Anforderungen an ein zeitgemäßes Schulsystem angenähert. Dennoch: Die Vielfalt von 16 Bundesländern mit 96 verschiedenen Schularten, unterschiedlichen Schulbüchern und Lehrplänen ist für mobile Eltern schwierig (vgl. Osel/Schultz 2011). Zudem bringt jeder Regierungswechsel Neuerungen für Eltern, Schüler/innen und Lehrer/innen. Diese wurden oft überhastet und zu wenig kommuniziert eingeführt. Insbesondere nach PISA sind verschiedene Lösungs- und Interventionsmaßnahmen eingeleitet worden. So zum Beispiel die fortgeführte Teilnahme an internationalen Studien, die Einführung von Bildungsstandards, zentralen Prüfungen und Lernstandserhebungen. Gleichzeitig sind Evaluations- und Inspektionssysteme sowie Bildungsberichterstattung etabliert worden. Die einzelnen Schulen haben mehr Verantwortung und Selbständigkeit erhalten. Schulen sollen Prozesse selbst steuern und verantworten. Vielfach sind Verbesserungen der Lernsituation für den einzelnen Schüler oder die Schülerin nicht erkennbar. Andere Maßnahmen, wie die vorgezogene Einschulung oder die Verkürzung der Gymnasialzeit (G8) sind bei den Eltern zudem umstritten.

Aus Sicht der Eltern muss Schule Wissen, Kompetenzen, Haltungen, Werte sowie Fähigkeiten vermitteln, die für den Eintritt in einen Beruf oder ein Studium erforderlich sind. Für viele Eltern geht es vor allem darum, dass ihr Kind das Schulsystem erfolgreich durchläuft. Eltern sind sich dabei der begrenzten Wirkung von Schule durchaus bewusst. Außerschulische Angebote sind deshalb für sie unverzichtbar. Je bildungsorientierter die Eltern sind, umso mehr werden diese nachgefragt. Nach wie vor hat sich Grundvertrauen in das Schulsystem bei den Eltern nicht eingestellt. Noch immer hängt die Qualität der Arbeit von der Einzelschule und nicht vom System ab. Das Gymnasium findet den höchsten Zuspruch unter den Eltern. Für andere Eltern sind Schulen mit einem integrativen Profil wichtig. Die Hauptschule hat sich bundesweit überlebt. Mehr Einheitlichkeit und eine Verbesserung der Förderung ihres Kindes bleibt deshalb nach wie vor der vordringliche Wunsch der Eltern.

9.1 Bildung von Anfang an – das ist das A und O

„Bildung von Anfang an" ist von den Eltern gewollt. Internationale Studien belegen die überragende Bedeutung der ersten Lebensjahre für die spätere schulische Bildung. Frühe Bildungszeit wird von den Eltern als Zeit mit großen Förderpotentialen eingefordert. Fehlende Plätze in Kitas sind für Eltern nicht akzeptabel. Gerade ein gutes frühes Bildungsangebot ist geeignet, den Einfluss der sozialen Herkunft auf spätere Entwicklungen zu reduzieren.

Eltern brauchen eine qualifizierte und zeitlich flexible Betreuung, um Erwerbstätigkeit und Familie zu vereinbaren. Frühe Bildung ist zudem Voraussetzung dafür, die Startchancen für Kinder mit einem problematischen Hintergrund zu verbessern und Mittelschichtkinder stabil zu fördern. Eltern vertrauen der Kita oft mehr als der Schule. Das Vertrauen in Schulen schwindet oft, je länger Kinder die Schulen besuchen. Deshalb wünschen sich viele Eltern Schulen, denen sie ihre Kinder unvoreingenommen anvertrauen und die sich um die Entwicklung und die Lernprozesse ihrer Kinder bemühen. Eltern wünschen sich Schulen, in die ihre Kinder freiwillig gehen und lernen wollen. Die Erfahrungen der Eltern sind nicht nur positiv. Aber in mehr und mehr Schulen wächst das Bewusstsein für eine andere Förderung der Kinder, ebenso für die Notwendigkeit der engen Zusammenarbeit mit den Eltern.

Dabei hat die nachhaltige Berichterstattung über andere Bildungssysteme die Erwartungen und Wünsche der Eltern verändert. Über Schulstrukturen und innere Schulentwicklung wird in Elternkreisen heute anders diskutiert als noch vor zehn Jahren. Mehr und mehr Eltern wünschen sich Schulen des längeren gemeinsamen Lernens. In der JAKO-O Bildungsstudie sind es 72 % (vgl. den Beitrag von Tillmann, Kap. 4). In allen Bundesländern gibt es deshalb in diesem Bereich Bewegung. Allerdings sind die Entwicklungen nicht gleich (Otto et al. 2010).

9.2 Akzeptanzverlust und Anpassungsdruck

Trotz heftiger Anstrengungen der Länder ist die Akzeptanz des öffentlichen Schulwesens in den letzten Jahren bei den Eltern noch gesunken. Nicht umsonst ist die Zahl der Schüler/innen an Privatschulen seit 1992 um 55 % gestiegen. Bis 2008 besuchten 7,7 % der Schüler/innen eine Privatschule (Weiß 2011, S. 21f.). Die meisten Privatschulen in Deutschland befinden sich in kirchlicher Trägerschaft. 80 % der privaten Schulen werden in der Trägerschaft der großen Konfessionen geführt (Hendricks 2006, S. 30). Die Eltern wählen diese Schulen in der Regel nicht primär wegen der intensiven Vermittlung von Glaubensinhalten. Sie erhoffen sich vielmehr eine einheitliche Schulphilosophie, verbunden mit einer besseren Qualität von Unterricht, einem ausgeprägten Schulleben sowie einem pädagogischen Ethos bei der Lehrerschaft (ebd., S. 31). Gleichwohl sind die Leistungen der Privatschulen nicht grundsätzlich besser als die der öffentlichen Schulen (vgl. Weiß 2011). Aber besonders bürgerliche Eltern erhoffen sich bessere Voraussetzungen in privaten Schulen mit einem klaren Profil.

Eltern sind zudem nervöser geworden. Die wirtschaftlichen Rahmenbedingungen und der globale Wettbewerb machen ihnen Angst. Die Mittelschicht reagiert auf die Entwicklungen mit einer veränderten Nachfrage nach Bildung. Viele Eltern befürchten für ihre Kinder einen Statusverlust, dem sie vorbeugen wollen. Die berechtigte Abstiegsangst wird durch Investitionen in die Bildung kompensiert. So erhalten laut einer Studie des Bildungsforschers Klemm (2010) bereits 15 % der Viertklässler/innen im Fach Deutsch Nachhilfe. Und die JAKO-O Bildungsstudie sagt, dass etwa ein Viertel aller Schüler/innen zumindest hin und wieder Nachhilfeunterricht erhält (vgl. den Beitrag von Horstkemper, Kap. 8). Insgesamt geben Eltern jährlich ca. 1,5 Milliarden Euro für Nachhilfe aus (Klemm 2010, S. 17). Der Nachhilfemarkt ist ein etablierter Markt geworden, der die Schwächen des Schulsystems kaschiert, die Ungleichheit der Startbedingungen von Kindern untermauert, den Schulen die

Möglichkeit gibt, sich der Verantwortung zu entziehen und zugleich die Eltern in einem hohen Maß belastet. Hier wünschen sich Eltern Entlastung.

Bildungsbürger kennen die Erwartungen der Schule. Sie sind in dieser Tradition aufgewachsen. Sie unterstützen ihre Kinder erwartungskonform. Im Zweifel eben mit Nachhilfeunterricht, Therapie oder Medikamenten. Diese Form der Unterstützung führt für die meisten Kinder aus dem bürgerlichen Milieu zum Erfolg. Allerdings nicht zu einem besseren Bildungssystem. Nicht das System passt sich den Kindern an, sondern Kinder und Eltern müssen sich dem System anpassen. Wer aus der Norm fällt, hat oft Schwierigkeiten. Unlängst hatte ich in meiner Sprechstunde Eltern, deren Sohn (ADHS, 8. Klasse) mehr als ein halbes Jahr keine Schule besucht hat. Die Schule hatte nach Rückversicherung bei der Bezirksregierung den Jungen vom Unterricht ausgeschlossen. Ernährungsumstellung, autogenes Training und schließlich eine hohe Dosis Ritalin waren die Abmachungen, um eine vergleichbare Schulform besuchen zu dürfen. Wenn diese Eltern sich nicht gewehrt hätten, wäre das Kind auf einer Förderschule gelandet. Nun besucht es die 9. Klasse eines Gymnasiums und wechselt im Sommer in die Oberstufe. Hierzu ist anzumerken: Der Gebrauch von Medikamenten kann in Ausnahmefällen notwendig sein. Jedoch zeigt die steigende Anzahl an Diagnosen über „Aufmerksamkeitsdefizit-Hyperaktivitätsstörungen" (ADHS), dass vermehrt Kinder ruhiggestellt werden, die noch vor wenigen Jahren als „Zappelphilippe" in den Klassen saßen. Es ist stark vom einzelnen Kind abhängig, wie schnell es sich an die Struktur des schulischen Lernens gewöhnt. Nicht selten ist auch Bewegungsmangel ein Grund für unruhiges Verhalten wie auch Über- oder Unterforderung. Bevor Medikamente zum Einsatz kommen, sollten daher alle übrigen Faktoren genauestens untersucht werden.

Viele Eltern wünschen sich mehr Unterstützung, Beratung, individuelle Hilfe und eine positive Einstellung zu ihrem Kind sowie den sichtbaren Willen, die Begabungen des Kindes zu erkennen, zu fordern und zu fördern. Es scheint deshalb dringend erforderlich, multiprofessionelle Teams in Schulen einzusetzen und die Beratungsstrukturen auch durch Vernetzung mit vorhandenen Diensten zu etablieren. Auftretende Probleme lassen sich nicht nur über das Erteilen von *gutem Unterricht* regulieren. Es gilt Probleme zu diagnostizieren, zu beheben und damit Voraussetzungen für erfolgreiches Lernen zu schaffen. Viele Eltern wünschen sich eine vertrauensvolle am Kind orientierte Beratung, die im Ergebnis „Unterstützung" für alle bedeutet, auch für Lehrer/innen (Hendricks 2006, S. 47ff.).

9.3   Eltern suchen die „gute Schule"

Bürgerliche Eltern wollen die Startbedingungen ihrer Kinder möglichst früh durch gute Förderangebote und -qualität positiv beeinflussen. Sie hoffen, über Profile von Bildungseinrichtungen Qualität definieren zu können. Allgemein gültige und nachvollziehbare Kriterien für die Auswahl von Bildungseinrichtungen stehen den Eltern nicht zur Verfügung. Deshalb definieren Eltern Kriterien, die oft nicht belastbar sind. Gleichzeitig haben Schulen oft keine verbindlich wirkenden Konzepte zur Umsetzung der Lehrplanvorgaben. Die Beurteilung von Kindern und Jugendlichen erfolgt dabei häufig anhand von nicht nachvollziehbaren Kriterien, die zudem selten transparent dargestellt werden. Konzepte zur Diagnose von Lernvoraussetzungen und zum schüleraktivierenden Lernen fehlen ebenso wie das Verständnis für die Notwendigkeit und Möglichkeit individueller Förderung. Hier müsste dringend Abhilfe geschaffen werden. Eltern erleben diese Mängel latent und erwarten zu Recht, dass Schulen die richtigen Konsequenzen ziehen. Den Schulen wiederum fehlt das Wissen, um die richtigen Aktivitäten zu entwickeln. Immer noch werden zudem Ungleichheiten in der Erfüllung der Vorgaben, bis auf geringe Ausnahmen, nicht entsprechend identifiziert und daraus Konsequenzen für die Unterstützung dieser Schule gezogen.

Schulen mit einem großen Anteil von Kindern mit Migrationshintergrund werden von vielen Eltern gemieden. Dabei wird übersehen, dass in guten Schulen und bei guter Förderung die Kinder von Migranten das Leistungsniveau nicht senken. So geht etwa eine Bonner Grundschule mit einem 60-prozentigen Migrantenanteil ganz neue Wege. Neben der Förderung von schwächeren Schüler/innen gibt es dort auch eine Hochbegabtenförderung, die von der Universität Bonn begleitet wird; mit erstaunlichen Ergebnissen für die Eltern. Etliche „Migrantenkinder" sind zu den „hochbegabten" Kindern zu rechnen (vgl. Hagenberg-Miliu 2011). Migration kann eine Chance sein. „So bietet beispielsweise interkultureller Unterricht Schüler/innen mit und ohne Migrationshintergrund die Möglichkeit einer Reflexion ihrer eigenen kulturellen Herkunft sowie kulturell bedingter Einstellungen und Verhaltensweisen" (Granato/Münk/Weiß 2011, S. 19f.). Heterogenität ist eine gesellschaftliche Realität. Die Vielfalt an Sprachen, an Kulturen, an Begabungen, die sich an einer Schule finden lässt, wird leider oft durch die „Problembrille" und weniger unter dem Aspekt der Chance auf Bereicherung betrachtet.

Kriterien für die Eltern sind u. a.: Wie hoch ist die Übergangsquoten der Kinder zum Gymnasium, Ganztag, Lernformen, Ziele, Reflexion und Überprüfung der eigenen Lernleistung. Doch die Zahl der Eltern, die sich bewusst nach sozialem Lernen, nach Selbständigkeit, nach Lernzuwächsen und nach demokratischen Strukturen und individueller Förderung erkundigen, wächst.

Grundsätzlich erwarten Eltern, dass Schulen bei unterschiedlichen Ausgangsbedingungen in der Lage sind, ihre Kinder zu fördern und die dazu erforderliche Unterstützung zu organisieren. Eltern erleben Schule nur dann als professionelle Einheit, wenn diese mit Heterogenität umgehen kann und alle Kinder an gute Leistungen und an verantwortungsvolles und soziales Handeln heranführt. Dabei gilt für die verantwortlichen Behörden: Nicht das Gießkannenprinzip bemühen, sondern Personalzuweisung auch sozialräumlich auskömmlich zur Verfügung zu stellen und Besonderheiten zu beachten.

9.4 Noten und Standards

Noten geben Eltern Sicherheit. Durch Noten glauben sie zu wissen, was mit ihrem Kind in der Schule passiert. Je näher die Entscheidung über die weiterführende Schule rückt, umso mehr bauen Eltern auf die Aussagekraft von Noten. Diese scheinen vergleichbar und objektiv zu sein. Sie leisten damit mehr als Textbeurteilungen, die viele Eltern nur schwer lesen können. Fehlendes Vertrauen in die Institution Schule und in die Prognosefähigkeit ist eine Ursache, warum Eltern auf Noten bestehen: An Noten können sie ablesen, ob ihrem Kind ‚Gefahr' droht. Eltern brauchen deshalb qualitative Rückmeldungen, die sie verstehen und die belastbar sind. Nur wenn Eltern das Gefühl haben, die Schule will „das Beste" für mein Kind und ich weiß, wie die Leistung meines Kindes einzuordnen ist, werden Noten weniger wichtig. Noten sind für die Eltern *der Indikator* für Nachhilfe oder andere Stützmaßnahmen, damit das Klassenziel oder das Schulziel erreicht werden kann.

Standards für Bildungseinrichtungen vergleichbar zu machen, ohne sie zu egalisieren, ist eine wichtige Aufgabe für das Bildungssystem. Eltern wollen und sollen an die Leistung der Bildungseinrichtung glauben. Vertrauen setzt jedoch das Erleben von guter Schule überall voraus. Die *Homepages* der Schulen sind keine wirkliche Entscheidungshilfe. Solange eine Vergleichbarkeit nicht gegeben ist, suchen Eltern nach entsprechenden Informationen. Die Anzahl der *fehlenden Lehrerstunden* oder der *ausgefallenen Unterrichtstunden* werden als Maßstab für die Qualität von Schulen und vom Schulsystem angenommen. Der Aufschrei in einem Wahlkampf „Drei Millionen ausgefallene Unterrichtsstunden" kann Landtagswahlen immer wieder entscheiden.

Vergleichsarbeiten sollen einen Blick auf die Wirkungsweise der Schulen ermöglichen. Aus unterschiedlichen Gründen, die nichts mit der Ausgangslage zu tun haben, werden sie stattdessen zur Grundlage für Schülerbeurteilungen oder Schullaufbahnempfehlungen herangezogen. Als Schülerbeurteilung sind sie jedoch nicht einsetzbar, denn sie sagen nur etwas über die geprüfte Leistung, nichts über den Leistungszuwachs oder die Entwicklung des Kindes aus. Dieses ist aber entscheidend für die Beurteilung.

Klassengrößen sind für die Eltern ebenso wie für die Belastbarkeit der Lehrer/innen bedeutsam (vgl. den Beitrag von Killus, Kap. 5). „Keine Klasse über 30" war und ist eine politische Forderung. Für Eltern gilt dabei oft der einfache Teiler: 45 Minuten durch 30 Kinder gleich 1,5 Minute pro Kind. Damit wird die rein numerische Größe einer Klasse qualitativ überbewertet. Es steht außer Frage, dass große Klassen eine Belastung für Lehrer/innen sein können. Aber gute Schulen beweisen, dass sie mit großen Klassen, einer guten Team- und Arbeitsorganisation bessere Ergebnisse bei schwierigen Ausgangssituationen erbringen als andere Schulen mit kleinen Klassen in guten Stadtteilen. Deshalb greift die Forderung nach kleinen Klassen für sich genommen zu kurz.

Qualität entsteht an Einzelschulen. Viele Schulen schneiden heute deutlich besser ab als die PISA-Sieger-Länder. Das gute Abschneiden liegt weniger an Maßnahmen im Schulsystem, sondern an einem veränderten Problembewusstsein bei Schulleitungen und Lehrer/innen. Die Zufriedenheit mit diesen Schulen ist bei den Beteiligten in der Regel hoch. Schulen können hervorragende Leistungen erbringen. Voraussetzung dafür ist das notwendige Engagement, die Sensibilität, der Wille und das Können, auf Kinder einzugehen, Lernprozesse anzustoßen und zu begleiten sowie mit den Eltern und der Community zusammenzuarbeiten. Viele Stiftungen, Vereine und Organisationen bemühen sich seit Jahren zu vermitteln, was eine gute Schule ausmacht und wer dafür verantwortlich ist. Der Deutsche Schulpreis versucht jedes Jahr aufs Neue entsprechende Akzente zu setzen (vgl. den Beitrag von Killus, Kap. 5). Schulen müssen den Blick auf die Schüler/innen verändern. Begabungen, Neigungen, Interessen müssen Ausgangspunkt für Lernentwicklung sein. Ziel muss es sein, weg von einer defizit- zu einer stärkenorientieren Rückmeldungskultur zu kommen.

Dennoch, die „Unterschiede in den Schulleistungen sind nach wie vor stark geprägt durch den sozio-ökonomischen Hintergrund der Familien, aber mehr noch der

Schulen. Der Leistungsabstand zweier Schüler mit ähnlichem Hintergrund beträgt in Deutschland mehr als 100 PISA-Punkte, je nach dem, ob er auf eine Schule mit günstigem oder ungünstigem Umfeld geht. In keinem anderen Land hat ein sozial ungünstiges Schulumfeld einen derart starken Einfluss auf die Leistungen von Kindern aus sozial schwachen Familien" (OECD 2009).

9.5 Vertrauen

Vertrauen setzt gesellschaftliche Anerkennung voraus. Schulen, deren Existenz nur noch von einer Minderheit der Gesellschaft anerkannt werden, und die aufgrund der Zusammensetzung der Schülerschaft in den Ruf geraten sind, alle Probleme unserer Gesellschaft als Auffangbecken lösen zu müssen, sind für die Eltern nicht vertrauenswürdig. Selbst dann nicht, wenn die Einzelschule exzellente Arbeit leistet.

Um an ein Bildungssystem zu glauben, muss die Gesellschaft sich damit identifizieren. Beim Gymnasium ist dieses Phänomen festzustellen. Deshalb sind Gymnasien in der Gesellschaft derzeit fest verankert. Man muss den Gymnasien zu Gute halten, dass sie die gewaltige Bildungsexpansion der letzten Jahre erfolgreich gemeistert haben. Immer mehr junge Menschen wurden erfolgreich zum Abitur geführt. Dabei sind die Sitzenbleiberquoten und die Abschulungsraten in den letzten Jahren durchaus gesunken. Damit beginnen Gymnasien, sich dem längeren gemeinsamen Lernen zu nähern. Diese Entwicklung ist von vielen Eltern gewünscht. Was Eltern kritisch hinterfragen ist der Stress des achtjährigen Gymnasiums bis zum Abitur. Stress und die Belastung in der Schule reichen bis ins Elternhaus und beeinflussen die Freizeitgestaltung. Das Empfinden darüber ist allerdings in Ost- und Westdeutschland aufgrund einer anderen Kultur und Geschichte sehr unterschiedlich.

Wer jedoch individuelle Förderung ernst nimmt, kann ohnehin keine Festlegung auf acht oder neun Jahre treffen. Wie viel Zeit Schüler/innen bis zum Abitur benötigen, kann sehr unterschiedlich sein. Eine entsprechende Flexibilisierung der Schulzeit wäre daher im Interesse der Kinder/Jugendlichen und ihrer Eltern.

9.6 Eltern wollen anspruchsvollere Schulen und bessere Schulabschlüsse

Das Schulwahlverhalten der Eltern hat sich in den letzten zwanzig Jahren signifikant verändert. Eltern schicken ihre Kinder auf anspruchsvollere Schulformen, was eine längere Schulzeit impliziert. Die Schule der Wahl ist für viele Eltern das Gymnasium. Die aktuelle Übergangsquote auf diese Schulform (Schuljahr 2009/10) beträgt in Nordrhein-Westfalen 39 % eines Jahrgangs. In manchen Städten liegt die Übergangsquote bei weit mehr als 50 %. Dieser Trend lässt sich bundesweit beobachten. Das Gymnasium wird von den Eltern nicht in Frage gestellt. Gleichzeitig findet die Hauptschule keine Akzeptanz mehr. Der Weg zur Zweigliedrigkeit ist deshalb bereits in vielen Ländern angelegt, beschlossen oder wird angestrebt. „Wie bereits in Bremen, Hamburg, Berlin und Schleswig-Holstein deuten also auch in Nordrhein-Westfalen die Zeichen auf eine Zweigliedrigkeit." (Rösner 2011, S. 125) Für Baden-

Württemberg hat der Expertenrat „Herkunft und Bildungserfolg" festgestellt, dass eine Entwicklung zu beobachten sei, „in der die bürgerliche Grundbildung auf dem Niveau des mittleren Abschlusses neu definiert" wird. Im Zuge dieser Entwicklung würde der Hauptschulabschluss „zunehmend zu einem Minderheitsabschluss" (Baumert et al. 2011, S. 15) Diese Wahrnehmung wird durch eine Umfrage der Bertelsmann Stiftung und Roland Berger Strategy Consultants (mit Unterstützung von BILD und der türkischen Zeitung „Hürriyet") bestätigt. Demnach sind 74 % der Befragten überzeugt, „dass ein Hauptschulabschluss nicht mehr ausreichend ist, um im Berufsleben zu bestehen." (Bertelsmann-Stiftung 2011) Daneben wünschen sich immer mehr Eltern ein System des längeren gemeinsamen Lernens, verbunden mit der Option, dass ihr Kind einen möglichst hohen Abschluss erwirbt, der typisch für die Schulform ist. So hat die Bertelsmann-Befragung ergeben, dass sich „fast jeder zweite Deutsche eine Grundschule bis zur 6. Klasse" wünscht. Weitere 22 % favorisieren eine Gemeinschaftsschule bis zur 9. oder 10. Klasse. Gerade einmal ein Drittel (33 %) hält eine Trennung der Kinder nach der 4. Klasse für sinnvoll. Diese Ergebnisse stimmen vollständig überein mit der repräsentativen JAKO-O Bildungsstudie: Dort wollen sogar 57 % der Eltern eine Grundschule bis zur 6. Klasse und 26 % eine gemeinsame Schule bis zur 9. Klasse (vgl. den Beitrag von Tillmann, Kap. 4).

Die Strukturreform in Deutschland ist auf Druck der Eltern bereits in vollem Gange. Eltern fordern diese Reform durch Abstimmung mit den Füßen ein. Immer mehr Kommunen haben damit begonnen, das Elternwahlverhalten abzufragen, um die entsprechenden Angebote im Sinne der Eltern vorzuhalten. So hat nicht nur die Stadt Köln im Jahre 2009 eine Elternbefragung zum perspektivischen Elternwahlverhalten nach der vierten Klasse durchgeführt. Im Ergebnis von Köln glauben „66 Prozent der Eltern (…), dass man in Schulen bessere Chancen für alle Kinder erreicht, wenn die Kinder länger gemeinsam lernen" (Stadt Köln 2011). Eltern haben verstanden, dass die Chance auf individuelle Förderung dort steigt, wo die Heterogenität der Schülerschaft dies als pädagogische Maxime erfordert und Lehrer/innen sich der Aufgabe stellen müssen. Die Umsetzung der UN-Menschenrechtskonvention kommt deshalb zu einem Zeitpunkt, wo Eltern den erhöhten Bedarf an Individualisierung und Förderkultur an allen Schulen für erforderlich halten.

9.7 Eltern ernst nehmen – Eltern und Kindern zuhören

Bildungseinrichtungen können nur dann erfolgreich arbeiten, wenn sie Eltern ernst nehmen und sie in die Arbeit mit einbeziehen. Dies muss je nach sozialem oder kulturellem Hintergrund der Eltern auf unterschiedliche Art und mit unterschiedlicher Ansprache erfolgen. Nun werden aber Elternabende und Elternsprechtage gerade von den Eltern besucht, deren Kinder dies nicht in erster Linie nötig haben. Generell liegt die Teilnahme an dieser Form von formalisierter Teilhabe bei 50-70 % (Benner 2009, S. 175), nach Selbstangaben der Eltern sogar höher (vgl. den Beitrag von Horstkemper, Kap. 8). Eltern können und müssen mehr leisten, als bei den Hausaufgaben zu helfen und ab und an zum Elternabend zu gehen. Eltern sind wichtige Kooperationspartner der Schulen. Eine vertrauensvolle, konstruktive Zusammenarbeit zwischen Elternhaus und Schule ist – systemisch betrachtet – eine Grundvoraussetzung für die positive Gesamtentwicklung aller Schüler/innen (vgl. den Beitrag von Paseka, Kap. 7). Das Einbinden der Eltern in die Bildungs- und Erziehungsprozesse einer Schule nutzen deshalb dem Kind und der Schule. Eltern sollten wissen, wie die pädagogische Arbeit der Schule angelegt ist und nicht nur, welcher Klassenraum zu streichen und welches Schulfest zu unterstützen ist. Sie sind in die Verantwortung einzubinden. Dazu gehören Erziehungs- und Bildungsvereinbarungen, die für beide Seiten bindend sind. Die Lehrer/innen müssen zuhören, sie sollten nachfragen und Fragen beantworten. Voraussetzung dafür ist eine Veränderung der Elternsprechtage. Eltern wollen nicht im Zehnminutenrhythmus nichts sagende oder vernichtende Äußerungen hören, sondern Informationen zu ihrem Kind, die sie verstehen. Gespräche mit der Lehrerin und/oder dem Lehrer über das Kind sind Voraussetzung dafür, dass sich Vertrauen bilden kann. Ziel ist dabei ein Perspektivwechsel, von „ich und mein Kind", zu „wir und unsere Schule".

Gute Schulen haben begonnen, die traditionelle Sicht auf Eltern zu verändern. Eltern als Partner zu verstehen bedeutet, Zeit im System einzuplanen. Zeit, die sich mehrfach bezahlt macht, weil sie Teil einer präventiven Pädagogik ist. Eltern wissen meist auch sehr genau, was an Schulen zu verbessern ist, daher müssen sie bei zentralen Fragen mitbestimmen dürfen. Ihre Meinung sollte regelmäßig eingeholt werden. Ein Feedback würde allen Schulen wichtige Hinweise geben. Gute Schulen werden Eltern und Schüler/innen über ihre Wirkungsweise und Arbeit befragen wollen. Dennoch sind Dreieckskonstellationen im Schulbetrieb längst nicht Normalität. Der Pädagoge Peter Brenner kritisiert zu Recht: „Die Eingangs- und Abschiedsrituale haben (…) einen hohen symbolischen Wert. Sie sind fast die einzige Gelegenheiten, bei denen das schulische Verhältnis als ein soziales Dreiecksverhältnis sichtbar wird: Lehrer, Schüler und Eltern werden sichtbar als die sozialen Trägergruppen von ‚Schule'" (Benner 2009, S. 159).

Einer stärkeren Einbindung der Eltern stehen jedoch auch kritische Stimmen gegenüber. Zum einen ist es die Feststellung, Eltern seien in vielerlei Hinsicht mit der Erziehung ihrer Kinder überfordert. Sie würden sich im Schulbetrieb nicht auskennen und wenn man ehrlich sei, würde dieser das Gros der Eltern auch nicht interessieren. Zum anderen gelten Eltern als ‚Bremser'. So schreibt Christian Füller, Redakteur der taz in seinem Artikel „Wie Eltern gute Schulen verhindern": Die Eltern „wollen Schulreformen jetzt und sofort – aber bitte nur die, die ihrem Kind nützen. Sie kämpfen für Noten, aber wehe, wenn es der eigene Filius ist, der schlecht abschneidet. Sie sind für eine gerechte Gesellschaft. Aber nur, wenn nicht zu viele Migrantenkinder in die Klasse des eigenen Kindes drängen" (Füller 2011).

Für Bildungseinrichtungen gilt in jedem Fall: Zuhören! Eltern und Kinder teilen ihre Ansichten und ihre Schwierigkeiten nur in einem Klima der Offenheit mit. Das Schlüsselwort einer guten Schule lautet Kommunikation. Nur wer informiert ist, kann verstanden werden. Zunächst muss die Schule über das Kind informieren. Kinder berichten von zuhause. Schulen, die zuhören, erfahren eine Menge und könnten Eltern und Kinder unterstützen. Eltern, mit denen gesprochen wird, haben das Gefühl, sie werden ernst genommen. Eltern sind nur dann bereit, Neuerungen zuzustimmen, wenn sie ausreichend informiert sind. Wenn Eltern jedoch im Vagen gelassen werden, entsteht oftmals eine ablehnende Haltung. Die eigene Rolle und die des Kindes wird als der eigenen Kontrolle enthoben wahrgenommen, man wird zum ‚Spielball' oder zum ‚Versuchskaninchen' für Projekte, deren Umfang und Ausgang nicht abzusehen ist.

Darum ist es wichtig, Eltern und Schüler/innen selbst in Entscheidungsprozesse einzubinden. Zuhören im geschilderten Sinne ist geprägt von gegenseitiger Achtung, dem Wissen, dass man ernst genommen wird und dem Bestreben, das Gegenüber ernst zu nehmen und entsprechend Empathie zu üben. Insbesondere gehört eine offene, von Zuwendung geprägte Beratung der Eltern über die Entwicklung des Kindes dazu. Nur wer sich so vertrauenswürdig über die Lernfortschritte und die Erfolge des Schülers oder der Schülerin austauscht, Hilfe anbietet und ermöglicht sowie Verabredungen trifft, kann auf eine Kooperation mit dem Elternhaus setzen. Genau diese Kooperation wird von den meisten Eltern gewünscht und ist für die Entwicklung der Kinder wichtig.

Partizipation, Meinungs- und Willensbildung betrifft nicht nur die Schulen in ihrer Organisation, sondern auch die Schulpolitik. Sie lebt von offener Kommunikation, an der alle Beteiligten gleichermaßen teilnehmen und eigene Argumente einbringen können. Eine solche ‚offene' Politik vermeidet Fehlentwicklungen, die den Interessen der Betroffenen widersprechen. Mängel können frühzeitig behoben, Änderungen zeitsparend eingebracht und zum Wohle *aller* realisiert werden. Beratung von Eltern, Bildungsgespräche und die Gestaltung von individuellen Lerngesprächen gehören deshalb für Eltern unabdingbar in die Ausbildung der Lehrer und Lehrerinnen. Allerdings finden sich immer noch nicht an allen Hochschulen und Lehrerbildungszentren entsprechende Angebote.

9.8   Eltern wünschen Entlastung: neue Aufgaben für neue Schulen

Die Aufgaben, mit denen Schulen konfrontiert werden, sind in den letzten Jahren vielschichtiger geworden. Dies wird deutlich, wenn man einige der Ergebnisse der JAKO-O Bildungsstudie unter dieser Fragestellung betrachtet: zum Beispiel die Aussage, nach der 45 % Prozent der Eltern angeben, ihr Kind komme nur mit der Hilfe der Eltern, Geschwister oder aber über Nachhilfe in der Schule zurecht (vgl. den Beitrag von Horstkemper, Kap. 8).

Allein der zeitliche Aufwand, den Kinder ihren Eltern für die Vorbereitung auf Klassenarbeiten oder für Fahrdienste ‚verursachen', ist nach den Daten der JAKO-O Bildungsstudie enorm. Zusätzlich für die Erarbeitung der Hausaufgaben oder für die Organisation von Nachhilfe eingespannt zu sein, scheint ein Grund dafür zu sein, dass 55 % der Eltern angab, häufig unter Zeitdruck zu leiden. Schöppner (vgl. Kap. 3) fasst dazu die Ergebnisse zusammen: Für ein Fünftel der Eltern (20 %) gehen die Belastungen so weit, dass sie zugeben müssen, sich oft überfordert zu fühlen. Jeweils 12 % haben gar das Gefühl, in der Erziehung zu versagen. Hausaufgaben sind immer noch der lange Arm der Schule in die Familie (Hendricks 2006, S. 78ff.).

Dass beide Elternteile dauerhaft einem Beruf nachgehen, gehört in unserer Gesellschaft mittlerweile zur Realität. Allerdings sind es in der Regel immer noch die Frauen, die aufgrund von Teilzeitarbeit einen Großteil der Familienarbeit übernehmen und darum auf Karrierechancen verzichten. Dass viele Eltern aufgrund der veränderten Realitäten die Erziehung und Bildung ihrer Kinder nicht mehr allein bewerkstelligen können, ist in den deutschen Bildungsinstitutionen nicht ausreichend angekommen. Betreuungsplätze und Ganztagsangebote in den Schulen sowie Möglichkeiten der Ferienbetreuung gehören immer noch nicht zum Standard. Lehrer/innen müssen zudem davon ausgehen, dass Schule ein Ganztagsjob ist. Als Erzieher/in müssen sie grundlegende Erziehung und Wertevermittlung praktizieren. Hinreichend ausgebildet sind sie für diese veränderten Bedingungen zumeist nicht. Wenn Kinder z. B. in der ersten Klasse noch nicht gelernt haben, still zu sitzen, einander aussprechen zu lassen oder beim gemeinsamen Mittagessen die Gabel richtig zu halten, dann sind dies Aufgaben, die Lehrer/innen zusätzlich zur Lehrtätigkeit übernehmen müssten.

9.8.1 Individuelle Förderung

In allen Schulgesetzen der Länder finden sich Hinweise zur individuellen Förderung. Hinweise allein versetzen die Schulen jedoch nicht in die Lage, individuell zu fördern. Vielfach bleibt individuelle Förderung ein frommer Wunsch.

Dabei ist gerade individuelle Förderung Voraussetzung dafür, dass gute Leistung aller Kinder möglich wird. Aus einer Allensbach-Studie, die im Auftrag der Vodafone-Stiftung erstellt wurde, geht hervor, dass 74 % der befragten Lehrer/innen individuelle Förderung für unbedingt notwendig halten, jedoch gerade einmal 24 % der Lehrer/innen gibt an, dass dies an ihren Schulen auch gelingt. Zudem liegt eine große Spanne zwischen 36 %, die angeben, spezielle Förderkurse für benachteiligte Schüler/innen vorzuhalten, und gerade einmal 17 %, die gezielte Förderung von besonders begabten Kindern realisieren (Vitzthum 2011). Um allen Kindern gerecht zu werden, müssen Leistungsschwächere, die breite Mitte und Hochbegabte eine gezielte Förderung erhalten. In der JAKO-O Bildungsstudie findet sich dazu die Sicht der Eltern: 59 % sind der Meinung, dass die Lehrkräfte die Stärken der Kinder erkennen und entsprechend fördern; und 55 % meinen, dass die „Lehrkräfte alles tun, damit auch die Schwächeren mitkommen" (vgl. den Beitrag von Killus, Kap. 5). Diese Daten bedeuten aber zugleich: Knapp die Hälfte der Eltern macht die Erfahrung, dass die hier notwendige individuelle Förderung nicht stattfindet.

Leistung muss als Ergebnis von kognitivem, sozialem und emotionalen Lernen verstanden werden. Leistung sollte sich an den individuellen Voraussetzungen eines Kindes orientieren und so angelegt sein, dass gefordert und gefördert wird. Diagnostik, Beobachtung, Unterstützung, Rückmeldungen, Förder- bzw. Lernpläne, punktuelle, standardisierte Überprüfung, Förderempfehlungen und Verabredungen mit Schüler/innen sowie den Eltern führen zum Erfolg. Eltern würden den Entwicklungsprozess der Kinder gerne erkennen. Eine Dokumentation bildet den Ausgangspunkt für Unterstützungsmaßnahmen und Verabredungen mit Schülerinnen und Schülern sowie mit den Eltern. Schüler/innen sollen mehr Verantwortung für ihre eigenen Lernprozesse übernehmen und Lernzuwächse und Lernschwächen sollten mit ihnen besprochen werden.

Individuelle Förderung lässt eigentlich weder Sitzenbleiben noch Abschulen zu. Die Regelungen dazu sind in den Bundesländern trotz Vorgaben der KMK durchaus unterschiedlich. Nicht nur hier wünschten sich Eltern mehr einheitliche Vorgaben und weniger Föderalismus (vgl. Osel/Schultz 2011).

Fehlende individuelle Förderung wird nach wie vor dort am deutlichsten sichtbar, wo Kinder aus der Norm fallen, so z. B. bei Lese-Rechtsschreib-Schwächen (LRS), Dyskalkulie, ADHS oder Autismus. In vielen Schulen findet sich eben nicht die Unterstützung, die erforderlich wäre. Das zeigen auch die JAKO-O Daten: 81 % der Eltern halten die „bessere Förderung lernschwacher Schüler" für besonders wichtig; aber nur 24 % sehen dies in unseren Schulen auch verwirklicht (vgl. den Beitrag von Tillmann, Kap. 4).

In allen Fällen wäre eine Diagnose der Lernausgangslage, das Erstellen von Förderplänen, die sowohl inner- als auch außerschulische Anteile enthalten, wichtig. Eltern ist nicht zu erklären, dass auf der einen Seite Inklusion Auftrag von Schule ist, andererseits aber eben eine spezielle Unterstützung für Kinder mit Teilleistungsschwächen oder Defiziten nicht ausreichend praktiziert werden kann, sondern Kinder immer noch auf Förderschulen abgeschoben werden.

9.8.2 Inklusion

Die Umsetzung der UN-Behindertenrechtskonvention wird die Schulen insgesamt verändern. Inklusion wird gefordert und ist politisch gewollt. Die Nachfrage bei den Eltern von Kindern mit Behinderungen nach entsprechenden Plätzen wächst rasant. Zwei Jahre nach Inkrafttreten der Behindertenrechtskonvention in Deutschland sind entschlossene systematische Anstrengungen in den Bundesländern notwendig, um die Trennung zwischen Kindern mit und ohne Behinderungen im Unterricht strukturell zu überwinden. Dennoch wird die Umstellung Zeit kosten. Dort, wo die Rahmenbedingungen nicht stimmen, werden sie von Eltern kritisch hinterfragt werden. Deshalb ist es im Interesse der Kinder, wenn die Umsetzung verantwortungsvoll erfolgt.

Bei Nachteilen für das eigene Kind wehren sich Eltern, ihre Kinder in eine aus ihrer Sicht unzureichend arbeitende Schule zu schicken. Anderseits sind überall dort, wo Inklusion gelingt, gerade Eltern glühende Verfechter einer inklusiven Schule. Voraussetzung ist, dass das entsprechende Personal und die Rahmenbedingungen vorhanden sind. Dazu gehören: ausreichendes geschultes Personal, Unterstützungssysteme, angemessene Klassengrößen, Therapiemöglichkeiten, geeignete räumliche Voraussetzungen usw.

Gutes inklusives Lernen führt zusammen und räumt Hindernisse für den gemeinsamen Unterricht aus dem Weg. Deshalb ist es eine zentrale Forderung der Eltern an die Politik, die Rahmenbedingungen zu schaffen, um Inklusion zu ermöglichen. Dabei wünschen sich Eltern, dass Bildungspolitik verlässlich ist und Neuerungen nicht auf dem Rücken ihrer Kinder austrägt: Über Veränderungen wollen Eltern umfänglich und frühzeitig informiert werden.

9.8.3 Ganztagsschulen

Die quantitative Ausweitung und qualitative Verbesserung von Ganztagsangeboten bedeuten zusätzliche Lernzeiten für individuelle Förderung, für Bildungsangebote, die über das Kerncurriculum hinausgehen. Die bereits zitierte Bertelsmann-Befragung, die mit Unterstützung von BILD und der türkischen Zeitung „Hürriyet" 500.000

Menschen erreichte, fördert zu Tage: Mit satten 81 % fordert eine große Mehrheit der Deutschen Ganztagsschulen. Die bestehende Halbtagsschule favorisieren hingegen gerade einmal 19 % (vgl. Bertelsmann-Stiftung 2011). In der JAKO-O Bildungsstudie fordern 59 % der Eltern für das eigene Kind einen Ganztagsschul-Platz (vgl. den Beitrag von Tillmann, Kap. 4). Der absehbare quantitative Ausbau darf jedoch nicht zu einer Verschlechterung des Angebots führen. Vielmehr ist es erforderlich, die zusätzliche Zeit sinnvoll zu nutzen und ein kohärentes Förder- und Begleitsystem zu etablieren.

Dazu gehört auch die Abstimmung zwischen Ganztagsschulprogramm, Jugendhilfeplanung und Schulentwicklungsplanung. Die Zusammenarbeit zwischen Schulen, Kinder- und Jugendhilfe ist aus der Sicht der Eltern ebenso zu verbessern wie die Abstimmung mit Kirchen, Sport- und Kulturvereinen und anderen Organisationen. An Ganztagsschulen besteht die große Chance, eine Kultur der Anerkennung von Kindern zu entwickeln, die über die Anforderungen in den Kernbereichen hinausgeht. Hier bieten sich umfassende Möglichkeiten, allen Kindern eine umfangreiche Teilhabe an Angeboten zu ermöglichen, die ihnen sonst verwehrt blieben, z. B. Angebote aus dem musischen Bereich, das gemeinschaftliche Lernen von Instrumenten, der Besuch einer Theatergruppe, aber auch die Mitgliedschaft in einem Sportverein. Viele Eltern wünschen sich hier eine umfängliche Bildung.

Der Ganztag kann zudem genutzt werden, um zusätzliche Lernzeiten im Sinne der individuellen Förderung zu generieren (vgl. Bertelsmann-Stiftung 2011). Eltern sollen zwar entlastet werden, aber Verantwortung für ihre Kinder übernehmen. Die Einbeziehung und Information der Eltern spielt deshalb eine zentrale Rolle. Über die Begleitung von Projekten können Eltern den Schulalltag sinnvoll mitgestalten und unterstützen. Wünschenswert sind auch Hospitationen im Unterricht und Praxistage der Eltern in der Schule. Drei große Aufgabenbereiche lassen sich in nächster Zeit für den Ganztag identifizieren:

1. Rhythmisierung: Abstimmung von Gruppen mit Ganztags- und Halbtagskindern.
2. Räume: Die räumliche Ausstattung ist vielerorts unzureichend. Kinder benötigen Platz zum Lernen, Spielen und Essen und zum Ausruhen.
3. Finanzierung: Alle Schulträger und Kommunen, auch die mit geringen finanziellen Mitteln, müssen einen qualitativ hochwertigen Ganztag sicherstellen. Dazu ist es notwendig, Bildung besser zu finanzieren. „72 % wären bereit, für bessere Schulen, Unis und Kindergärten mehr und höhere Steuern zu zahlen" (Bertelsmann-Stiftung 2011).

9.8.4 Wachsender Anteil von Schülerinnen und Schülern mit Migrationshintergrund

Die bessere Einbindung von Eltern mit Migrationshintergrund ist unabdingbar für bessere Lernleistungen der Kinder. In seiner differenzierten Form wird das deutsche Schulsystem für Menschen, die nicht hier aufgewachsen sind, schnell zum undurchsichtigen Labyrinth. Zudem steigt die Quote der Schüler/innen mit Migrationshintergrund beständig. In Nordrhein-Westfalen zum Beispiel liegt der Anteil bereits bei über 30 % mit steigender Tendenz. Immer noch verfügen viele Eltern mit Migrationshintergrund über keine ausreichenden Deutschkenntnisse.

Informationen zum Schulsystem muss es deshalb in verschiedenen Sprachen geben. Es ist jedoch vor allem die Zugehörigkeit zu einer bestimmten wirtschaftlichen und/oder Bildungsschicht, die dazu führt, dass bis zu 80 % der Kinder und Jugendlichen mit Migrationshintergrund eine Hauptschule oder integrierte Gesamtschule besuchen, wohingegen ihr Anteil in den Gymnasien bei gerade einmal 16 % liegt (Konsortium Bildungsberichterstattung 2006, S. 162).

Viele Lehrer/innen sind nicht hinreichend geschult, um den Bedürfnissen von Kindern und Eltern mit Migrationshintergrund gerecht zu werden. Dies gilt auch für Kinder aus sozial benachteiligten Familien. So zeigte eine Studie aus dem Großraum Köln, „dass die Lehrpersonen schon zu Beginn der dritten Klasse über die Zuteilung zu den weiterführenden Schultypen ihre Meinung gebildet hatten. Dabei schätzten sie nicht allein die bisherige schulische Leistung der Schülerinnen und Schüler ein, sondern das Unterstützungspotenzial der Eltern" (Caprez-Krompak 2010, S. 27). Dabei finden sich gerade unter den Kindern mit Migrationshintergrund viele begabte Schüler/innen, deren Leistungsfähigkeit in deutschen Schulen nicht ausreichend gefordert wird.

In der Zwischenzeit wollen Eltern mit Migrationshintergrund ihre Kinder deutlich besser gefördert wissen. Insbesondere sollen ihre Kinder auf bessere Schulen gehen. Für erforderlich halten viele Eltern es, sie über aktuelle Themen in Kindergarten, Vorschule, Schule, berufliche Bildung sowie über ihre Rechte, Pflichten im deutschen Schulsystem auch in ihrer Sprache zu informieren. Andere Länder wie Kanada machen dies seit Jahren sehr erfolgreich.

9.9 Epilog

Jedes Kind hat drei Lehrer: Der erste Lehrer – so die Losung – sind die anderen Kinder. Der zweite Lehrer ist der Lehrer. Der dritte Lehrer ist der Raum, so ein schwedisches Sprichwort. „Wie aber kommt Leben oder gar Musik in die Räume? Was macht sie zu positiven, unterstützenden Lehrern? (…) Schule ist eine Folge von Räumen, die zusammen spielen, wie Musik, wo es Misstöne gibt oder Harmonien" (Zickgraf 2011).

Mit einem wachsenden Bedarf an Ganztagsbildung kommt den Räumen mehr Bedeutung zu. Schulträger sind in der schwierigen Verantwortung, bei fehlenden finanziellen Mitteln, Schulräume und Freizeitflächen neu zu konzipieren. Oft helfen schon ein Farbkonzept, das Öffnen von Türen und die Möglichkeit, Schulflure und Nischen zum Lernen zu gestalten. Die Unterschiedlichkeit der Umsetzung ist nicht nur eine Geldfrage, sondern liegt am Gestaltungswillen der einzelnen Schule. Die Raumgestaltung korrespondiert mit der pädagogischen Leitidee.

Schulen müssen die Verantwortung für die Biografie von Kindern mit übernehmen. Dies ist ein Schlüssel zur Qualitätssteigerung. In den Mittelpunkt gehören Überlegungen zum Lernen, zur Förderung des einzelnen Schülers, der einzelnen Schülerin und zur Entwicklung der Organisation Schule. Fortbildung, Supervision, Teamarbeit, gemeinsame Unterrichtsentwicklung gehören ebenso dazu wie die Schulprogrammarbeit und die Öffnung zum Umfeld. „It needs a village to raise a child", lautet ein afrikanisches Sprichwort. Für Kinder und Jugendliche Verantwortung zu übernehmen, heißt verantwortlich zu sein. Dies erwarten Eltern! Diese veränderte

Einstellung ist nicht vordringlich von Ressourcen abhängig. Diese Veränderung beginnt in den Köpfen, sie braucht Zeit und Unterstützung der Gesellschaft ebenso wie eine veränderte Ausbildung der Lehrer/innen und andere Strukturen.

Literatur

Baumert, J. et al. (2011): Expertenrat „Herkunft und Bildungserfolg" – Empfehlungen für Bildungspolitische Weichenstellungen in der Perspektive auf das Jahr 2020. Stuttgart: Ministerium für Kultus, Jugend und Sport

Benner, P. J. (2009): Wie Schule funktioniert: Schüler, Lehrer, Eltern im Lernprozess. Stuttgart: Kohlhammer

Bertelsmann Stiftung (2011): Bildungsumfrage der Bertelsmann Stiftung und Roland Berger Strategy Consultants mit Unterstützung von BILD und der türkischen Zeitung „Hürriyet": http://www.bild.de/politik/inland/bildung/umfrage-deutschland-17413350 (Zugriff: 06.05.2011)

Caprez-Krompàk, E. (2010): Entwicklung der Erst- und Zweitsprache im interkulturellen Kontext – Eine empirische Untersuchung über den Einfluss des Unterrichts in heimatlicher Sprache und Kultur (HSK) auf die Sprachentwicklung. Münster: Waxmann

Füller, C. (2011): Mein Kind first – Wie Eltern gute Schulen verhindern. http://www.spiegel.de/schulspiegel/wissen/0,1518,627628,00.html (Zugriff: 06.05.2011)

Granato, M./Münk, D./Weiß, R. (2011): Berufsbildungsforschung in der Einwanderungsgesellschaft – Entwicklung und Perspektiven. In: Dies. (Hrsg.): Migration als Chance – Ein Beitrag der beruflichen Bildung. Bielefeld: Bertelsmann, S. 9–36

Hagenberg-Miliu, E. (2011): Clevere Mini-Einsteins. In: Generalanzeiger vom 25.02.2011

Hendricks, R. (2006): Schicksal Schule: Eine Elternschrift im Interesse der Kinder, Seelze: Klett-Kallmeyer

Klemm, K.(2010): Ausgaben für Nachhilfe – teurer und unfairer Ausgleich für fehlende individuelle Förderung. In: Bertelsmann-Stiftung (Hrsg.): Wirksame Bildungsinvestitionen, Gütersloh: Bertelsmann

Konsortium Bildungsberichterstattung (2006): Bildung in Deutschland. Bielefeld: Bertelsmann

OECD (2009): Meldung der OECD zum Hauptbericht PISA 2009: http://www.oecd.org/document/20/0,3746,de_34968570_34968855_46553172_1_1_1_1,00.html (Zugriff: 6.5.2011)

Osel, J./Schultz, T. (2011): Schule als Irrgarten. In: Süddeutsche Zeitung, Nr. 99 vom 30.04.

Otto, J./Schenk, A./Scholter, J./Wiarda, J.K. (2010): Klassenreise durch Deutschland. In: Die Zeit, Nr. 04 vom 20.01.

Rösner, E. (2011): Schulstrukturen im Wandel. In: Stadt Köln – Dezernat für Bildung, Jugend und Sport (Hrsg.): Integrierte Jugendhilfe- und Schulentwicklungsplanung Köln 2011. S. 124–125

Stadt Köln – Dezernat für Bildung, Jugend und Sport (Hrsg.) (2011): Integrierte Jugendhilfe- und Schulentwicklungsplanung Köln 2011. Elternbefragung zum Wechsel auf weiterführende Schulen in Köln. S. 125–130

Vitzthum, T. (2011): Schulen versagen bei der Vermittlung von Werten. In: Welt-Online: http://www.welt.de/politik/deutschland/article13218533/Schulen-versagen-bei-der-Vermittlung-von-Werten.html (Zugriff: 06.05.2011)

Weiß, M. (2011): Allgemeinbildende Privatschulen in Deutschland – Bereicherung oder Gefährdung des öffentlichen Schulwesens? (Schriftenreihen des Netzwerk Bildung) Berlin: Friedrich-Ebert-Stiftung

Zickgraf, P. (2011): Zwei Wege zu einer pädagogischen Architektur. http://www.ganztagsschulen.org/563.php (Zugriff: 06.05.2011)

Tabellenverzeichnis

Abbildungsverzeichnis

Autorinnen und Autoren

Renate Hendricks, Jg. 1952, Dipl.-Sozialpädagogin, 1998-2004 Vorsitzende des Bundeselternrats, stellvertretende Vorsitzende der SPD-Landtagsfraktion in Nordrhein-Westfalen

Dr. Marianne Horstkemper, Jg. 1949, Professorin für Didaktik und Unterrichtsforschung an der Universität Potsdam, seit 2009 emeritiert

Dr. Dagmar Killus, Jg. 1965, Professorin für Unterrichtsforschung und Allgemeine Didaktik an der Universität Hamburg (Arbeitsbereich ,Schulpädagogik und Schulforschung')

Jörg Nicht, Jg. 1973, Wissenschaftlicher Mitarbeiter im Bereich Grundschulpädagogik der Freien Universität Berlin

Dr. Angelika Paseka, Jg. 1957, Professorin für Professionsforschung und Professionsentwicklung an der Universität Hamburg (Arbeitsbereich ,Schulpädagogik und Schulforschung')

Bettina Peetz, Jg. 1963. Geschäftsleiterin JAKO-O Möbel und Spielmittel für die junge Familie GmbH, Bad Rodach

Klaus-Peter Schöppner, Jg. 1949, Geschäftsführer TNS Emnid Medien- und Sozialforschung GmbH, Bielefeld

Dr. Klaus-Jürgen Tillmann, Jg. 1944, Professor für Schulpädagogik an der Universität Bielefeld, langjähriger Wissenschaftlicher Leiter der Laborschule, seit 2008 emeritiert

Über JAKO-O

Die JAKO-O GmbH ist einer der großen Spezialversender für Baby- und Kinder-sachen in Deutschland. Zu den Produkten zählen Materialien zum Spielen, Lernen, Lesen und Basteln sowie Kleidung und Möbel – vor allem viel Praktisches für das Familienleben.

Mit der Initiative „Ideen für ein kinderfreundliches Land" macht sich JAKO-O für die Belange von Kindern und Familien stark. Um ihren Wünschen und Bedürfnissen im politischen Geschehen mehr Gewicht zu verleihen, initiierte das Unternehmen 2010 die 1. JAKO-O Bildungsstudie. Schon lange setzt sich das Unternehmen au-ßerdem dafür ein, die Mehrwertsteuer auf Produkte und Dienstleistungen für Kinder auf 7 Prozent zu reduzieren, um so Familien spürbar finanziell zu entlasten. Seit 2011 kämpft JAKO-O gemeinsam mit der Arbeitsgemeinschaft der deutschen Familienorganisationen, dem Deutschen Kinderhilfswerk und weiteren Partnern im Bündnis „7 % für Kinder" für eine familienfreundliche Reform der Mehrwertsteuer. Daneben engagiert sich JAKO-O für die Einführung eines Wahlrechtes ab Geburt. Dieses soll Kindern und Jugendlichen eine politische Stimme verleihen und dazu führen, dass Politiker sich besser als bisher für ihre Belange einsetzen. Seit 2003 ver-anstaltet das Unternehmen zudem regelmäßig Familien-Kongresse. In zahlreichen Vorträgen und Workshops von und mit Fachleuten unterschiedlicher Disziplinen dreht sich dabei alles um die Themen Erziehung, Schule, Partnerschaft und Familien-management.

JAKO-O wurde 1987 gegründet und gehört neben dem Spielwarenhersteller HABA sowie dem Kindergarten- und Schulausstatter Wehrfritz zur HABA-Firmen-familie. Die HABA-Firmenfamilie beschäftigt im nordbayerischen Bad Rodach (Oberfranken) etwa 2.000 Mitarbeiterinnen und Mitarbeiter. Für ihre familienfreund-liche Unternehmenspolitik wurde die gesamte HABA-Firmenfamilie bereits mehr-fach mit dem Zertifikat zum Audit berufundfamilie®, einer Initiative der gemein-nützigen Hertie-Stiftung, ausgezeichnet. Umweltfreundlichkeit und Nachhaltigkeit sind für JAKO-O ebenfalls wichtige Anliegen: Der Betrieb ist nach EG-Öko-Audit-Verordnung zertifiziert und bietet immer mehr Artikel an, die den Oeko-Tex® Standard 100 erfüllen und deren gesamte Produktionskette den Richtlinien von blue-sign® folgt.

JAKO-O Möbel und Spielmittel für die junge Familie GmbH
Werner-von-Siemens-Straße 23, 96476 Bad Rodach
www.jako-o.de

www.waxmann.com
info@waxmann.com

Olaf Köller,
Michel Knigge,
Bernd Tesch (Hrsg.)

Sprachliche Kompetenzen im Ländervergleich

2010, 244 Seiten, br., 29,90 Euro,
ISBN 978-3-8309-2339-8

Im ersten Ländervergleichsbericht des Instituts zur Qualitätsentwicklung im Bildungswesen (IQB) werden die Ergebnisse zu den sprachlichen Kompetenzen in Deutsch, Englisch und Französisch bei Neuntklässlerinnen und Neuntklässlern im allgemeinbildenden Schulsystem präsentiert. Für alle Fächer wurden Lese- und Hörkompetenzen erfasst, im Fach Deutsch wurden zusätzlich die orthographischen Kompetenzen gemessen. Neben dem Ländervergleich in der 9. Jahrgangsstufe wird in länderspezifischen Kapiteln für jedes Land berichtet, wie hoch der Anteil der Schülerinnen und Schüler ist, der die Erwartungen der Bildungsstandards für den Mittleren Schulabschluss bereits ein Jahr vor Abschluss der Sekundarstufe I erfüllt.

WAXMANN

Münster • New York • München • Berlin

www.waxmann.com
info@waxmann.com

Eckhard Klieme, Cordula Artelt,
Johannes Hartig, Nina Jude,
Olaf Köller, Manfred Prenzel,
Wolfgang Schneider, Petra Stanat
(Hrsg.)

PISA 2009

Bilanz nach einem Jahrzehnt

2010, 310 Seiten, br., 24,90 Euro,
ISBN 978-3-8309-2450-0

»Wer genauer wissen und differenzierter verstehen möchte, worüber die Leistungsstudien und vor allem deren deutsche Ergänzungen Auskunft geben können, der wird hier fündig. – Eine unverzichtbare Grundlage für eine professionelle Debatte über PISA.«
Jörg Schlömerkemper in: Pädagogik, 6. 2011.

Im Jahr 2009 hat Deutschland bereits zum vierten Mal am Programme for International Student Assessment (PISA) der OECD teilgenommen. Erfasst wurden die Kompetenzen von fünfzehnjährigen Schülerinnen und Schülern in den Bereichen Lesen, Mathematik und Naturwissenschaften in 65 Staaten weltweit.

Dieses Buch stellt den Ist-Stand im Jahr 2009 dar und verknüpft ihn mit den Entwicklungen zwischen den Jahren 2000 und 2009. Über welche Kompetenzen verfügen deutsche Schülerinnen und Schüler, und wie haben sich diese verändert? Wie haben sich Rahmenbedingungen und Ergebnisse von Bildungsprozessen, aber auch Schulen und außerschulische Faktoren verändert? Wie lässt sich diese Entwicklung beurteilen, wenn man sie in den internationalen Vergleich einordnet?